新闻传播专业"十四五"规划教材

新闻采访教程

贾广惠 著

第二版

中国传媒大学出版社
·北京·

前　言

　　新闻采访具有很强的实践性，也是一项重要技能。在各类新兴媒介包括自媒体发布大量信息资讯过程中，以"新闻"面目呈现的报道不专业问题比较普遍，这是基本的新闻采访技能、理念与思想薄弱甚而欠缺导致的。一般的新闻传播者对社会事实难以做到深入了解，对人物不能合理访问，对历史甚少了解或根本就不了解，导致凭感觉传播信息，产生了不良的社会影响。作为高校新闻专业学生，需要学习基本的新闻采访业务知识，辨别新闻良莠，培育基本的媒介素养，以有效利用媒体传播事实信息。

　　作者借鉴国内多种新闻采访教材，并结合自身以往的采访实践和目前新闻行业发展的新态势，细致梳理总结撰写完此书。书中涉及新闻采访的认识论基础、新闻价值标准的确立、新闻采访的道德伦理、新闻敏感、采访者的基本素质、新媒体时代采访的基本方法等基础性内容，这是新闻采访需要解决的重要问题。同时，作者结合前人经验，自己进行了一番认真的采访业务探索，总结出了一些方法与心得。此外，还有一些需要拓宽的领域，包括新闻发现能力、记者的思维方法、新闻策划、新闻资源开发、新媒体时代的采访、识别新闻等方面。每章之后附有较新的采访案例，以作实务参考。

　　同时，新闻采访业务需要普及到大众，本书也是基于新媒体时代新闻传播的泛化、传播权利的下移、网民传播力占据主导而传统媒体新闻衰微的现实，深入讲解新闻采访相关内容，并使用大量最新案例，力求对读者有所启发和指引，也体现了对现实的呼应和作者对采访的独到认识。

　　本书适合在校新闻传播和相关专业学生、媒体记者，以及广大网民阅读和参考。

上编　新闻采访的发展及认识基础

第一章　新闻采访：从职业行为到社会行为 …… 3
- 第一节　从官方到民间：采访活动回溯 …… 4
- 第二节　突破垄断：技术进步提供物质条件 …… 6
- 第三节　采访的社会行为 …… 8

第二章　新闻采访的认识论基础 …… 11
- 第一节　事实的无限与采访的有限 …… 12
- 第二节　例证式采访中的问题 …… 19
- 第三节　采访对象——事实 …… 20

第三章　新闻价值标准的把握 …… 29
- 第一节　新闻价值 …… 30
- 第二节　新闻价值五要素 …… 32
- 第三节　新闻价值的实现过程 …… 34

第四章　新闻采访中的道德伦理 …… 39
- 第一节　新闻职业道德与伦理 …… 40
- 第二节　备受争议的采访"围观" …… 42

　　　　第三节　隐私挖掘的道德原则 …………………………………………… 44

第五章　采访者的知识储备 ………………………………………………… 49
　　　　第一节　杂家的要求 ………………………………………………… 50
　　　　第二节　"读万卷书，行万里路" …………………………………… 54
　　　　第三节　业务知识储备 ……………………………………………… 57

中编　新闻采访：一门"发现"的学问

第六章　新闻发现、新闻敏感与思维方法 ………………………………… 63
　　　　第一节　新闻发现的界定 …………………………………………… 64
　　　　第二节　新闻敏感指向新闻发现 …………………………………… 68
　　　　第三节　如何培养新闻敏感 ………………………………………… 70
　　　　第四节　记者的思维方法 …………………………………………… 74

第七章　新闻采访的"进场"与方法 ……………………………………… 83
　　　　第一节　采访的准备与"进场" …………………………………… 84
　　　　第二节　采访中的观察 ……………………………………………… 93
　　　　第三节　采访的基本方法 …………………………………………… 95

第八章　新闻的深度挖掘 …………………………………………………… 109
　　　　第一节　深度报道特有的价值 ……………………………………… 110
　　　　第二节　记者要致力于为社会"解惑" …………………………… 113
　　　　第三节　培育学者型记者的发现力 ………………………………… 115

第九章　新闻采访资源的开发 ……………………………………………… 123
　　　　第一节　新闻采访资源的内涵 ……………………………………… 124
　　　　第二节　新闻资源开发方法 ………………………………………… 127
　　　　第三节　新闻开发主客体作用的发挥 ……………………………… 132

第十章　新闻采访策划的运用 …………………………………… 141
第一节　新闻采访策划的发展与现状 ……………………… 142
第二节　新闻策划的步骤、类型与原则 …………………… 145
第三节　采访策划的"公共利益"标准 …………………… 153

下编　融媒体时代的网络采访

第十一章　网络采访的含义、特征与内容 …………………… 161
第一节　网络采访的含义 …………………………………… 162
第二节　网络采访的特征 …………………………………… 165
第三节　网络采访的主要内容与要求 ……………………… 167

第十二章　网络采访 …………………………………………… 171
第一节　道德要求 …………………………………………… 172
第二节　把关要求 …………………………………………… 173
第三节　业务要求 …………………………………………… 174

第十三章　网络采访的平民路径 ……………………………… 177
第一节　体验式采访 ………………………………………… 178
第二节　聚合式采访 ………………………………………… 180
第三节　融媒体采访 ………………………………………… 182

参考文献 ………………………………………………………… 189

后　记 …………………………………………………………… 190

上编
新闻采访的发展及认识基础

第一章
新闻采访：从职业行为到社会行为

本章要点

第一节　从官方到民间：采访活动回溯　　第二节　突破垄断：技术进步提供物质条件
第三节　采访的社会行为

时间已经进入21世纪20年代，新闻采访走向泛化。几乎人人拥有自媒体的当下，大家都在积极主动地发布信息，专业记者的职业活动几乎被淹没于无数网友信息采集与传播的汪洋大海之中，新闻采访的专业性在一定程度上被削弱和忽视了。娱乐八卦、虚假新闻、反转新闻等占据了今天新闻传播的主流，受众感受到有质量的报道越来越少，现在我们需要回顾新闻的发展历程，看它如何发展到现在的。

第一节　从官方到民间：采访活动回溯

虽然中国真正意义上的采访是从近代才出现的，但是作为一种较为古老的人类搜集信息的方式，采访活动自奴隶社会就已经开始了。当然，在文学史中这种方式被称为文艺采风，新闻史中也沿用了这一说法。事实上这种"民间采风"就是采访，其目的主要是对当时宫廷和社会现实情况进行了解。这方面，不少书籍已经进行了记载。

一、古代官方采访制度

采访活动在古代伴随采风一直开展着。中国自古就有重视风俗的传统，"为政必先究风俗""观风俗，知得失"是许多君主恪守的祖训，为了了解下情，君主派人外出采访民情民意。最高统治者不仅要亲自过问风土民情，还要委派官吏考察民风民俗，在制定国策时将它们作为重要参照。《尚书大传》说："见诸侯，问百年，命太师陈诗，以观民风俗。"《周礼》记载，在三千多年前的西周就有"小行人"这一官职，专事考察各邦国的政教民风。一部《诗经》则包含了先秦五百年间不同地区的民间歌谣、礼仪乐舞，具体生动地记述了当时人们的衣食住行、社会交往、娱神和娱人的风土民情，它是中国第一部诗歌总集，也是先秦考察民俗的采风记录。这一采风的优良传统为后世所继承，沿袭数千年。

官方采访下情的活动长盛不衰，并且不断扩大，记录的内容也不断增加。春秋战国时期，除了采诗官外，政府还设置了收集和记录帝王言行及国内外大事的史官，诸如太史、内史、外史、御史等。这些史官有的侍奉帝王左右记言记事，有的参加国家政治、军事、外交、经济等各种会议，采集"新闻"，并把采集所得进行公布或作为历史档案保存。春秋时期，儒家学派创始人孔子曾对鲁国的编年史《春秋》做过一次删改。这部史书对鲁国的大事虽然只记了个大纲或提要，很不详细，可是它对事件有明确的时间记载，因此曾被称为我国最早的"古代报纸"。由于孔子修订的《春秋》是鲁国史官编写的断代编年史，属于历史档案性质的文献，当时并没有公开传播，它和报纸有着不同的性质和任务，是不能被称为古代报纸的，孔子也和今日所说的新闻记者无法相提并论。然而，当时不少史书中记载了大量有价值的传记史料，倒是值得后来的新闻工作者研究参考。一些史官的深入民间"采访"活动，虽然是官方的一种采访活动，但也值得现今的新闻记者借鉴。比如，汉代史官司马迁为著《史记》，亲自深入实地，运用问、听、看的方法，访问前人的事迹和传说，获得了大量第一手材料。

司马迁的采访作风最值得记者学习。他年轻时有过漫游的经历，到过东南一带许多地方实地调研。在会稽（今浙江绍兴）探访大禹的遗址，在长沙水滨凭吊屈原、贾谊，在登封瞻仰许由的坟墓，在楚地参观春申君的宫殿。在刘邦发迹的丰沛之地，司马迁参观萧何、曹参、樊哙、夏侯婴等人的故居，听老人讲述楚汉相争时开国功臣的奇闻逸事。在漫游过程中，司马迁流露出对传统文化极其深厚的感情。司马迁有很强的好奇心，喜欢对历史真相追根求源。游览韩信故里时，他听当地人讲，韩信年轻时就胸怀大志，尽管家境贫寒，仍然把故去的母亲安葬在高坡地。司马迁实地考察了韩信母亲的墓地，那里果然地势开阔，旁可置万家。多次漫游使司马迁直接感受到了各地民风习俗的差异，也使他加深了对某些历史记载的理解。司马迁入仕之后，曾出使西南，远到昆明；又侍从武帝东达碣石，见到了大海；西至空峒（今甘肃平凉），搜集黄帝的传说；到过北部边塞，登上了秦时所筑的长城；还参加了汉武帝带领群臣负薪塞河的活动。[①] 司马迁在广阔的大地上留下了自己的足迹，为《史记》的写作搜集了许多鲜活材料，他在游览过程中的亲身感受后来也一道被他写入书中。

二、伴随古代采访活动的报纸

中国古代一直有书籍而无定期出版的报纸，直到北宋时期才开始出现朝报。而采访伴随着报纸的出现发展经历了一个由官方到民间的缓慢过程。在这个过程中，民间知识分子自主从事新闻活动逐渐成为主流，当然这是随着救亡图存的百年近现代史而起起落落的。基于封建官报历史较长，有必要简单回顾其发展的大致过程。

邸报和京报是对中国封建时期官方报纸的称呼。唐代开始有报纸的物证是两份唐代的进奏院状。现在这两份进奏院状分别藏于英国伦敦不列颠图书馆和法国巴黎国立图书馆。从这两份进奏院状，可以看出中国古代报纸雏形的一些特征：它以传报来自朝廷方面的消息为主，由地方藩镇派驻朝廷的进奏官负责向地方传发，它具有官报的性质，但还不是由中央政府统一审定发布的正式官报，它属于一种由官文书向正式官报转化过程中的原始状态的报纸。

到了宋代则有了邸报和小报。小报形成于北宋，是在邸报的基础上发展而来的。宋代流行于社会上的小报并非出自一家之手，而是人们对当时这一类型非官方报纸的通称。宋代的城市化发展，为信息传播提供了良好的生存空间。小报为读者提供了不少官报所不载和官方禁止发表的文件和新闻，满足了人们对朝廷人事变动、军事动态和政事活动消息的需求，成为邸报的重要补充。小报内容丰富，情节生动，可读性较强，而如果与前面提到的邸报做一对比，我们就会发现前者的内容有很大局限性，无非是皇帝的言行起居、诏令批复、官吏奖惩任免、臣僚的奏章这些日常的朝廷政事。它实际上还是一种公文而不是新闻。由于内容多，消息来源广，人们读小报的积极性大大超过读邸报。再者，由于小报不用审查，小报传播迅速，时效性较强。再加上活字雕版印刷术的发明，小报的印刷速度也得到了保障。但是，尽管小报在两宋一纸风行，却没有在后来获得生存的土壤，占主体地位的还是官报。由于封建制度的强化，民间的采访活动也在北宋之后基本停止。

---

① 李炳海. 司马迁与《史记》[M]// 袁行霈. 中国文学史. 北京：高等教育出版社，2006.

三、西方教会、羊皮卷、资产阶级报纸

与中国漫长的封建社会不同,西方以欧洲特别是西欧为代表,社会发展较为滞后。在古希腊古罗马文化影响之下,伴随着一次次外来军事力量的征服,西欧逐渐进入封建社会,并很快朝着资本主义社会发展。由此,西方新闻事业尤其是采访的兴起也是经历了一个漫长过程。由教会垄断知识到世俗封建政府控制采访,再到资产阶级革命。伴随着个人自由的扩大,技术进步提供物质条件,采访越来越趋向于个人行为。

经济发展尤其是商业贸易、工业的发展为早期的新闻采访提供了条件。自从1453年东罗马帝国灭亡后,通向东方的道路被野蛮的奥斯曼土耳其人切断,意大利一跃成为欧洲的经贸中心,欧洲各国开始大力开展航海贸易,同时各种工商业蓬勃发展,由此对信息的需求快速增长起来。

15世纪中期,印刷术传入欧洲后,极大地降低了图书制作成本。1455年,德国人古登堡发明了铅字印刷术,使得印刷效率比手抄方式提高了几十倍。仅仅过了50年,到15世纪末,欧洲图书数量就激增了两百倍,内容涉及各个领域,其中很多是技术和农业书籍,从而打破了教会对知识的垄断。

造纸术和印刷术这两项技术使书籍出版的成本大大降低。古登堡的铅字印刷机给新闻业带来了一场革命,给宗教改革以及继之而起的资本主义工商业带来了巨大影响。

四、中国近代以来民间办报概况

1840年后,由于空前的民族危机,中国一批先知先觉的民间知识分子为了挽救国家于危亡,自觉以办报为手段,传播新知,宣传变法和救亡图存,掀起了思想文化启蒙运动。在外国传教士办报增多、民族危机加深的刺激下,国人自办报刊兴起。

甲午战争时期,出现了第一次办报高潮。清朝被打败而签订了丧权辱国的《马关条约》,无数读书人深受刺激,康有为、梁启超宣传变法,深得人心。维新派登上历史舞台办报标志着民间采访活动的正式开始,此后民间办报再也没有停止,到了民国前后出现了一个红火时期。最为著名的民间报纸是《大公报》,它提供了及时的信息,发表了负责任的言论,赢得了很高声誉。

第二节 突破垄断:技术进步提供物质条件

新闻采访活动是随着时代发展而变化的,其中技术进步是不可忽视的因素。由于原来技术控制在统治阶级手中,广大百姓无法开展新闻采访活动。而如今技术的不断革新,推动着技术的大众化,技术产品的普及,个人采访活动由此增多。因此,简单回顾技术性因素起到的重要作用是必要的。

一、造纸术、印刷术的出现和发展

中国的造纸术、印刷术对人类文明的发展产生了巨大作用，尤其对于新闻传播具有无法估量的作用。在古代，要写一本书非常麻烦。一个官员日常所要批阅的公文，每天至少也有55公斤的重量。在欧洲也一样，生产一本《圣经》需要300多张羊皮。公元105年，东汉蔡伦发明了造纸术，纸张从此面世，方便了人们的使用；公元10世纪，北宋毕昇发明了印刷术。纸张和印刷术的发明为另一场伟大革命——文艺复兴奠定了坚实的物质基础。欧洲人得到了便宜的书籍，文化、知识、教育才真正从修道院被解放出来，人们的思想受到启蒙，新的资产阶级文化得到迅速发展，文艺复兴的种子萌发，像开闸的洪水一样，成千上万的思想家、科学家、艺术家涌现。

二、电视的平民化特点

与报纸、期刊等平面媒体相比，电视是最为大众化的媒体，老少皆宜、雅俗共赏。自从1936年英国电视节目播出以来，它很快就展现了无穷的魅力，在后来的几十年中独领风骚，观众群快速扩大。似乎电视采访高不可攀，但实际上，随着受众的积极性、能动性、参与性日益提高，电视也在因势利导，借助民间创造力量为我所用。2007年2月5日，一档完全由老百姓自己拍摄的电视节目《DV观察》亮相河南电视台第八频道。《DV观察》在节目内容上界定为"完全由老百姓自己拍摄"，所有播出内容都来自河南各地的DV爱好者，节目重点关注百姓身边的突发事、新鲜事、有趣事、感人事，节目整体追求纯现场的原生态展现和无配音播报，就是老百姓拍摄老百姓的故事。目前，连DV都不需要了，手机拍摄、专门设备制作都很方便快捷，网络自制剧也一时风行起来。

"每个公民都有权记录社会现象，尤其是网络上微博、抖音的出现，使得几乎人人都在扮演记者的角色"。这种记录、传播方式确实与传统媒体的全部由专业人士来采编制作有很大不同。普通公民虽然在摄影上和制作上的手法略显稚嫩，但他们所关注的是身边实实在在的生活，所看到的往往是普通人最关心但是传统媒体可能疏于关心的事实，他们是站在生活最前沿最贴近普通人的"记者"。

三、网络及移动终端的普及

网络在20世纪80年代普及于西方，手机也是大致如此的发展态势，目前容纳了各类终端。随着发展的深入，二者在中国迅速普及起来。值得注意的是，运用这种便利的通信工具，人们可以随时随地发布他们所亲历的事实。这与专业媒体记者的采访活动当然有所不同。

现在更加令人振奋的是，随着融媒体时代的到来，手机将成为真正平民化的新闻发布武器，媒体采访的垄断地位会迅速瓦解。

早在2009年3月5日，人民日报社和人民网的部分上两会采访的记者和编辑就用上了由酷派提供的TD手机。一部TD手机可以完成照相机、录音笔、笔记本等多种采访工具的工作，让记者、编辑们充分感受到了它给采访、编辑工作带来的极大便利。人民日报社如今办起了"中央厨房",它是较有竞争力的采访系统。

目前,5G移动通信技术发展迅速。5G的性能目标是高数据速率、减少延迟、节省能源、降低成本、提高系统容量和实现大规模设备连接;它的高性能的无线网络连接工厂内的海量传感器、机器人和信息系统,连接产生的海量数据、优质数据不断"喂食"人工智能,人工智能将分析、决策反馈至工厂;同时,5G物联网络连接分布于各地的商品、客户和供应商等,保证对整个产品生命周期的全连接,并且能够快速传输数据、音频、视频和图像等。不管怎么说,目前社会正在进入智能化时代,人们的采访能力大大提高,采访的门槛也在不断降低。

总之,从技术进步的角度看,由于技术提供采访条件,采访行为不再处于垄断状态。网络的快速发展,人们采访自由的不断提升,为"人人可为记者"打下了坚实基础。

第三节　采访的社会行为

如上所述,5G手机逐渐普及,社会采访条件得以改善。目前,普通网民的采访并非专业性机构的行为,其是对传统媒体新闻采访的一个补充和辅助。个人可以通过网站或者社交媒体发布有关信息,也会产生一定的影响,但是其采访的合法性还没有得到权威部门的认定。有些公众号也在发布独家信息,其内容也起到了对权威媒体报道的补充和丰富。对于这样的实际问题,有几个方面需要加以厘清,包括对社会的责任,传统媒体、新媒体传播上的优势和劣势等。

一、社会责任

在法律层面,个人的权利与义务相辅相成,互为表里。人是社会的人,既受到社会的庇护,享受社会提供的各种便利,又要相应地承担起一定的责任。在信息传播方面也是如此,网民积极关注和传播社会变动,这是一项权利,法律对此也有所界定。我国《中华人民共和国宪法》作为根本大法,明确规定"中华人民共和国公民有言论、出版等自由",实际上明确了作为网民的权利与义务,即要关注社会发展,在自己的生活区域,根据自己的发现、访问与思考,为社会提供积极有益的信息,为传统媒体补充新的信息等。在舆论监督方面,一些媒体根据网民反映对党和政府工作中存在的不足进行批评报道,使腐败事件得以曝光,促进了政府工作作风的改善,也使人民群众增强了主人翁意识和责任感、使命感。以《南方周末》《中国青年报》《新京报》《焦点访谈》为代表的媒体和栏目,在吸取网民发布的信息,开展互动交流方面已有了很大进步,在一定程度上能够体现人民行使监督权利,揭露假恶丑,弘扬真善美。

二、传统媒体的局限

从总体看,传统媒体在管理、理念、技术等方面存在着局限。在管理上,党管媒体,媒体属于党的一个部门,服从党的命令,其主要人事变动都是党组织来安排的。在理念方面,传统媒体的记者、编辑在计划经济条件下已经习惯了单向性的传播,采访、审核、发布,走完流程就可以了,至于社会反响如何,关心得并不多;他们平时与受众的交流也很少,甚至有些媒体把受众的询问当作一种干扰,关起门来办报。在技术上,有些传统媒体还是沿用以前的技术来从事采访,但在新媒体技术的冲击下,传统媒体记者感到了制作技术缺乏带来的压力(传统媒体办起了抖音号,记者增加了拍摄制作任务),另外,原来彼此割裂的报纸、广播、电视、网络,呈现出了融合的趋势,但是现实中这种融合的速度很慢。

新媒体的新闻传播优劣势共存。其一大优势是,容易抢占发布先机,特别是社会领域的纠纷、冲突、事故,最早的消息多是网民通过手机发布出来的,随后,在一些抖音、公众号等新媒体平台,大量相关信息纷纷涌现,还促使传统媒体跟进。如2021年11月的安阳王某养狗伤人事件,个人用视频披露,网友转发,《人民日报》、新华社等媒体报道与评论,最终形成了关于限制养狗的舆论。当然,技术的优势只是一个方面,网民利用新媒体积极传播,有积极意义,但是其非专业的手段与非理性的倾向,也会导致传播的内容对新闻真实性造成干扰。

三、社会信息的互通有无

在社会信息上互通有无是一种进步。个人普遍拥有自媒体,这便利了人际交流,促进了人与人的沟通理解和关系提升。中国经过几十年的改革开放,社会活跃度大大提升,人们之间的交流也日益频繁多样。此外,社会发展日新月异,人们需要不断了解身外的变动,跟上社会发展步伐,这就需要与他人交流,这就需要个人主动为社会提供信息,也要与社会积极互动,相互促进提升。这有赖于网民在社会中发现并及时传播信息,正面的或不良的具有警示作用的信息,都是有价值的。

总之,新闻采访从正统走向大众化。采访的门槛在降低,随之而来的是采访逐渐演变为大众行为。传统媒体的权威性依然存在,不过越来越多的网民自主行动起来发布信息,为传统媒体补充有价值的内容,传统媒体的采访也就体现出了一定的平民色彩。

思考题

1. 简述古代的采访制度。
2. 从司马迁的采访活动中能得到什么启发?
3. 采访的民间化是如何体现的?

阅读材料

民国初年的名记者采访概况

戊戌变法和辛亥革命时期,我国新闻界涌现了一批著名的报刊政论家,同时也出现了一批著名的新闻记者,他们是黄远生、徐彬彬(凌霄)、刘少少、邵飘萍、林白水、胡政之、张季鸾等人,其中黄远生和徐彬彬、刘少少,有民国初年新闻界"三杰"之称。这些名记者大多是留日学生，受过资产阶级教育，有一定的现代新闻学知识和办报经验，有敏锐的思想，有熟练驾驭文字的能力，他们为中国报刊向新闻时代的转变做出了重要贡献。

黄远生，"中国第一个真正现代意义上的记者"，中国近代史上第一个专职记者。他是江西九江人，原名黄为基，字远庸，远生是他的笔名。他于1885年1月15日生于书香门第之家（一说生于1883年），21岁时中光绪甲辰进士，成为清末最后一批进士中最年轻的一位。1909年从日本中央大学法科毕业后，他回国在清政府邮传部任职，辛亥革命后脱离官场，从事新闻业，成为蜚声于世的著名新闻记者和政论家，是中国第一个以新闻采访和写作闻名于世的人，时人誉之为"报界之奇才"。

黄远生先后任《申报》《时报》《东方日报》《少年中国》《庸言》《东方杂志》《论衡》《国民公报》等报刊特派记者、主编和撰述。所写《官迷论》《三日观天记》《外交部之厨子》等通讯，对民国初年政局的黑暗和新官僚们的丑态，做了忠实的记录和辛辣的嘲讽。袁世凯筹备称帝期间，聘他担任御用报纸《亚细亚日报》上海版总撰述，他坚辞不就，并在上海各报刊登《黄远生反对帝制并辞去袁系报纸聘约启事》以示决绝。1915年冬，他赴美访问，同年12月在旧金山被中华革命党美洲总支部负责人林森指派的刘北海枪杀。

黄远生以"能想""能奔走""能听""能写"的"四能"记者自勉，他的文章文字流利、畅达、幽默，深受读者欢迎，他是中国历史上第一个有影响的新闻通讯记者。所写新闻作品被辑为《远生遗著》4卷，这也是中国历史上最早的一部报刊通讯集。[①]

另一位"民初三大名记者"之一是徐彬彬。

徐凌霄，又名徐彬彬，原籍江苏宜兴。他青少年时代受过很好的儒家传统教育，长于文学，娴于经史。徐凌霄从1910年起，从事了三十余年的新闻工作，曾先后为上海的《时报》《申报》，北京的《中国新报》《京报》《实报》，天津的《大公报》等著名报纸撰写通讯和评论。在应聘为上海《时报》驻北京特派记者期间，他用彬彬这一笔名，为该报撰写了大量通讯，以观察细致、剖析入微、才思敏捷、文笔美畅蜚声于世。他还是一位著名的历史掌故家。他经历过戊戌以来的一系列重大政治事件，结识了不少清末民初的朝野政要和遗老遗少，他既熟悉中国近现代历史，又十分注意相关资料的积累。他在北京《京报》、上海《时报》等报上开辟的《凌霄汉阁随笔》《凌霄汉阁谈荟》等专栏，以及和他的胞弟徐一士合作在上海《国闻周报》等刊物上开辟的《凌霄一士随笔》《曾胡谈荟》等专栏，所写的就是这一类历史掌故文章。

---

① 徐百柯. 黄远生：从末代进士到开山记者[J]. 中国青年报，2007-04-18(4).

第二章　新闻采访的认识论基础

本章要点

第一节　事实的无限与采访的有限　　第二节　例证式采访中的问题
第三节　采访对象——事实

新闻采访是对客观事实的一种认识和把握过程。这是一种职业行为，即便是在今天新闻泛化、新闻被越来越多的资讯取代的时代，对客观事实的认识依然不能含糊。因此，无论是自媒体对事实的描述，还是职业的新闻采访，都是对事实的认识，而且要达到正确认识的目的，这就涉及哲学层面的认识论。这种认识一言以蔽之，就是主观遵循客观，服从客观，并且要通过主观努力，达到对客观正确、深刻、全面的认识。

第一节 事实的无限与采访的有限

记者的采访是认识客观世界的活动，因此记者就要和自己面对的事实打交道。但是记者的认识能力是有限的，而事实的发展是无限的，这种有限和无限之间存在着不可调和的矛盾。为此我们需要阐释清楚以下几个问题：（1）对事实的认识；（2）截取事实的艺术；（3）对几种事实的把握。

一、对事实的认识

事实在这个物质世界是一个不以人的意志为转移的客观存在，人所认识的只占事实的一小部分，是在人的生命有意识的时间段里认识事实。在此我们要解释新闻事实的内涵。

新闻事实，就是具有新闻价值被报道的新近发生的事实。这一定义实际上包括几层含义：其一，新闻事实必须是"新近发生的"事实，即具有新鲜性的特点；其二，新近发生的事实"必须被报道，必须成为报道的对象"；其三，"被报道的新鲜事"必须具有新闻价值。前面两点容易理解，不存在什么异议，关于第三点，时下有种观点认为，"新鲜性"表征的是新闻事实自身的性质，它产生于新闻事实与非新闻事实的比较之中，而"新闻价值"体现的是新闻事实与受众之间的关系，它产生于新闻事实适宜于受众需求之中，因此，它不能算作新闻事实的基本性质的表征，定义中不应提及。其实，只有进入了报道内容的才应该算是新闻事实，而没有进入的就不能算是新闻事实，客观发生的事实最初被选进记者的采访材料之中，并不等于它一定被使用，只有一小部分才被采用，其他的要么被弃用，要么等待以后被采用。既然冠之以新闻事实，那么也就是说它们构成了新闻的材料。明白了这个概念之后，我们还需要分析在新闻报道视野中如何认识事实。

事实是无穷无尽发展着的。事实独立于人之外，它的发展可能有起点，但没有终点。从哲学上看，事实是不以人的主观意志为转移的客观存在。事实是什么样子就是什么样子，人们只能以自己的主观去把握这种客观，而不能随意改变这种客观（主要是针对需要反映的事实而言），改变了就会变成另一番样子，成为另一种事实。那么很显然，在当前，很多事实的性质已然发生了变化，我们可以粗略地将事实分为自然事实与社会事实，一般事实与新闻事实。

（一）自然事实与社会事实

这是以往哲学界十分关注的一种事实，其内涵也极为宏大广阔。自然界的万事万物都在运动，这是事实。"坐地日行八万里，巡天遥看一千河"反映了亘古以来自然界中的一切都处在变动不居的状态,由此可知,自然界的演化具有一定规律,它构成了独立于人们之外的客观事实,人无法改变,只能认识,只能探索,只能遵从。"日月之行,若出其中;星汉灿烂,若出其里;兴甚至哉,歌以咏志。"人类面对自然世界,往往会感到自身的渺小,人生匆匆,百代之过客,人无法穷尽自然界的奥秘,也无法掌握太多的超出个人能力的客观事实。

如果说人对自然事实的认识只能涉及自然事实极其少量的一部分的话,那么人也同样无法知晓古往今来的人类社会的事实,"人事有代谢,往来成古今",人类自身刚性组织之复杂,与柔性伦理之丰富,使其间的事实是无法穷尽的,有人的地方就有事情发生,每时每刻发生的事实太多,每时每刻都产生着不计其数的变动,想要了解和记录,根本不可能。事实的发展、增多,已经超出了个体知晓的能力,即使有了更多的新媒体,也是无法穷尽的。

（二）一般事实与新闻事实

自然界和人类社会中存在的各种事实,是宇宙运动的组成部分,它们既相互独立又密切联系,构成了社会生活和社会变迁的事实序列。就人生而言,也是一个充满事实衍生的过程,人生的每一次变动都是一种事实。就人类社会而言,事实是人类生活的细胞,事实的互生和更新表现为社会发展的状态。客观世界的本体除了具有物质性以外,还具有事实的普遍性,即到处都是由事实反映的客观存在。世界在本质上是物质的,世界中发生的现象是事实组成的,事实是世界物质性的外化。人类的行为就是不断认识事实,利用事实。一般事实的发生有其必然性,是客观世界规律的直接或间接反映,但事实何时何地发生难以预料。因此,一般事实的发生具有随机性。

新闻事实是具有知悉价值的、新近发生的、进入传播之中并构成新闻要素的事实。其知悉价值主要体现在:（1）从中可以看到客观世界中出现的新事物、新现象、新趋势和新规律;（2）从中可以认识到关乎切身利益的重大社会问题,并从中获得警示、经验和教训;（3）从中可以了解和吸收新的知识;（4）从中可了解到社会运动图景、社会构成规则及社会规范;（5）从中可以获悉社会文化的多元变动和规范;（6）从中可以了解社会中的冲突及冲突消解的途径。

新闻事实是受众尚不知道的"未知事实"。对于传媒机构而言尽管是新的事实,但若早已被大众广为传播,它就失去了作为新闻事实的价值。如果全部事实都是新的,则是最完美的事实,它是最受传者重视并被选择出来作为报道对象的重要事实。这类事实一经报道,世人皆知,其新闻性也就随之体现出来。有些事实因有浓郁的人情味,能激起人们的同情与关注,同样具有知悉价值。

当然,这些带有新闻性的新闻事实总是和一般事实混杂一处,难以分辨。传者只有对新闻事实的特性有了充分认识,才能深刻把握和区分这两种事实,从而在一般事实中准确辨明哪些是新闻事实。因此,厘清一般事实与新闻事实二者的关系尤为重要。

从本体论角度而言,我们确定事实（一般事实）是新闻本体（本源）的同时,实际上也把它当成了新闻事实的本体。因为,新闻事实是构成新闻的核心要素,它也必然以一般事实为本源。从逻辑学的角度来看,一般事实与新闻事实之间是属和种的关系,前者包括后者,后者是前者的一部分。"事实"（一般事实）是本体,它的某些特性转移到"新闻事实"身上,也就构成了新闻事实的基本特性,如"客观性""真实性"等。"真实是新闻的生命""新闻是事学"这些命题正是基于一般事实对新闻事实基本性质的规定。

新闻事实具有一定的相对性。新闻事实是一般事实中有知悉价值的、新鲜的、未知的事实。新闻事实具有相对性，是指事实能否构成新闻由各种条件决定，也就是某一事实在一定条件下是新闻，而在另一条件下又可能不是新闻。另外，知悉意义、新与旧、已知与未知的广度都是相对的，即使极其相似的事实，由于时空条件不同，其社会意义也大不一样，因此，新闻事实的价值随着时间、地点、人物、原因，即新闻五要素中的某一要素或某几个要素的变化而变化。中国改革开放以前，经济建设一直没有被提到相应的重要位置，这就不仅使得经济报道相对太少太浅，而且许多经济方面的重要事实没有得到应有的重视和强调，甚至根本就没有被视为新闻事实；改革开放以后，国家工作的重心发生了转移，经济建设被当作重中之重，于是经济方面的事实和变动普遍受到关注，传媒上经济新闻报道所占的比例急剧攀升，经济生活中的任何新鲜事物和重大变动都会成为各大媒体竞相追逐的重要报道对象。这就充分体现了新闻事实的相对性特点。

新闻事实的相对性最常见的表现是，一般事实与新闻事实可以随着时间的变化而相互转化。同样一个事实在一段时间内是新闻，在另一段时间内就不是新闻；相反，某件事实在一段时间内不是新闻，但在另一段时间内就可能是新闻。所以，新闻事实的报道必须选择合适的时机。"新闻是易碎品"，新闻必须讲求时效性。这正好说明了新闻事实与时间紧密相连，离开了时间，任何新闻事实都不复存在，就更谈不上具有什么新闻意义了。

二、截取事实的艺术

正是在这种人生有限而事实无穷的背景下，需要记者在采访中完成对事实的截取。如何对事实加以截取是一门学问，并非简单的感官断定或想当然。有些记者会形成一种思维定势：一个事实发生了，记者跟踪进展，当事实尘埃落定时记者再采访予以报道。好像事实发展就到此为止了，但事实并没有终结。还是以现实中发生的事实为例，2008年5月，北京青年杨佳在上海闸北分局袭击警察，造成六死三伤，震惊社会。一时国内媒体纷纷报道，给予格外关注，连篇累牍地披露作案细节及前科。当杨佳被逮捕之后，媒体才有所转向，而到杨佳被判处死刑，媒体只是以一篇短消息打发了事，所谓事过境迁，媒体与大众口味已然变化。那么至此可以看出，用于报道的部分只能是事实发展的某个阶段，而不能是全部，而对于事实的截取在不少记者观念中就固定成了"三段论"：发生发展——高潮——结局。

其实，对事实截取应有一个原则，那就是读者知悉意义原则。"知悉"在这里可以确定为"知悉意义"，而这一原则又可化约为新闻的一个著名定义：读者应知、欲知而未知的事实。对读者有知悉意义的，只能是一种应知、欲知而未知的事实。三个要素紧密相连，缺一不可。欲知的事实很多，但不一定都是读者应知的，记者通过采访可以了解，但不一定就得传播出去。那么依据这样的三要素，可以判断事实的知悉意义以及记者采访事实的界限在哪里，也就是对一个事实该了解到何种程度。记者应不以个人好恶为转移，预先为事实把关，从而做出合理而又恰当的截取，满足读者知情的需要。

截取事实在单个事件类新闻中是比较易于操作的，而当类似事件叠加出现时，记者就会面临一个截取事实的考验：是仅仅满足于单个事实的追踪，还是进行"集纳"，将系列相近事实统合起来，成为一个具有纵深感的深度报道？两者明显体现了记者的水平高下。

还以杨佳案为例，如前所述，记者选取杨佳如何杀人、因何杀人的事实（当然，采访中收集事实的难度还是极大的，非一般人能有这种专业能力），并由此推出报道是记者就一个事件做出的反映，而如果类似的事件曾经发生过，这对记者来说，做出深度开掘是极为必要的。那些心理抑郁、内向而在受到不公正对待等刺激下铤而走险者近年来不断出现，之前有轰动全国的马加爵案，有系列的社会人伤害小学生案等，这些比较典型的案例集结在一起，就能勾勒出一个类群的心理症候，对此深入挖掘所获得的新闻，当然新闻价值更大，这就是深度报道。

除了对这种突发性事件如此操作，对于延缓性事实（或者换个说法，前者称为动态事实，后者称为静态事实）的选择更能体现记者对事实截取的艺术。延缓性事实在出现、发展过程中没有过于引人注目的突变（不如天灾、祸患、案件等更为显著突出），如一项制度的演变总是在进行中，人们不可能时时刻刻关注它，那么在主观上会忽略许多东西，等到问题发展到产生一定突变时会顿感意外，从这样的事件中抓取新闻需要记者有很强的新闻敏感和新闻发现力。

总之，林林总总的事实，对于记者来说不就是一座座宝矿吗？说事实截取，就是要求记者对事实发展有一个度的把握。在当前，社会心理呼求什么，社会现象反映什么，这就是使事实落地开花的依据。记者所做的工作既要求其认识事实，又要求其截取事实，这当然考验记者的识别能力与反应能力，从这个意义上看，记者是一个社会调查者。

同时，截取的事实除了要满足社会需求之外，还要受媒体发布时间的限制。当报纸、广播、电视能够实现"当日事，当日报"，甚至电视、网络能够同步报道（自媒体现场直播）的时候，时效性的要求已经成为一个前所未有的严格要求了。要求事实快报，这对记者采访是一个很大的挑战。突发事件发生时恐怕留给记者准备资料的时间都没有，记者仓促上阵，赶赴现场同步报道，在此，采访就是报道，记者的参与成为新闻的一部分。那么很显然，记者截取的是当下的事实，依赖于当事人、目击者的口述甚至是现场拍摄的内容，这种事实也是采访中需要反映的事实。这是当前媒体争抢时效的现实形势造成的，记者对事实只能部分反映，其实，对于同样的事实，记者也可以延缓反映，那么就能拉长对事实的报道时段，记者也能更从容地选择报道材料。

三、对几种事实的把握

在对事实的把握中，除了要掌握截取事实的艺术之外，还要对几组既相互对立又彼此联系的事实类型加以分析，如局部事实与整体事实、表面事实与本质事实、眼前事实与长远事实。

（一）局部事实与整体事实

对于新闻采访者来说，出于本能的惰性和时效性要求，最容易选择的就是局部事实，最突出的依赖方面也是这一个局部的点。从惰性角度来看，记者采访事实，就是直接为受众提供事实，传播信息。因为受众关注突发性事实，而这必然是局部发生的事实，采访这一事实是毫无疑问的，但问题是，一个事实既可以从一个侧面，即局部认识，又可以从多个侧面，即从整体来认识。举个简单的例子，一场火灾发生了，接到报料或采访指令的记者奔赴现场，那么采访这场火灾会有多个方面即多个局部需要了解：火灾发展状态怎样？火灾造成人员伤亡情况如何？财产损失多少？会产生怎样的后果？是什么原因造成的？等等。而最后记者仓促呈现出的新闻往往没有完整的新闻五要素，这部分要素只是呈现了一场火灾的一个侧面，对于受众而言，可以感受到的是发生了一场火灾。这样的报道与以往的灾害情况通报无异，容易成为受众匆匆浏览的对象，受众不会多加注意。

本文重点探讨的是记者能否突破对局部事实的迷恋与依赖这一局限，把握整体事实。记者对于一个事实的采访和报道容易出现局部性限制，常常被指责存在片面性，这种片面性就是一叶障目、不见森林。这种局部事实，本身没有问题，就是说采访到的事实呈现了它原来的样子，报道也是依赖原来面目反映了，但是反映出来遭到失去整体客观性的批评就出现了报道偏离整体事实的问题。也许一个地方的确出现了这种事实，但是采访中记者把这个事实呈现出来，又隐含了这样一个倾向：它是普遍存在的，或是今后会出现这种趋势。由此问题就出现了，报道把局部的当成了整体看待，受众接收到这种隐含的观点，会产生误解。我们不能否认提供局部事实的合理性，但处理局部事实要谨慎考虑，不能把局部事实当整体对待。采访应深入，有条件时还应持久，使事实呈现更充分、更完整、更深入，尽量克服局部与整体的矛盾，避免采访中出现这种局限性导致的认知偏差。

（二）表面事实与本质事实

哲学上的认识论要求透过现象看本质，所谓"由浅入深、由表及里、去粗取精、去伪存真"都是告诫人们不要被表面现象所迷惑。而在采访中一些记者常被眼见的事实所蒙蔽，对眼前的事实信以为真。有这么一个采访案例。一位记者采访一个污水处理厂，看到了污水池里鸭子在游泳。厂长告诉记者，该厂的污水做过处理已经达标了，不然，怎么鸭子还能在水里游泳呢？而面对鸭子的戏水和一池碧水，记者信以为真，遂打道回府。哪知记者前脚刚走，厂里就把鸭子打捞上来了，因为污水未经处理，鸭子在水里太久就会被毒死。这个典型案例告诉我们，只看表面，不探究本质，被表象迷惑，就容易做出错误判断。记者是具有高水平认识能力的职业工作者，但记者作为自然人，固有的惰性和惯性思维使其在有些采访活动中容易做出过于主观的判断，即认为这件事就这样了，自己已经到了现场，运用观察手段掌握了第一手资料，这是非常可靠的。"眼见为实"是容易使人满足的，但殊不知，这种对表面事实的依赖存在着危险。

这种危险指一种把表面事实误作本质的倾向。这种倾向有一个预设，就是即使是表面事实，也是对本质的一种反映。这种观念混淆了表象与本质事实。我们要的是去掉表象之后的实质性东西，而不是只要表象。但恰恰在这个方面，认识的错误就不容易避免，再延伸到日常生活层面，这种问题就屡见不鲜了。看人只看外表，以貌取人，就会产生不切实际的印象，而既重外表又重人品，才能接近本质。作为难免产生浮躁心态的记者，也会容易匆匆看到表象就下结论，对人、对物、对事有这种倾向，就会失之于肤浅，陷之于表象，而偏离了本质。

表面事实被记者误作为本质事实还在于表面事实的"欺骗性"，可分为有意的欺骗和无意的欺骗。前者多发生于社会中，为了趋利避害，利益相关者难免会混淆是非，以假乱真。一个火灾受害者与一个无关的目击者的叙述就会出现不同，谁更接近事实本质这需要辨别，不加辨别就下结论，十有八九会出现失误。这方面香港《大公报》

记者采访前沈阳市市长马向东时就能"透过表象看本质"。马向东在安排、接待记者采访中给人一个勤政廉洁的印象，于是众多媒体纷纷予以正面报道，展示一个好干部形象，而《大公报》记者却在采访中发现，作为一市之长的马向东衣着相当考究，经打听才知价格不菲，西服、皮带等价格逾十多万元，记者意识到凭他个人工资是没有这个能力维持这么高的消费的，其中存在贪污的可能。果然，在记者报道后不久，马向东被查，随之受审。

至于自然界中，存在着大量尚不为人所知晓、需要破译但又对人造成迷惑的表象，但它不是本质。比如中国西北一些地区夏季、秋季降水增多，这使得局部地区干旱形势获得一定缓解，有些记者就根据这种事实进行采访，（包括通过专家访谈）做出西北地区生态好转的结论。显然这是把表象当成了本质。事实上，21世纪以来，全球变暖导致气候改变，明显的一个恶果是南北极冰川融化，2019年夏季，北极温度竟然一度达到了30度，北欧三国发生了森林火灾；中国境内则是令人担忧的雪线上升。雪线上升带来的一个表象是地表径流增多了，局部小环境变化了，更多的淡水蒸发了，雨水增多了，但本质的问题是冰川融化带来土地沙化扩大，沙漠快速推进，沙尘暴继续发作。对此，记者仅仅看到一些变化，不深入探究就片面报道肯定会出现问题。还比如1998年洪灾后，一些地方确实落实了封山育林政策，森林覆盖率上升了，记者采访这些变化也的确是事实，但一个最严重的本质被忽视了，即所谓的覆盖率上升仅仅是人工林覆盖率上升，而非天然林，实际上遭到乱砍滥伐的原始森林已经所剩无几，这些天然林在涵养水分、保持水土、稳定气候等方面的功效要远远高于人工林，实际上近几年来南方和华东、华北地区因失去天然林而导致的灾害频繁发生，造成的经济和生命损失越来越大。记者在肯定一些成绩的同时，不能不更加重视其背后的问题，这才是有效的"透过现象看本质"的思路，也是一种科学的认识方法。这当然是很高的要求，对于一些经常面临紧迫采访任务、压力过大的青年记者来说，这种要求可能变成了一种奢望，记者还需切实提高深刻观察事实的能力。

（三）眼前事实与长远事实

事实存在着一定的真实性，但是真实性也是变动不居的。对于记者来说，对真实性的认识不是一劳永逸的，有些事实的真实性只是暂时存在，一旦时过境迁，事实不再真实。这就要求记者处理好眼前事实与长远事实之间因时间推移而出现的变动关系。

如前文对事实的分析，事实不仅具有多面性，还存在着多变性。这里的"变"就是由时间推移产生的。不变只是相对的，而"变"则是绝对的。事实对于采访者而言，时时都在发生着变化，事实只能是暂时呈现真实的一面。事实不断地发展变化，报道关注的是眼前的事实，所以真实性只能是特定时空内的真实，具有相对性。当然，对此也会有人提出质疑：对于一般事实而言，如一场火灾，伤亡、损失和火灾被扑灭等情况已具体化、定时化了，不应当存在眼前事实与长远事实的矛盾了吧？从表面看是如此，可是这并不等于火灾（真的根绝）就此不复存在，从长远来看，如果火灾的隐患不能真正消除，不论在社会生活领域，还是在自然生态群落，经过时间推移，火灾还会发生，至于它何时发生就看隐患的累积程度了。记者的采访与认识几乎同时同步进行，采访有中止的时候，因为存在媒体报道的时效性要求，但是认识一般不应当停止，对事实的认识需要积累，需要经历时间的考验。对于一个事实尤其要注意的，就是不要匆忙、轻易地下结论，认识事实需要时间。

在这方面，恩格斯有过全面、深刻的阐释，他说，新闻事业"是一个非常有益的学校，通过这个工作，你会在各方面变得更加机智，会更好地了解和估计自己的力量，更主要的是会习惯于在一定期限内做一定的工作。但是，从另一方面看，新闻事业使人浮光掠影，因为时间不足，就会习惯于匆忙地解决那些自己都知道还没有完全掌握的问题"[①]。

  尤其需要强调的是，当记者采访的对象是个人时，记者更需要把握眼前事实与长远事实的关系。人不仅具有多面性，还具有易变性，即使是一个先进、高尚人物，也不是自小就心怀伟大理想，拥有报国志向的，人是需要被教育、被引导的，需要一个成长过程，而且只有在危难之际一个人才能显出真实品质，正所谓：家贫出孝子，国难识忠臣。因此对于人的认识要坚持用发展的眼光去看，不能只看一时。记者尤其要认识到人复杂的本质特性，不能被一时的表象所迷惑。对此，诗人白居易的讽喻可谓是至理名言："试玉要烧三日满，辨才须待七年期，向使当时身便死，一生真伪有谁知？"采访一个人，不仅要了解他的现在，他的过去，更须观察他后来的表现，以防不测之变。这方面的教训可谓多矣，有些记者对一名官员不惜溢美之词，使其俨然成为廉洁模范，可是没过多久，竟然出现了报道对象被双规，明星厂长沦为阶下囚等令人愕然的事件。记者的采访不仅经不起时间检验，而且给自己留下了污点，这种教训可谓深刻。当然，对此有些记者不去吸取教训，反而要为自己辩解开脱："当时他是好的，是那个样子，我们如实了解加以报道的，至于他后来变质了，堕落了，或者他善于伪装，我们也无法全面了解把握。"这虽然是实情，但不等于记者没有责任去深入、持久地认识采访对象，因为自己的报道是对公众公开的，具有鲜明的导向作用，不然报道干什么呢？对个人的报道要经得起时间检验，这是个很高的要求。媒体不能因为有时效性的限制而放松对报道对象长久的跟踪了解。即使已经对其进行了报道，也不应满足于一次性的认识，在以后的采访工作中，还应保持跟踪了解的习惯，做好长期了解准备，才能保证一旦要求报道，能够快速反应，全面报道。再说对报道对象的了解，也是随着时间的推移而逐渐加深的过程，当天长日久地跟踪下来之后，记者也能够成为研究该人物的专家了。

  总之，通过对事实的分类解析，可以得出这样的结论：事实是客观的，认识是主观的，认识事实，也是一个主观逐步接近客观的过程。记者认识客观事实，在有限时间内报道事实，是一项艰苦而长期的工作。当然，这种认识、反映不是那么容易、轻松实现的，总有这样那样的障碍让事实不会显示本来面目，记者由此也容易犯下错误。在对事实真相进行反映中，记者出于惯性或惰性思维会将局部等同于整体。其实事实局部既是认识的起点，又容易成为认识的终点，导致记者的报道以偏概全。同时，记者对于事实的表象与本质的短期与长期的认识都可能会出现这种止于表面、停留于一时的情况，以至于报道失真失实。对此，记者需要克服认识上的缺陷，掌握科学的认识论，借助于马克思主义的哲学武器，来避免采访工作中的肤浅、偏颇。具体看，有这么几个方面需要把握：坚持大局意识、整体观念，即认识事实不是从简单的局部抽取事实作为结论，而是从局部出发延伸到整体，使微观与宏观相一致；坚持既看事实表层，又看事实本质，做到"由表及里，由浅入深"，而不是浅尝辄止，以了解表层为满足；坚持辩证、发展地看问题；记者要克服时效局限，

[①] 马克思，恩格斯. 马克思恩格斯全集[M]. 北京：人民出版社，1971.

将采访的事实置于纵向时间坐标中考察,力求纵深地认识把握事实,展示其内涵的丰富性与多样性。

第二节 例证式采访中的问题

记者在采访中,会出现一种倾向,即主观设定个别事实,主题先行来反映普遍存在的事实,这是采访中的一个典型问题,也是记者表现出的需要纠正的片面性认识倾向。

一、"以个别代表一般"

"以个别代表一般"的缺陷主要表现为西方新闻理论界的"框架设定",即把某一类事实装进预先设定的框架(观念)中,比如西方主流新闻界对中国的报道总是预先设定"西藏框架""人权框架""自由框架"等。每当中国发生一些事件,西方主流媒体就会立即将其纳入某一既定的框架中,宁可扭曲事实的本质。

近年来,一些记者在揣摩到社会转型期中一种急需转移宣泄心理后,把有些事实做了偏向受害框架的解读,从而赢得一定美誉,却牺牲了事实真相。2016年,原财经记者高胜科的关于家乡的虚构报道就颇能反映问题,他辩解道:"事实(有些)是虚构的,但问题是真实存在的。"2018年,一段短视频显示一个上海警察在一辆小车旁边,直接将一个妇女摔倒在地,怀中的孩子被甩到一边。此事引起网友愤怒声讨,而不少媒体记者前往警局采访,这给人警察滥用暴力的恶劣印象,但实际上是妇女动粗在前,警察不得以才使用了制伏手段。所以用个别的、偶然发生的事实反映一个一般观念,往往蕴含着危险的后果,这样的报道会刺激社会情绪,诱发心理失衡,甚至引起一些群体性事件。

为了防止类似问题出现和避免记者陷入某种固定框架中,在采访中记者还是要坚持实事求是原则,对事实还其本来面目,尊重事实的背景。不测事件会经常发生,记者应当深入事件现场,不轻信职能部门和现场目击者的交代,根据个人理性判断和冷静推理来选取事实,并多方求证,以求全面、准确地反映问题。

二、"关门想点子,出门找例子"

该问题在以往的采访教材中总是被批评为机械地执行上级政策、精神图解报道,而今天这种问题依然存在。问题的根源在于,与过去一味"证明"政策英明不同,今天的一些社会新闻总是会迎合受众的心理倾向。对于一些刻意讨好受众的记者而言,事实应该会存在的,只不过新闻五要素中的人物、时间、地点、过程会稍有不同而已;事实无关紧要,但是娱乐因素不能缺少,而且更加重要。记者在办公室苦思冥想出来点子后,就开动脑筋,将一些事实生拉硬拽过来,与自己想到的点子扯到一起,然后在文字上、提问技巧上做些手脚,让报道呈现娱乐化倾向。这里例子的重要性已经让位于点子。

例证式采访是以新鲜事实表达一种无形观点,但在借助事实表达过程中出现了这样那样的问题。其根源在于记者把主观意识强加在客观事实上,将事实作为屈从于自己观点的材料，使之改变了性质。事实是怎样的要实事求是，不能任由记者摆布。即使在政策需要解读和贯彻的形势下，记者也不应机械、被动地使用事实。在验证政策对基层发挥效力的时候，记者要尊重事实，让事实顺理成章地显出政策的效果。例如，国家决定免除农业税之后，农村出现了种田积极性提高的现象，不少抛荒的农田又被种上了庄稼，农村种植形势得以好转。记者对这样的事实应予以积极反映，但肯定是要实事求是地反映，改变图解政策的做法。记者只有多深入基层，多了解一线，吃透上头精神，在对上头和下头都把握的基础上，才能避免例证式采访的缺陷。

三、情绪"验证"于事实

进入21世纪的前10年，社会心理问题突出。借助高度发达的网络自媒体，越来越多的网民在网上以维护正义为掩护发泄情绪，表达不满。姑且不论是非对错，其中对新闻造成的一个不良影响是，没有经过专业训练、不懂得新闻客观性的众多网民，会在传播新闻中将情绪掺杂其中，甚至将新闻等同于情绪宣泄。而这样的案例似乎越来越多。

汶川地震发生后，一些网民对名人捐款不满，认为捐得太少，要几个亿的捐款才行。还有，几年前一个孩子生病的父亲给几个富豪写信，要求捐款给自己孩子治病，该事也被网民广泛传播并引起争议。此外，还有仇商，仇权，地域、职业歧视等，新闻反映出一种失衡的社会心理。这些新闻一经传播，导致一个不良后果就是影响人们的判断和认识，人们以为情绪重要，事实不重要。这对新闻以正常形态表现是不利的。

总之，例证式采访是需要的，但是要在尊重事实的基础上开展。以个别代表一般，或者是将点子和例子强扯在一起，或者是情绪代替事实倾向等都是有缺陷的，需要纠正。应该按照事实的本来面目去反映，尽量减少个人主观偏见，让事实客观地呈现出来，有利于受众的理解。

第三节 采访对象——事实

新闻报道的是客观发生的事实，那么记者采访的对象就是事实。虽然如此，对于事实的认识和理解还有需要解读的地方。其中最值得强调的是，采访对象——事实应该是受众需要的信息。因此，这种以新闻形式传播的事实就是信息，当然信息不一定是新闻。

一、事实即信息

新闻采访的目的是什么？我们对此的回答是：采访事实，进一步说是获取信息。但是现在在媒体中出现了一个突出的问题：报纸经营不景气和电视新闻信息量有减少的趋势。这对受众形成了一种获取信息的阻碍，他们越来越远离传统媒体（如今通过手机接收、阅读新闻和各类信息是普遍现象）。这种形势其实对记者产生了一种压力，也对其提出了更高要求，记者要多提供信息，抓取更多丰富多彩的事实。既然如此，记者就需要清楚两个问题：一是何谓信息？二是事实与信息之间有什么样的关系？

(一) 何谓信息

何谓信息？对此有多种解释，新闻学理论上的最通俗解释是，能够消除受众某种不确定性的东西即信息。比如，某地发生了火灾，对于不知晓的受众而言，看报纸和电视知道这件事就消除了一种不确定性。当然，这可算作被动地消除不确定性，因为这不是他们主动要求知晓的；此外，还有主动消除不确定性的情况，如家长关心高考政策会有怎样的变化、孩子的分数能上哪一类学校等，记者通过采访，帮助家长了解他们关心的事情，这就是主动服务的一种表现。

有人断言，现在已经进入一个信息社会，人们比以往更加需要信息。而获知信息的最主要渠道是大众媒体，媒体获取海量信息，则主要依靠的是记者采访采集事实，可见记者的功劳最大。但是由此涉及一个问题，事实与信息之间的关系需要辨别。

(二) 事实与信息之间有紧密的关系

信息是事实，事实则不一定是信息。一个普通人每天都从事各种工作和活动，这样的情况是事实，但不是信息；自然界每时每刻都有各种各样的变动，它构成了无奇不有的大千世界，但并非每个现象、事实都是信息，因为有些事实为人们所熟知，已经熟视无睹，见怪不怪了。可见事实成为信息就必须能消除受众认知上的不确定性，否则事实只是原来的事实而已。事实是信息的原初状态，它因人因时空的不同会转化为信息，记者需要挖掘事实，将其变为信息，使其对受众有用。当然信息肯定是事实，是客观存在的、经过改造了的事实。事实容量更大，因为它包含有用和无用的元素，而信息只含有有用元素，对受众来说，信息具有知悉意义。当然，信息有用性大小也是因人而异的。

至此，我们可以看出，记者所采访的事实是一种信息，它对于受众具有知悉意义。同时我们也看到，记者所关注所需要的不是一般的事实，而是一种变动的事实，记者应该有"变动出新闻"的意识。另外，尚未传播的新闻是一种信息，这种信息具有有用性的特征，无论是用于解惑、解闷还是解气，它都是为受众所需要的。

二、采访对受众具有知悉意义的事实

以上论述的事实可以作为信息，但是今天还有许多事实作为"反信息"进入了公众视野。"反信息"是指那些不是新闻，不能消除受众不确定性的事实，没有知悉意义的事实。换句话说，就是看了一点儿就知道很无聊（如某些网友空间中的内容，晒的说说和美图，等等）的内容。这种反信息大量存在，混淆了新闻与非新闻之间的区别，也混淆了视听。那么下面需要指明哪些事实是反信息，这对于记者而言也是非常重要的，只有解决了认识的问题，认识才能正确指导行动；而且现在的反信息与计划经济时代的反信息还有很大差异，那时的反信息是单一的，进入市场经济之后，记者面临的形势复杂多样，反信息也多样化了。

首先是重复、无新意的会议内容作为反信息一直顽强存在着。会议新闻报道是计划经济时代媒体报道的一个重点，是党报党台宣传的主要内容，也正因为如此，媒体报道被形容为"千报一面，千台一腔"，缺乏吸引力的问题一直存在。今天，随着媒体传播形式的多样化，会议报道数量有所减少，但它依然是令记者和受众都很头痛的报道内容。记者对之可谓爱恨交加，爱的是会议采访省时省力，恨的是会议报道形式为人厌弃，受众群体越来越少。那么，会议内容是不是反信息呢？一般而言，如果会议内容的信息量少之又少，可以视之为反信息。为了克服这一弊端，不少人也总结出各种经验，即跳出会议内容写新闻，撇开形式抓亮点等，都是很实际的很不错的探索。但不管怎么说，抓住信息才是根本，才能扭转会议冒充新闻的倾向。

其次是活动。活动也是事实，是即将发生的可以预期的事实，人为策划的事实。活动有许多种，不少是年年岁岁都可以等到的节假日、周年等活动。比如3月12日的植树节、3月15日的国际消费者权益日等，每年都要有纪念活动，媒体也是必不可少的参与者，记者会接到各式邀请通知。但是问题在于活动主题、内容年年岁岁都类似，对于受众缺乏吸引力，使记者采访面临巨大挑战。要做出改进，只能尽量避免这种反信息问题的出现，努力在采访中挖掘新内容、新信息以使受众获得新的满足。

再次是商业策划和广告。如今，商业性广告冒充新闻时时见诸媒体，如果不是媒体的支持很难会出现如此无孔不入的现象，这些反信息也让受众唯恐避之不及。今天，众多媒体依靠市场盈利而生存发展，广告成为重点经营内容，新闻则越发退居次要位置，成为媒体装点门面的摆设。新闻能够带来的是关注度，不能直接产生盈利，但眼球效应越大，广告收益越高，新闻是基础应当不成问题。但是许多媒体缺乏这份耐心，要求直接求利，以广告挤压新闻来直截了当地获取利润。但媒体又不能完全、过度地刊播广告，许多时候就将广告包装成新闻来传播。而记者在采访、发行和经营创收的任务压力下，只能想方设法地既完成采访任务，又推销商品，其采写的内容成为反信息就在所难免。也有人会认为，商业广告也是一种信息，没必要区分得那么清楚。话虽如此，但是新闻会变成什么呢？彻头彻尾的广告。这对受众而言是一种蒙蔽，也是一种欺骗，背离了新闻的本质。尤为可惜的是，一些媒体开展多种经营争抢市场利润，挖空心思策划什么房展、车展、家装等活动，使媒体商业化气息浓厚得无以复加。总之，反信息增加的现象愈加突出，这是令人忧虑的，需要尽快扭转。

商业策划与广告必须和新闻划清界限，记者不应参与商业炒作行为，使报道反信息现象愈演愈烈，要支持推动媒体内容与产业经营分开，坚持以信息提供为主，为受众的需求服务，对事实把握原则，不把广告当新闻，力求让新闻产生良好的社会效应，提升媒体的知名度和公信力，从而产生更好的经营效益。总之，反信息的存在不仅伤害了新闻的品质，也损害了记者的能力，即采访能力与职业操守，使其很快就基于个人利益与媒体利益的一致合谋，将广告当作新闻，一味倾向于商业策划、炒作，塞给受众并不需要的东西。所以，记者对事实的把握需要认真谨慎和恪守职业操守。

三、事实需要挖掘

与以上内容相对应，鉴于反信息的存在，记者应致力于向受众提供信息，消除受众对于事实的不确定性。同时记者还要采访对受众具有知悉意义的事实。知悉意义如何判断呢？借鉴范长江对于新闻的定义：新闻是群众欲知、应知而未知的事实。具有知悉意义的事实应符合欲知、应知而未知三个要求。这三个要素不仅是并列的，而且是紧密联系的，对受众而言，"欲知"体现了受众的欲求，"应知"体现了事实具有知晓价值，"未知"反映了受众对事实不了解的状态。三个要素应当综合在一起，形成对事实的知悉意义，而不是仅有一两个要素。其中"应知"这一要素最难把握，因为这需要记者准确把握受众需求，为其把关，看事实对受众而言是否具有积极健康的意义。与之对立的要素是"欲知"，换句话说，"欲知"不一定就属于"应知"，受众预知的内容有健康与不良、高雅与低俗之别，正是在这个分野上，我们才不得不强调知悉意义，不得不指出当前媒体存在的低俗之风，实由一些记者不能也不愿良好把关导致的。

由上所述，记者在知悉意义把关上出现了两个突出问题，一是以过分娱乐化内容迎合受众不良心态，二是以窥私、暴力等内容满足受众猎奇心理。就前者而言，娱乐化风潮越刮越猛，新闻越来越走向娱乐化，一味取悦受众，满足他们的求乐心理，却不提供事实。这方面有太多的案例堪称教训。2003年云南大学学生马加爵杀人案①轰动一时，也让国内都市报首开负面新闻娱乐化之不良先例。不少媒体在采访报道中刻意突出娱乐性，而放弃了对事实的严肃、沉重的思考。对于这样一起恶性案件，一时间出现了令人不解的娱乐化之风，使得受众受到了愚弄，也遭到了有识之士的抨击。不容否认，随着休闲时间的增多，人们希望从工作、生活、情感等压力中得到解脱，需要笑料缓解紧张心理。这本无可厚非，但问题在于，人们的求乐心理在媒体引诱下加速膨胀，不断突破伦理道德底线，人们为乐而乐，甚至追求低俗之乐，以他人不幸为乐。记者也逐渐放弃把关职责，在报道事实中刻意渲染娱乐因素，致使新闻越来越不具有知悉意义。

至于第二点新闻以窥私、暴力内容满足猎奇心理，更是背离了事实的知悉意义。应当看到，作为匿名、分散的受众，本来就存在着诸多人性的弱点，媒体负有引导之责，记者是媒体的代表和先进文化的化身，不能也不应以低级趣味迎合受众，将其引入歧途。这类含不良趣味的事实以新闻面目出现而且大行其道，必将败坏记者名声，使其丧失把关人信誉，媒体的信誉也将受到损害。

综上所述，对事实的辨析是一个哲学问题，也是一个认识论问题。记者采访所应确立的观点是：事实不仅是事物表征的描述，而且是能够消除某种不确定性的采访对象，即信息。记者必须使新闻成为一种信息，而不是没有新意的、似曾相识的东西。为此就要舍弃掉那些缺少信息的内容，记者要对会议、活动、商业广告与策划保持警惕，拉开距离，致力于提供有用的信息。最后，记者采访、筛选事实时应当指向具有知悉意义的事实，为此要舍弃那些过度娱乐的、窥私的、暴力的低俗内容。这些内容固然也可能是受众欲知的，但不是他们应知的，作为把关人的记者不应纵容和引诱受众追逐这些含低级趣味的事实，而应引导受众转向追求高雅、健康和有益的事物。总而言之，记者需要的是变动的事实，而受众需要的是有用有益的信息。

思考题

1. 事实与新闻事实有什么区别？

---

① 2004年2月23日下午1时20分，昆明市公安局接报云南某大学学生公寓一宿舍发现一具男性尸体。经公安机关现场勘查，在该宿舍柜子内共发现4具被钝器击打致死的男性尸体。经警方认定，云南大学在校学生马加爵有重大作案嫌疑。公安部2014年3月1日发布A级通缉令，通缉在逃嫌疑人。马加爵于2014年3月15日晚上7时30分左右在海南省三亚市落网。

2. 例证式采访的问题主要是什么？
3. 为什么反信息不应作为记者采访报道的对象？
4. 如何理解事实的知悉意义？

阅读材料

张娇：我把青春献给荒山[①]

扔进去 1,800 万元，又欠债 2,000 多万元，只因为与位于延庆的五万亩荒山结下了不解之缘。张娇，一个曾经的千万富姐，如今虽负债累累，她仍然觉得自己拥有一笔巨大的财富——曾经的荒山，如今已经郁郁葱葱，山中的动植物充满了生命力。

"我从来没后悔过，因为我做到了，我完成了一个奇迹。"张娇说。

"钱是身外之物"

见到张娇是在距离北京城区 100 多公里的荒山上。

在 1994 年拿到延庆万亩荒山的经营权之前，张娇只是一个靠着敏锐嗅觉在改革开放之初赚下第一桶金的女孩。从 12 岁开始跟母亲单独生活的张娇，担起了整个家庭的重担。她跟着一些比她大一辈的人买卖水果，张娇在实战中学会了精打细算，也发掘出了自己经商的天赋。很快，她已经不满足于赚"二手钱"，开始自己跑遍大江南北倒腾市场上可能畅销的一切物资。

20 世纪 80 年代的中国，遍地是商机，但机会也只留给有头脑的人。很明显，张娇就是这样的人。她到海南倒香蕉，去四川倒橘子，到东北倒大米，一趟趟跑下来，抓住市场需求的她，能用几倍甚至几十倍的价钱转手卖掉。张娇富起来了，成了一个有着千万资产的"富姐"。

但是，她的精神世界没有因为钱包鼓鼓而得到慰藉。直到现在，张娇还是一遍一遍地强调，"钱是身外之物"。1994 年，喜欢野外活动的张娇来到了位于北京郊区的延庆。延庆的大好山川总是让她流连忘返。当时的延庆正在招商引资，其中方圆数万亩的一片荒山让张娇动心了。在别人不解的目光中，她从林业局买下了这块山林的 30 年使用权。

从 1995 年开始，张娇正式"上山"了，从此她自称"野人张娇"。在没有自来水、不通电、没有手机信号的山上，她跟从周围村子里雇来帮她干活的工人成为这座荒山的新成员，占据了原本废弃的属于某个村子的几间石头砌成的平房。没想到，这一住，就是十多年。直到今天，她的小屋里仍然是大通铺，仅有的家具就是一张残破不堪的饭桌和几把椅子，一台 14 寸的旧电视机是这两年通电后才搬上山给工人们解闷用的。这样的条件，在中国的大部分农村，也已经难觅踪影。"这里禁止拍照。"张娇对着镜头摆出了禁止的手势，无论如何也不肯点头。她从屋子里的大水缸里舀了一瓢水喝，我们一行人对张娇的

[①] 卢茹彩. 张娇：我把青春献给荒山 [J]. 今日中国，2012（12）.

生活有了更切实的感受。

"为了所有人的生存"

每天早上天不亮，张娇在山上的一天就正式开始了。"冬天修复土壤，夏天恢复山林。"张娇说，在山里待了十多年，回想起来却感觉一晃而过。跟外界隔绝的日子里，她没有过过任何一个节日，包括中国人最为看重的春节。为了督促自己早起，她房间里的钟表一直都比正常的时间快一个小时。

在外人看来张娇的计划有点不靠谱——她想按原始森林的样子进行严格恢复，并进行彻底保护，有层次地恢复这里所有的植被。为此，她曾多次到神农架和大兴安岭等地的原始森林去考察和学习。现在，她可以随时指着头顶山尖上的一片林子，让大家看她的"原始森林"。"这一片，是绝对要留死的。"张娇说。目前，张娇所说的层次已经清晰可辨，但她说，等秋天的时候，这种层次感应该会在色彩上更加凸显。

在大家的眼里，这数万亩山林已经郁郁葱葱，但是在这背后，张娇付出的汗水和泪水却并不是一句话能概括的。从一开始，她就购买了很多易生长的野草种子，漫山遍野地撒，枯萎的野草腐烂后，与山石表面的浮土混合，荒山的肥力得以提高，然后她开始把爬树打下来的树籽，一点点种下去。当地林业局的局长曾经多次来到张娇的山上，当他第一次知道张娇的做法时，第一反应是："张娇你疯了，这么一点一点去恢复，能做成吗？"可张娇说："只要用心去做，什么都不难。"

除了树木，山上的动物也多了起来，松鼠、山鸡、獾子、狐狸，经常会出现在劳作的工人眼前。而张娇用来养猪的猪圈中，也经常有野猪来光顾。在她这个"人工原始森林"里，生态链已经健全起来。"就在三四年前，我连'生态链'这三个字都不知道。"张娇说，她所有的技术都来自农民的经验和自己的摸索，"中国大部分农民有个特点，学会了一步，就不再继续探索。我不同，我喜欢往前迈，我从不同的人那里学来不同的技术和经验，我会结合起来运用，所以我成功了。"

周围的山慢慢变绿，但张娇的钱包却越来越瘪了。种树和工人的开销不仅花光了她自己赚下的1,000多万元，她还欠下了朋友们2,000多万元的债务。当被问及钱怎么花出去的时，她的语速明显快了好多，语调也提高了："你说钱到底怎么花出去的？100颗种子才能种出3棵树，一平方米一年就算平均花30块钱用于育种、人工费，一亩地660多个平方，重复十多年，你自己算算？"现在的张娇，看起来跟普通的村妇没什么区别，普通的T恤，带着洞的七分裤，但这一切都难掩张娇脸上自然流露出的自豪和喜悦："我做的这些事为了所有人的生存，不是为了我自己的生存。"

张娇在山上养鸡，养猪，但是要问她养了多少，她会说"不知道"，还剩多少，也"不知道"，很多鸡和猪，都成为山中动物食物链中的一环了。

为了守护这片林地，十多年间，张娇跟到山上来砍树的当地村民起过多次冲突。"但是我不恨他们，我知道他们的生活有多难。"张娇说，"现在还有人偶尔偷着砍树，但是我多少能承受了，不像刚开始那会儿，因为本来就没什么树，砍两棵一片都没了。"

"给'闺女'找个好'姑爷'"

"2008年，当第一个记者来采访我时，他听不懂我说什么，我也听不明白他问的问题。"

张娇说，在山里住了十多年，她的语言表达能力明显退化，跟正常人几乎无法交流。而常年风吹日晒的生活，也让她比实际年龄显得苍老太多。"快40岁的人都叫我阿姨。"说完，她爽朗地哈哈大笑。

从外界知道了张娇和延庆这座山林的存在，她的山上就不断有访客前来，有来自大学的志愿者，也有一些NGO组织的成员。他们来山上劳作，帮忙修缮房屋，巡山，大家用自己默默的行动，表达着对张娇和这片山林的支持。

只是现在，除了张娇找来的20多个附近村子的农民在帮忙照看山上开荒出来的400多亩地，没有其他任何人。"我为什么把志愿者给停了？因为我病了，扛不住了，我在找接班人。我希望这些高校的高才生，能掌握整体的植被恢复技术，而不是像在学校里，被划分成那么多个互相独立的专业。但是，我找不来。"张娇的话语中透着无尽的失望。去年，因肝脏血管爆裂被医生从死亡线上拉回来之后，张娇又一次开始考虑传承这个沉重的问题。

"几乎所有来采访过我的记者都对外说我不做开发，其实不是这么回事儿。"张娇说，"只是，山林的保护是有层次的，只有培育到了一定阶段，才能进行后续的环节。"而现在，张娇认为，她的山林"姑娘"已经可以"嫁"了。

但是，她想要给她找个好"姑爷"。曾经做过一阵的生态蔬菜、柴鸡（蛋）、猪肉等配送已经因为张娇自己无力支撑而停止。"吃惯我东西的人，不管多贵都要。"张娇说，"但我一个人来做，做不过来。这是一个很细的链条，我自己采摘，自己配送，只要超过30家我就累晕了。"有人建议张娇找别人帮忙送，但是她"不知道从哪儿去找"，因为她那里的工人"都是土生土长的农民"。

"别再做掠夺者"

两年后的今天，张娇的山上又迎来了客人，不断有人来考察，其中不乏有着雄厚资金实力的老总。"其实，我不可能放弃，这个山是我的生命。"张娇说。

但是，有投资意向的人当中，有90%的人都被张娇给"骂"跑了。"我需要的合作伙伴人品要好，做事要讲良心，我们供出去的蔬菜等是要给人吃的。老板要的是利益，我要的是人的健康，这能合作吗？"她反问。

"如果想让农民不继续破坏这些山林，只有让他们先富起来。"张娇对绿色订单农业的设想很美好：目前，如果农民种的东西不上农药、化肥，一亩地产800斤粮食，连成本都不够。但如果他加了农药，就能赚200块钱。"我想，如果我能带动周边的农民，让他们不用化肥农药就能一亩地赚500块钱，那他们肯定就不会再去破坏山林，也不会再乱用农药这些有害身体健康的东西了。"对于清新的环境和绿色产品带来的好处，张娇比任何人都有深切的体会，因此，把真正的绿色产品推广给消费者，成为她开发计划中的一个重要方面。

曾经她大声疾呼的树木认养也困难重重。从张娇过去两年的实践看，过来认养树木的人一般年收入都在20万以上，他们没有生存的压力，且认识到了环境的重要性。但这样的人少之又少。张娇不断地反问我："一天拿出一块钱，你有吗？少吃一根冰棍、少抽一根烟的钱就够了。"但是，现实却不免让她失望，目前，大众对看不到实际回报的投入都没有多大的热情。"他们都是掠夺者。"张娇说。

但是，不论是绿色订单农业，还是树木认养，这些遥远的前景不能帮助张娇渡过眼下的难关。她需要找到资金，让这座山良性循环起来，才能谈她后面的一切计划。目前，前来洽谈合作的人，只有两拨人被留下来继续进行具体的勾画，他们分别是做养生和中药的。张娇认为，这样的行业不会对环境造成破坏，而且更需要她提供的好环境。

每次被问到"三十年使用权"到了之后怎么办，张娇总是有点急："我没法说怎么办。我只能呼吁，让更多的人来认养这些树木，万人的力量总比我一个人的力量大。""当你的孩子能随着这片山林一起长大，那时候，我死都是笑着死的。"说这话的时候，张娇的语气缓慢，眼睛分外有神，完全没有咄咄逼人的气势，但充满了感染力。这中间，张娇的女儿打来一个电话，她的语气和表情都变得柔和起来。从生下来，女儿就没在她身边生活，直到去年她下山。"放在几年前，女儿还不理我。"张娇说，"原先她恨这山恨得牙痒痒，每次开家长会，急了她就跟老师说自己是孤儿。但现在，她越来越理解我。"

也有越来越多的朋友开始理解张娇，他们把几乎所有的业余时间都投入到帮助张娇和这座山上，帮助她寻找投资。但他们都明白，张娇最想做的，还是把这样一种山林恢复模式推广开来，证明这个模式是可复制的。

第三章 新闻价值标准的把握

本章要点

第一节 新闻价值

第二节 新闻价值五要素

第三节 新闻价值的实现过程

新闻价值在今天仍然具有重要的认识指引意义。新闻价值是传播者先行识别事实能否成为新闻、是否具有重大意义的一个指标。伴随着新闻的内在品质下降、含金量走低，把握新闻价值的重要性越发凸显。今天，各种冒充新闻的无聊、空洞、琐碎的事实和私人话语越来越泛滥，亟待新闻价值理念的引导，帮助新闻传播者正确认识、看待事实，减少盲目性和肤浅性，把握真实性、典型性、深刻性，实现"以正确的舆论引导人，以高尚的精神塑造人"的美好目的。为此，要正确认识理解新闻价值的含义、要素和运用过程等，以便更好地传播新闻。

第一节 新闻价值

新闻价值对于采访具有重要的指导作用。但是一直以来，在有些媒体记者的意识中，新闻价值似乎是一个学理概念，而不是一种实践标准。采访、报道新闻，好像不需要什么要素、标准，只是凭经验、靠感觉，对事实采访了，报道了，就算完成新闻传播任务了。从表面上看是如此，但是新闻价值的作用恰恰在于设立事实成为新闻的标准，新闻价值不仅能帮助记者发现事实，识别它具有的新闻要素，而且能指导记者挖掘事实的新闻价值，实现新闻传播效果的最大化。有些记者仅仅满足于对事实的采访和报道，他们迫于考核压力只求每月稿件发够数量，无心也无力关注自己采写的事实变成新闻之后到底能产生多大效果，这使其制作的新闻质量不高。观察新闻界名记者和历届获得最高奖项的新闻作品，会发现厉害的记者都能对新闻价值和新闻要素有深刻把握，使其作品总是能够达到"体现时代性，把握规律性，富于创造性"的标准。因此，对于记者而言，新闻价值绝非可有可无的东西，而是用以指导工作实践的利器，能帮助记者识别高质量的新闻，传播有影响的事实。那么，接下来我们需要分析的是新闻价值的诸多方面，首先，要厘清新闻价值问题，就必须从其源头寻踪，弄清楚这一标准的起源与发展脉络，以利于对它的掌握与应用。

一、新闻价值的产生

19世纪30年代，随着美国大众化报纸的出现，报纸竞争日益激烈，为了吸引读者，记者纷纷以刺激性新闻作为重点报道内容。在这一时期，新闻价值标准受到编辑、记者和报纸负责人的重视，例如，普利策就提出报纸要刊登那些引人入胜的新闻，赫斯特也是以大肆渲染奇闻为能事。在新闻采访中，重要性、显著性、趣味性的要素被日益看重，黄色新闻出现。"它用骇人听闻、华而不实、刺激人心和满不在乎的那种新闻堵塞普通人所依赖的新闻渠道，最糟糕的是，黄色新闻不仅起不到有效的领导作用，反而为罪恶、性和暴力开脱。"美国理论界反思其弊端，提出了新闻价值五要素之说，即重要性、时效性、显著性、接近性、趣味性。有了这几个要素作为标准，记者就能准确判断事实价值的大小，从而做出相应的调整和准备；当然这一标准也可应用于写作中。

二、新闻价值的含义

关于新闻价值历来众说纷纭，争议不断，主要在于大家各自从不同角度出发去界定它，因而不能统一。其实角度不同也有利于认识它的内涵。对于其定义有这样一些说法："新闻价值是新闻记者衡量和选择事实是否可以成为新闻的标准"[1]；"新闻价值是选择衡量新闻事实的客观标准，即事实本身所具有的足以构成新闻的特殊素质的总和，素质的级数越丰富越高，价值就越大"[2]；"新闻价值是某些事实在满足受众新闻需要方面所具有的现在和潜在的作用"[3]。总之，新闻价值的定义存在着"素质说""标准说""效果说"。新闻价值不是一个静态的概念，它是动态的，富于启发性和指导性。它是记者在面对采访对象时的一种感受，一种认识。当记者接触到一个事实时，他一般会做如下判断：这件事有价值吗？再具体看价值体现在哪里。首先要考虑重要性，事实是不是重要？重要性体现在哪里？那就是事实关系全局、整体利益，甚至影响国家发展、民族利益。《焦点访谈》栏目组对采访定过的一条"军规"也适用于对重要性要素的描述："领导关心，群众关注，普遍存在"。记者认为事实重要后，就可以深入采访，挖掘事实了，不仅要将事实发展的来龙去脉弄清楚，还要紧紧抓住事实背景，使事实在重大背景下显示出深刻的意义。记者对于新闻价值的认识，既是一种判断，也是一种选择。一个事实诚然需要五要素，但每个要素在不同的事实中有不同程度的凸显，当然，及时性或曰时效性除外，因为时效性对于任何新闻事实来说都是最重要的，这一点毫无疑问的，新闻仅有一天的生命。此外重要性、接近性、显著性、趣味性则应该根据不同性质的事实体现不同的重要性，如有的事实是关于国计民生的，则重要性成为头等要素，而且要突出该事实意义的非同寻常；显著性多因为人物的地位、身份特殊而表现出来，今天名人、明星都格外受到记者的青睐，就是因为他们身上具备了显著性；接近性显然在今天地方媒体中成为突出要素，随着全国性媒体的影响力被地方媒体所分割，各类地方媒体以接近性不断赢得区域市场。

如前所述，五要素的地位不是平等的，在不同的事实中侧重点不同，更为重要的是，一个事实并非五要素俱全才能构成新闻，只要一个就可以构成新闻，当然，要素越多，新闻价值就越大。新闻价值并非一个静止的概念，它还是动态的，包含着事实的接触、采访、写作、传播到反馈的过程。是否能够实现新闻价值，不仅取决于记者、编辑，还取决于社会，包括受众的认可度，只有受众认可、反馈了，新闻价值才算得以实现。反馈越强烈，新闻价值越大；反之，新闻传播之后，缺乏社会反响，那么就不能算是实现了新闻价值。因此，新闻价值实现与其反馈程度成正比。

---

[1] 王泽华.新闻价值规律与市场经济[J]河北学刊，1995(6).
[2] 余家宏.新闻学词典[M].杭州：浙江人民出版社，1988.
[3] 刘建.传统新闻价值观的自我颠覆[J].当代传播，2002(3).

第二节 新闻价值五要素

一、新闻价值五要素

新闻价值五要素包括时效性、重要性、显著性、接近性、趣味性。

时效性。时效性包括了时间上的最近和内容上的最新。在时间上，事实的发生与新闻的发布、传播之间的时差越小，新闻价值就越大；内容上的新鲜性，它包含新情况、新问题、新成就、新经验、新思想等，是人们欲知而未知的信息。要重视档案新闻，在档案、旧闻中寻找新闻，寻找由头，以新带旧。

重要性。重要性是指在纷繁复杂的社会中为大多数人所关切、对社会生活影响较大的那些事件的基本社会属性，如"领导关心，群众关注，普遍存在"。重要性是新闻价值的主要要素，也是核心要素。重要性是被给予的，体现了传者主体对重要性的社会价值观的认同和遵从；受众是重要性的归宿。若将重要性做出分类，这包括：具体的重要性与抽象的重要性；眼前的重要性与长远的重要性。体现了重要性的新闻作品有：《看见绿色我就想起了你》《少生孩子多栽树》《川西天然林的浩劫》《评说罢跪 沉重命题》《夏令营中的较量》《小学教坛须眉少 学子难育阳刚美》《从伐木劳模到植树英雄》《水，让我们重新认识你》《菜价追踪》《东方风来满眼春》《第五代》《醒来，铜陵》《"我们穷得只剩下钱了"》《一个普通的灵魂能走多远》《人民崇尚这颗星》等。

显著性。显著性指新闻人物、事件和地点具有的引人注目的特质。有以下几个公式足以表明什么是显著性。

```
平常人 + 平常事 = 0
不平常人 + 平常事 = 新闻（公众人物）
平常人 + 不平常事 = 新闻（孙天帅、郭美美）
```

由此可知，公众人物天然地具有显著性，普通人物则需"一鸣惊人"。2019年2月中旬前后，演员翟天临因为博士学位问题，引起众多网友关注，人肉搜索连带扒出了北京电影学院有关人员的情况，引起吃瓜群众的热议。明星演员的丑闻成为新闻是不奇怪的，生活中的平凡人身上发生的事就难以成为轰动的新闻，而江歌案中的当事人刘鑫，本是一个普通留学生，但因为江歌遇害一事备受关注，其本人的言行具有了显著性。由此可知，普通人具有了异常的言行又备受瞩目，他（本人）就具有了显著性。

显著性是过去、现在与将来占据突出位置的价值要素，显著性具有强大的吸引力。可以佐证的是明星黄晓明的婚礼与屠呦呦获得诺贝尔奖在同一天，前者霸屏后者多寂然无声，这使很多网友愤愤不平。当然，过度关注所谓的影视界明星与网络中流量明星的情况确实应该纠正，媒体应该引导受众树立正确的三观。

接近性。接近性指新闻事实与受众在地理、职业、年龄、喜好、心理、政治立场，以及利害关系等方面的接近。同时在收入、物价、住房、医疗、教育、环境、治安等方面有很多体现"接近性"的内容吸引人的关注。

趣味性。趣味性也指人情味、可读性，包括生活情感、伦理道德、奇闻逸事。新闻要雅俗共赏，不追求低级趣味和低俗刺激。记者应该关注那些与中国传统伦理道德有关、有启发教育意义或者警示意义的事实。2018年12月到2019年1月，湖南连续发生两起小学男生杀死亲人的恶性案件，都是学生沉迷于手机游戏，家长劝阻而惨遭杀害。而小学生被抓获之后毫无悔意，被放回家里教育，引起邻居、学校的抗议，人们拒绝接纳。这里的趣味性体现在当事人严重违背基本伦理道德的行为性质上，应该引以为戒，以避免泯灭人性的悲剧再次发生。

二、新闻价值的认定

由上所述，新闻价值实现不仅是一个业务过程，它还受制于一个社会的外部多方力量，主要受制于宣传价值和新闻法规。具体来说，宣传价值要求媒体从政策方面把关，防止出现只顾新闻价值而偏离党的政策的问题。我们一直坚持党管媒体的原则，媒体要尽量贯彻党的路线方针政策，不含糊不走样，把党的任务放在首位。基于这样的管理体制，记者的采访报道要服务于这个大局，在发现、选择事实的时候，就不能只考虑新闻价值（这当然是尽量优先考虑的因素），而忽视宣传价值。宣传价值是事实本身所包含的有利于传播者、能够证明和说明传播者主张的素质，它与新闻价值有密切关系。并不是所有的事实都值得报道，不是所有的新闻都值得刊登，有些事实具有新闻价值，却没有宣传价值，所以新闻机构在进行新闻传播时首先要进行新闻选择。可见，宣传价值是为新闻价值把关，防止出现单纯追求新闻价值而忽视宣传价值的问题。

新闻法规对新闻价值把最后一道关，是对新闻价值实现的一个硬性约束。新闻法规是针对新闻主体制定的一系列法律条令等限制性的条文，对本行业的行为做出限制和规范。它也是调节新闻从业者与社会其他人群关系的一种行为规定，从法律层面控制新闻传播，具有法的规定性。在现阶段，为了追求时效性，媒体内部把关有所放松，这给新闻失实和低俗之风开了方便之门。而且目前记者的采访报道出现了许多令人不安的现象：（1）肆意炒作，对一点小事添油加醋，任意夸大，混淆视听；（2）热衷于揭人隐私，无视他人合法权益，还进一步蔓延至侵犯他人名誉权和肖像权；（3）刻意进行负面报道，导致报道对象实际形象受损；（4）对经典和名人恶搞、抹黑等。记者为了完成任务拿高分，或追求轰动效应，对事实不做详细深入调查就妄下结论，这给当事人、自己和社会都带来了伤害。新闻法规主要规定事后违规追惩，这对记者来说也有警戒作用，这表明新闻价值实现不是只凭业务标准就可以，媒体行为受到法规制约。基于此，记者、编辑应强化内部自律，自觉遵守法律，以避免不良后果。

从以上新闻价值实现过程中个人与媒体、宣传价值与新闻法规的关系来看，新闻价值的实现受到内外因素的制约，因而也存在一些矛盾，有些具有新闻价值的事实有可能不具有宣传价值。如对猎手的渲染有可能有暗示或鼓励猎杀或盗猎野生保护动物的嫌疑，与现行的动物保护形势不符，还有各种探险、发现的比赛项目可能会有鼓励违法之嫌。有些新闻事实即使符合宣传价值和新闻法规，但如果存在违法犯罪嫌疑也不行，如《亲历盗墓》。2001年中央电视台播出暗访节目《亲历盗墓》，两名央视记者在西安假扮成文物贩子与一名盗墓贼接触后，跟随他一起在踩好点的咸阳原上经历了挖墓的全过程，并购买了挖出的文物，而全过程记者都用偷拍方式记录了下来，第二天，记者来到陕西文物局报案，盗墓贼很快被抓，而暗访节目一经播出，立即引起了全国范围内的大讨论。有关专家指出，那两名记者的行为涉嫌触犯我国刑法。虽然因为一些原因那两位记者并没有被判刑,但最后他们还是离开了中央电视台,这给广大新闻从业人员敲响了警钟——记者没有权利为了揭露犯罪而去犯罪。[①] 这种暗访就有记者知法犯法、纵容犯罪的嫌疑。可见,要实现新闻价值,不是单从业务角度考虑问题的,记者还要对新闻价值做综合考虑。再具体来看最易引起争议的公众人物隐私披露问题,有时候处理不慎会导致官司缠身,会对当事人造成伤害。如果是为了维护公共利益去披露隐私是合理的,可以进行抗辩;但单纯为了取悦受众而揭私肯定应该受到制约。因此,记者在采访中首先要把握好新闻法规的界限,其次理性看待新闻价值和宣传价值,这样综合考虑,才能使新闻价值得以顺利实现。

第三节　新闻价值的实现过程

如前所述,新闻价值有一个实现过程,在这个实现过程中,记者采访是一个至关重要的环节,是记者的认识、发现过程,决定了对事实中新闻价值的发掘和显示。那么,需要深入探讨的是,记者是如何完成这一过程的呢?这里的分析对于记者采访具有实际的参照意义。

一、从刺激到发现

事实需要被发现。记者的采访是主动寻求有价值、有意义的事实的行为,第一步是感知发现。这里的发现不是网民、通讯员等的发现,而是记者的发现,他最先接触到的事实,有些是报料人提供的,有些是记者通过文本、图像看到的,有些是猝然临之的,总之是记者耳闻目睹的事实。也许记者已经进入采访的有意识状态,也许没有这个状态,但被刺激到了,有了感知。与一般人或从事别的职业的人不同,记者总要以"这个算不算新闻,有没有新闻"来看待眼前的事实,事实首先唤起记者的职业意识。记者犹如雷达,时时关注社会上发生的变动,准备随时采访自己认为有意义的事实。也许这是一种理想状态,暂且存而不论,只论及那些有着相对固定任务的记者。他们每个月的考核是相对固定的,记者迫于压力,也要经常关注身边发生的事实,哪怕在日常生活中也不对事实轻易放过。在菜市场买菜,有人公开叫卖野生动物,国家明令禁止贩卖保护动物,这些人为何置若罔闻?这种事别人也许不会留意,但对记者是一种刺激,是值得关注的事实,具有新闻价值。接下来的事情就是记者的采访,判断之后记者可能就展开随机采访,或者上前询问、攀谈,套出真相,或者以顾客身份购买,然后去职能部门举报,进一步追踪野生动物来源,新闻价值就在记者的主动挖掘中凸显出来。

二、从采访到传播

记者受到刺激到围绕某个价值要素进行采访,这是第一个环节,在这个环节中记者一人(往往如此,包括向编辑部和记者所在部门主管汇报,与他们商讨等)对事实进行掌控,先

---

① 康健,李阳.谈谈舆论监督的技巧[J].今传媒,2006(9).

有刺激之后的发现（事实），再有采访和写作。当记者意识到应该侧重哪些价值要素之后，他就会在采访中加以突出，对这些要素进行详尽而深入的追问（如《菜价追踪》）；当几乎所有需要的材料都已掌握之后，记者对新闻价值的运作就进入了写作和编辑阶段，记者通过对事实做一番选择、淘汰，使新闻价值逐渐清晰；在确定了主题及价值要素之后，记者进入写作阶段，或是文字架构，或是画面组合，总之价值要素得以凸显，选材得以落实；最后，记者手里的作品还需要交由编辑处理。在编辑那里，新闻作品处于一组新闻之中等待被挑选，新闻价值大的被置于重要位置，新闻价值小的，编辑再根据需要做出安排，同时编辑还将它们置于当前的形势下，看作品是否契合形势，满足需要，如果是突发的一般性事件，也许被编辑视作平常新闻来安排。有时候编辑的操作还会使新闻的价值要素更为突出，编辑能够发现记者所不能意识到的方面，这是因为编辑处于更高的位置，对形势有更深切的了解。当然，也会存在作品明珠暗投的情况，编辑的价值观念反不如记者深厚，一篇好的稿件被任意安排，湮没于一般新闻之中。但无论怎样，这些环节都是在逐步传递新闻价值，新闻有无价值，在前面环节只是记者、编辑把关，只在媒体内部被判断，新闻被制作出来后就要在广阔的社会接受检验。

三、从传播到互动

记者采访写作的作品进入公开传播和社会反馈阶段，便不再受记者控制。新闻附着的价值要素在公开传播中到达受众那里，交由他们去感受和评论，有人说好，有人说差，可能众说纷纭，可能寂然无声。新闻传播效果的好坏，要看事实与群众的贴近性，贴近性强的，反响强烈；贴近性不强的，受众看过就忘，没有产生反响。在这个时候，受众对新闻价值大小最有发言权，他们的反响反应就是新闻价值大小的指标。

> 1997年8月25日，刚刚创办三年的河南媒体《大河文化报》(1997年10月更名为《大河报》)，在倒头条的位置刊登了一条新闻——《昨晚郑州发生一起恶性交通事故，白色皇冠拖着被撞伤者狂逃，众出租车司机怀着满腔义愤猛追》。新闻描述了前一晚一起恶劣的交通肇事逃逸案：在郑州金水区经一路路口，一辆车牌号为豫A54010的皇冠白色轿车，撞着了各自骑自行车的苏东海、苏磊父子，苏磊被撞出好几米远，倒在路边，其父苏东海和自行车一起被卷入车下，汽车拖着苏东海狂奔。两位警察、行人、三辆出租车司机等在义愤之下，一起加入对小轿车的围追堵截，小轿车最后被一位武警战士强行拦下。这时，轿车后面已留下一条长达1,500米的血路。苏东海被拉出后，几乎体无完肤，而他年仅11岁的儿子苏磊宣告不治……
>
> 《大河报》率先报道了这一惊人血案，此后，接连报道了市民的强烈反应，但没有点出肇事者的姓名，只说"此人身份待核实"。8月27日，肇事者被刑拘后，身份才被披露：张金柱，曾任郑州市公安局二七分局局长、郑州市高新技术产业开发区公安分局政委。随后在《焦点访谈》和《南方周末》的介入之下，全国舆论怒潮涌动，张被判处死刑执行枪决。①

---

① 周喜丰，张玉锋.张金柱案："民意杀人"是个假命题[N].潇湘晨报，2008-12-17(3).

从记者判断事实有价值到受众看到新闻有价值，这体现了双方认识的一致，但实现这一目标的前提是，记者采访时要充分考虑受众反应。一般来说，受众反响越强烈，新闻价值越大，说明新闻对社会的影响越大。但是，还需要警惕的是，有些新闻反响强烈，并不代表新闻价值就大，可能新闻价值很小，如满足原始欲望的新闻也会引起强烈反响，但新闻价值不大。如涉及明星、网红、名流绯闻的新闻，以及暴力低俗新闻都有很高的点击量，但点击量不能作为新闻价值大小的主要评判标准。因此在这里应该提醒记者的是，新闻价值的大小，最重要的评判指标是事实对社会能产生多大影响，能否促进社会发展。

当然，还可通过记者、编辑不希望获得的反馈即消极反馈实现新闻价值，如报道对象抗议、投诉甚至起诉、打击报复，新闻价值在这种强烈反响中得以实现，但是记者需要为此付出代价。那么对于新闻价值实现的反馈也有正负效应之别，正效应可以认为新闻报道给社会带来积极影响，包括揭露腐败、污染、违法等行为，当事人可能因此受到打击报复，我们应当支持这种反馈；借此也更能证明新闻的确能够实现其巨大价值。但同时，有些报道带来了负面社会影响，没有实现新闻价值，那么这种反馈作为教训，促使记者改正先前对事实价值的认识。

思考题

1. 简述新闻价值的含义。
2. 新闻价值的实现过程是怎样的？
3. 新闻价值实现受制于哪两个内外因素？为什么？
4. 寻找身边一则具有新闻价值的事实，指出其中包含的价值要素。

阅读材料

荣华工贸违法向沙漠腹地排污[①]

长江商报消息 荣华工贸违法向沙漠腹地排污，记者熊子熙探访——

2015年3月24日，长江商报记者奔赴甘肃兰州、武威，并于25日下午、26日上午两度进入荣华集团，并在26日徒步深入腾格里沙漠5公里，对荣华工贸的排污地进行了调查探访和污水采样。记者调查发现，荣华工贸排放的污水虽然大部分已被抽走，但留存的污水仍有数个足球场大小。而更令人心惊的是，荣华工贸对部分污染地直接进行了填埋处理，部分污水和底泥已被掩盖在厚厚的泥沙之下。这与媒体报道的"据了解，留存的污水大部分已运至污水处理厂处理完毕，对底泥的处理将待专家论证后再实施"完全不符。

受污染沙漠离最近生活区仅两公里

记者永远也忘不了第一次看到那个排放污水的臭水塘时的情形：黑黝黝的污水像原油

---

① 熊子熙. 荣华工贸违法向沙漠腹地排污[N]. 长江商报，2015-03-30(3).

一样黏稠，令人作呕的恶臭气味扑鼻而来，绵延数公里后才逐渐消散。在连续呕吐了3次、戴上两个口罩后，记者才感觉稍微好一点。饶是如此，恶臭仍刺得人不停流泪，在水塘附近停留了约10分钟，头疼的感觉也越来越强烈。

而这些受到污染的沙漠，距离最近的生活区，南面五墩村仅2.17公里，另外西、东、北三面20公里范围内几乎是无人居住的沙漠，被称为"八十里大沙"。

八十里大沙，海拔1,500—1,600米，以红水河(干河沟)为界，靠红水河沿岸多呈新月形和沙链，沙丘迎风坡朝向西北，沙漠多为固定沙丘。

这里，也是荣华绿洲现代农业产业园区，要找到污染地，必须要从荣华集团通过，这也从侧面说明了荣华排污之隐蔽，如甘肃省环保厅监察局稽查科一名调查人员所说，"如果不是无人机和GPS定位，问题可能会发现得更晚"。

3月25日下午4时，记者一行在武威市区乘出租车第一次前往荣华排污地，下午5时许，在荣生沙漠公路遇到武威市凉州区民警拦截，同行有一名凉州区政府工作人员称采访须获得武威市委宣传部允许，随即警车随记者一行回到市区。

污水并未"处理完毕"，底泥就地掩埋

3月26日一早，记者驱车进入荣华集团。双向4车道的水泥路很好走，这条全长50多公里，据说可以直通内蒙古的"康庄大道"就是荣华公司修建的。

进入沙漠25公里左右，导航显示已到达"八十里大沙"，记者在公路北侧发现了一个圆柱形金属罐体，而后约10公里，记者又发现了另一个一模一样的罐体，在第二个罐体附近的岔路上，更有数台贴有"荣华"字样的挖掘机正在工作。

记者走近询问得知，该处正在为两天后的打井做准备工作，"污染源在上游，你们之前看到的那个圆罐附近，那里也有施工队，我们这里是在做打井取水采样的前期准备工作。"一名工人说。

随后，记者原路返回，在距离第一个圆柱罐体约1.5公里处下车，进入沙漠。

在腾格里沙漠步行大约2公里，翻过一座沙丘后，一股浓烈的恶臭气味迎面扑来，记者立马被呛得眼泪直流，跪地呕吐了起来。

那恶臭就来自沙谷，有两个篮球场大小的黑色臭水塘中，当地人种植的用于防风固沙的"梭梭"，也成为灰白色的枯枝，污水以上数米甚至数十米的沙丘，都变成了黑灰色的硬泥。

在沙丘顶上，更完整、宏大的场面呈现在长江商报记者面前。原来，这个臭水塘只是巨大的排污地中小小的一部分，整个排污地大约有两个足球场大小，臭水塘只占了其中六分之一左右的面积，另外的排污地上覆盖着黑褐色的沙泥，沙泥上满是宽大的车辙，几天前这里热火朝天的场面，仿佛历历在目。

很显然，荣华工贸并没有将所有的污水"运至污水处理厂处理完毕"，对底泥的处理也并没有"等待专家论证"，而是直接采用了就地掩埋。

记者被限制人身自由

沿沙丘顶部向西而行，大约1公里，记者又发现了数处排污地，在离第一个圆柱形金属罐体最近的排污地侧方，出现了数台挖掘机和大型挂车，一个施工队正在进行挖井作业，一个20平方米左右的区域已被铺上一层白色塑料布，罐车正在向内注水。

上午11时许，记者被荣华集团保安发现，两名保安先后进入沙漠驱赶，公路上也有七八名保安守卫。在沙漠中，一名保安试图抢夺相机，与记者发生争执和拉扯，随后，公路上的保安开一辆白色皮卡找到记者租用的越野车，无奈之下，记者只得随保安上公路。

一名自称是荣华集团秦姓纪委书记(后确认身份是武威市凉州区荣华新区派出所刘所长)与另一人随后领记者去荣华集团保卫处，称已报警，武威市委宣传部也已派人过来。

上午12时许，在荣华集团保卫处，一名自称武威市凉州区委宣传部梁部长的中年男子表示要看我们的记者证。随后，梁姓男子要求公安机关"公事公办"，并吩咐"把东西删干净，把人送上高速，离开武威"。之后，宣传部工作人员撤出，但记者仍被限制人身自由。

13时35分许，武威市凉州区公安局两名干警到达。其间，记者打电话叫人来拿车，顺带将摄影包、污水采样、正常沙石采样、第一张相机储存卡放到汽车里带走，秘密告诉对方回兰州碰头。

随后，记者被带至武威市凉州区荣华新区派出所，警员将记者所有随身物品审核放入档案袋中，签字封袋，并开始长达6小时的口头问询。

27日上午11时许，在民警陪同下，记者一行乘大巴离开武威回到兰州。

"沙漠排污史"至少十几年

腾格里沙漠靠近湖盆和河流，水分条件较好，因常遇暴雨，地下水资源丰富，又被称为"暴雨沙漠"。据介绍，腾格里沙漠年降水量之大在世界罕见，部分年头降水量甚至超过北京，这里分布着诸多第三纪残留湖，是牧民主要集居地，地表也有许多国家重点保护植物。

近几年，腾格里这座广袤的沙漠正遭受着触目惊心的环境污染。周边省市的企业纷纷在沙漠边缘建立工业园，大量化工企业将污水排入沙漠，化工企业还疯狂开采地下水，致附近村子经历水源危机。

2014年9月，新京报一篇报道曝出：内蒙古阿拉善盟左旗腾格里额里斯镇有企业违法向腾格里沙漠排污，甚至将排污池当作蒸发池，未经处理的废水排入后自然蒸发，然后电铲车铲出黏稠沉淀物，直接埋到沙漠里面。

早在1990年，美利纸业的污水就"在黄河干流形成了一条黑色污染带"，将腾格里沙漠腹地变成了"黑洲"。

处理污水成本约4元/吨

2011年8月，按照武威市整体规划要求，荣华公司从凉州城区迁至城东11公里的发放镇沙子沟，实施易地搬迁和技改扩建，规划建设项目年产30万吨玉米淀粉、12万吨谷氨酸。2014年5月，项目主要生产工程基本建成，但污染防治设施没有同步配套建成。

相关专家认为，荣华工贸的污水是因为处理谷氨酸等产生的，如果要进行加工处理到能够排放级别，成本在4元/吨左右，而此次公司违法排放量为27.17万吨，也就是说处理成本在108万元左右。

著名植物学家和草原生态学家、内蒙古师范大学生态学教授刘书润说，沙漠地下水一旦被污染，修复几乎是不可能的。但沙漠排污为何屡禁不止？沙漠戈壁为何成为一些企业排污的"理想之地"？环保部门和专家认为，一是相关部门查处不力甚至包庇纵容，二是沙漠戈壁地区地广人稀、监管困难。对此需要群众监督和政府监管，遏制对沙漠的污染。

第四章　新闻采访中的道德伦理

本章要点

第一节　新闻职业道德与伦理　　　　第二节　备受争议的采访"围观"

第三节　隐私挖掘的道德原则

新闻采访中记者除了注意技巧之外，还有一个要注意的方面是恪守基本的职业道德和伦理。将传统的道德伦理升华为职业道德，主要基于这样的考虑，新闻采访过程中记者难免会触及采访对象和他人的利益、隐私，采访和传播可能会对他们产生一定的伤害，为了减少和避免不必要的干扰，记者要注意克制了解和传播的欲望，将了解和传播限定于职业道德许可的范围内，不要对他人、社会与自然造成不必要的伤害。

第一节 新闻职业道德与伦理

要遵守基本的新闻职业道德与伦理，这是媒体发展中比较重要的问题，对于记者而言尤其如此。除了有专门的课程探讨这一问题之外，对于记者采访中出现的这方面的争议也引起了社会关注。今天社会价值观念多元化，人们的思想空前活跃和自由，这给伦理道德带来极大冲击。在传统的约束力不断削弱之际，外来腐朽文化侵蚀日益严重，拜金主义、享乐主义、消费主义、自私自利等思想甚嚣尘上，这些影响着在社会中奔走采集信息的记者队伍。作为大批新生代的自谓"民工记者"群体，迫于压力和生计，难免会浮躁，放松职业要求。道听途说，上网抄袭；采访不深入甚至以权谋私，忙于拉广告；公然造假、挟私报复、曝光要挟等违背职业要求和伦理道德的现象开始增多，导致的消极后果不容忽视。

一、职业道德的历史与现状

记者从事的是特殊职业，应当有强烈的道德使命感和较高的职业道德水准。记者的职业道德不是自发形成和独立存在的，而是与社会道德有着紧密联系。任何职业道德都是具体的，而不是抽象的。新闻职业道德是历史的产物，是新闻事业发展到一定阶段的产物，同时，新闻职业道德也是道德的一部分。论及这个问题，首先必涉及道德，其次是职业道德，再次是新闻职业道德，概念从外延到内涵不断缩小，重点是职业道德要求。

道德是文化发展和阶级强化统治的产物，道德规范最先是基于群体文明和秩序维持的需要形成的。人以群居，相互之间必须有一些能够维持基本生活的规范，这是维护群体生活秩序的需要。尽管现在还存在一定的拥挤现象，不过人们大体都知道遵守规范的好处；即使在古代，人们获得食物之后也不会一抢而空，而是按照老幼尊卑先后分配，最终大家都得到了较为均等的分配。

当然，道德后来由人们内心认可的规则演变为共识，再变为约定俗成的秩序，又与伦理内容融合在一起。人们之间自觉遵守道德规范，使得基本秩序得以维持。同时统治阶级也介入了道德建设，并迫使被统治阶级接受前者制定的各种规范，还使这种强制性约束日渐合法化。在中国漫长的奴隶制、封建制社会中，道德伦理也由最初的调节人人、人群、阶级之间关系的手段逐步演变为统治阶级维护自己利益的工具，道德伦理政治化，使道德蒙上了阶级压迫的阴影。直到封建统治末期，新闻职业要求才与传统道德明确区别开来。到了20世纪80年代进而至20世纪90年代，职业道德要求才作为一个外来观念被引入，新闻职业道德要求才逐渐明晰起来，在新闻管理机构的努力下，有关新闻职业道德要求开始形成条文，来规范记者行为。

二、虚假新闻、新闻"围观"问题

如今网络新闻日益走红，但新闻真假难辨，新闻乱象比过去更加突出了。这一切莫不是人的道德伦理基础不牢引发的问题。少数记者自身道德修养不足，比如受到拉拢、贿赂，或采访受到阻碍，就编造一些情节交差。对此，一位叫黎勇的记者写过一篇长文《真实性掌握在记者手中？》，剖析种种诱惑迫使记者新闻报道造假的内幕，指出记者年轻化、自律性不强和工作考核压力驱使他们不惜造假和与同行"资源共享"来应付差事等问题。

要减少新闻"围观"，培育基本的人文关怀。关于新闻"围观"问题，主要是为追求关注度，记者冷漠榨取新闻内容，从而对当事人或者客观世界造成伤害的问题。这里尤其要避免的是，为了获取新闻资料成为冷漠看客的问题，如当遇到灾难、事故等，他人急需救助时，采访者只顾采访，拍照，记录，而置他人生命于不顾。如成都公交车爆燃事件。2009年6月5日早上，一辆公交车开上青龙桥之际，犯罪嫌疑人将携带的汽油倾倒于车内并点燃，顿时车内烈焰熊熊，而此时路过的一位行人见状隔着栏杆拍摄了视频，却没有去施救也没有拨打110求救，他的视频在网上引起了争议。在称赞他及时记录灾难的同时，很多人也谴责他冷血自私，没有去实施救助。遭遇类似质疑的还有西方记者凯文，他拍摄了《饥饿的小女孩》，一只秃鹫等待在奄奄一息的非洲女孩身边，随时准备扑上来。虽然该摄影照片获奖，但记者之后深受良心折磨，最后自杀身亡。

因此，新闻记者也好，普通公民也好，遇到他人和社会需要救助之际，应该遵守的是"先救人，再拍照"，毕竟他人的生命安全比单纯的拍摄要重要得多。

三、成为道德示范者

无论在采访中，还是在其他职业行动中，采访者都要时刻记得自己的言行要符合职业道德规范，而且更进一步，要成为道德示范者。如面对需要救助的采访对象，应该出于仁爱之心去呼吁，自己也直接施以援手。对于看到的社会问题，除了及时反映之外，还应该借助职业身份去呼吁、协调，促进解决，而不仅仅是报道完事。天津《今晚报》一位记者，曾经了解到一群民工被拖欠工资，她在做了报道之后，还直接帮助他们讨要工钱，结果在几个月之内讨要回了500多万元，被众多民工称赞为"侠女"。

再进一步，记者也应该利用与政府机关、各界名流打交道的便利条件，不仅报道事实，而且促进问题的解决。为了社会良好发展，遵守职业道德规范，不贪财不受贿，不以权谋私，而且经常去参与社会事务，协调解决很多实际问题，这就是新闻行业的理想工作者，是道德示范者。著名媒体人崔永元做了很多全国媒体人不愿做、做不到、做不了的公益事业，"口述历史"项目、"乡村教师培训计划"、调研转基因、揭露影视圈的混乱等，为广大媒体工作者做出了良好的示范。这里还有位值得尊敬的记者杨荣。

> 1999年6月，杨荣去山西省委开会时发现30多位农民请求省委制止盂县林场个别人滥伐国有天然林行为，杨荣便到盂县采访并写了一组措辞激烈的批评报道。报道发表后，时任国务院总理朱镕基亲自给国家林业局局长打电话，要求他过问、处理此事。国家林业局和山西有关部门依法逮捕了毁林者。与杨荣同志一起去林场采访的盂县籍通讯员程瑜被

> 歹徒行凶报复砍成重伤，其中右手三个手指头几乎被砍断。杨荣听到消息后立即只身赶到医院，看望程瑜。这期间杨荣接到许多威胁电话。报社考虑到杨荣的安全，数次要他回报社暂避，都被杨荣婉言谢绝。他不顾家人反对和朋友劝阻，多次到阳泉看望程瑜，敦促有关部门破案。杨荣危难时刻勇往直前，表现出了优秀政治素质。该系列报道获"中国新闻奖"三等奖。①

第二节 备受争议的采访"围观"

记者采访在今天正遭受着道德压力，这是以往未曾引人注意的现象。记者实施采访、收集信息是一种正常的职业行为，但是有时也会受到批评和引起争议。这其中，记者采访遭受的最多批评是"冷漠的看客""冷血动物""向伤口撒盐"等。由于近年来出现的类似抨击之声越来越多，也直接影响了记者的采访热情，对此需要做出一番分析，以使记者与社会大众关系得以缓和。鉴于此，本节准备讨论看客问题、媒体角色、道德与职业两难问题。

一、媒体营造的"看客"氛围

看客涉及道德冷漠的问题，在今天新闻采访传播中需要纠正。鲁迅先生批判的"看客"问题仍然没有解决。这里不是描述鲁迅先生的批判，而是重点介绍受众如何在与媒体的互动中被培养起看客心态的。今天的大众作为媒体受众，已经演变为消费者，他们更倾向于追求感官刺激，使麻木空虚的神经获得安抚，高雅、严肃的内容愈加不受欢迎。受众喜欢媒体提供的热闹，是由于媒体克服了时空障碍，将从千万里之外发生的事件形象逼真地呈现于受众眼前，受众在自己家里安全而又舒适地欣赏别人的苦难与不幸，泪水与痛苦，会获得快感。现在很多媒体当起了"热闹"的提供者，受众被培养出了这种看热闹的心理，欲罢不能。网络中的看热闹问题尤为严重，这是一个有违道德的倾向，而媒体记者助长了受众"看热闹"而不参与的冷漠倾向。

二、记者采访的"看热闹"

今天有些记者总是喜欢寻找有意思、最好能搞笑的事情采访，有时候甚至让事实本质扭曲，让不幸变为笑料。有一男子被公交车碾过当场死亡，闻讯而来的记者在现场询问一番后就打道回府了，第二天，当地两家都市类报纸就报道了，一个题目是《公交车轮从头越》，一个题目是《一男子中头彩》，仅仅从标题上就可以感受到记者对此悲惨事件的无动于衷，还要加以取笑，这是一种不负责任的态度。

记者的爱"看热闹"还表现在将一些弱者作为取笑对象，也应该予以避免。近年来这样的例子屡见不鲜，如记者对进城务工的农民称为"农民工"，固定了他们的身份，

---

① 张鲜堂. 第九届长江韬奋奖长江系列获奖者——杨荣[EB/OL].（2009-06-01）[2020-02-10]. http://www.gmw.cn/./history/2009-06/01/content_933657.htm

也有一些报道以他们为取笑对象。现在的记者很懂受众心理，事实要好看，使人一睹为快，而事实好看就需要要素，需要采访对象具有刺激性的变故：遭到暴力伤害、发生事故、遇到灾难等。这些不幸恰恰能填补受众空虚的心理，满足了他们的窥私欲望。况且记者本身也是一名看客，对此也容易抱有浓厚的兴趣，不仅先睹为快，而且会对事实做一番渲染，使事实在被加工之后获得更多的阅读和欣赏。因此，从各方面来看，这都是一个皆大欢喜的结局，唯独漏掉了报道对象，他已成为大家的笑料。在这个多赢格局中，他是唯一的牺牲品，媒体为博人一笑，不惜寻觅甚至制造一个这样的冤大头。当然，这样已经违背了鲁迅先生所讲的，"喜剧是将无意义的材料毁灭给人看"，记者已把悲剧当成喜剧了。

"看热闹"行为至今仍在继续，人们不断地将悲剧当成喜剧对待，使之正常化，这种危害会随时间推移而扩大，如果不加引导和限制，会使记者习惯于从采访对象那里挖掘笑料，而不是给予人文关怀。另外，记者采访、报道一个不幸者，让其他人得到快乐，也催生了机会主义："谁碰上谁倒霉，但愿不是我"，遇到事情"事不关己，高高挂起"。而且记者提供的娱乐内容通过媒体进一步向受众扩散，他们接收这些信息之际，可能会觉得事件离自己比较遥远，自己只负责欣赏，能满足自己"看热闹"的心理即可，由此记者的传播会起到消极作用。

三、"围观"中的道德压力

记者在采访中不仅要"围观"，而且要主动救助他人，但记者因为要帮人救人就放弃报道吗？或者先救人还是先采访？这是一个难有定论的问题。近年来引起争议的典型大致有：2005年，福州《东南晚报》记者守候在市区干道的一个水坑旁，大雨中一老年骑车者经过栽倒于坑中，记者就此拍摄了照片，照片发表后得到称赞也引来批评；2009年，成都公交自燃事件中的一个拍客受到抨击。类似的事件还有许多，看来这是一个颇有争议又将继续被争论不休的话题了，对此也似乎只有一个行为几乎不受批评指责：放弃采访去救人。《郑州晚报》一位女记者就是这样一个坚持救人第一、采访第二的好记者；还有浙江一个晚报的记者，采访途中遇到别人发生车祸受伤，先行救人再拍照，被传为美谈。

由此可知，社会大众的期望使记者在采访中感受到了巨大的道德压力。大众期望记者有更高的道德水准，不能因为职业关系而对不幸视而不见。救人于危难也是中华民族的传统美德，因此遇到有困难者，出于本能帮助乃是再自然不过的事情，并且所做的肯定会对社会产生正向激励作用。但同时，还有另外一面，记者有时候牺牲这一个换来更大的关注，以小恶换大善，两害相权取其轻。例如，杨小兵拍摄的《上学》反映陕北贫穷乡村儿童上学难问题，以典型的"这一个"表达震惊，使人看到画面深受震撼。图片发表后，不仅陕西省拨款修桥，省内外一些企事业单位也纷纷捐款捐物，这既是记者报道的力量，又是典型带来的影响。有时候记者的报道被质疑，可能在于记者充当看客（没有直接干预）的问题，但是另一方面应该看到，有些记者将意图蕴含于报道的客观事实之中，并且借助于媒体来表达一种意愿，以引起社会关注，达到社会效益最大化。因此，在记者记录与参与事实之间，要比较哪一个效果更明显，带来的影响更大。

第三节　隐私挖掘的道德原则

采访中隐私挖掘要有度，要限制在法律道德许可的范围之内。在一个新闻娱乐化、娱乐新闻化的背景下，记者的采访出现了一个令人忧虑的现象，就是逾越道德伦理的界限去揭露他人隐私。记者热衷于隐私披露，既是为了迎合受众求刺激心理，又是为了自己完成任务。但这的确是一个严重问题，喜欢窥私是一个人的弱点，如果不适当地引导，问题会不断扩大。对于隐私挖掘本节准备讨论三个问题：一是网友挖掘隐私；二是自曝与被揭隐私；三是记者应恪守"公共利益"准则。

一、借助网友挖掘个人隐私

借助人肉搜索公布的个人信息为记者提供了采访资料，这种情况这些年来屡见不鲜。较早的是2006年2月，有网友公布一组虐猫视频截图，随后很多网友开展了人肉搜索，最后虐猫女子的工作单位和个人信息都被公布了出来，她也被解除了职务。2013年5月24日，网友发微博称在埃及卢克索神庙的浮雕上看到有人用中文刻了"丁锦昊到此一游"。有网友人肉出丁锦昊的初中就读信息，迫使丁锦昊父母为孩子的行为道歉。2015年10月4日，来青岛旅游的肖先生一家到海鲜店点了一份大虾。在吃饭前，他详细询问过菜价，向老板确认过大虾38元究竟是一份还是一只，肖先生称当时老板说的是38元一份。但吃完饭后，老板却称大虾价格为38元一只，肖先生只好如数付款。事后，店主被网友人肉搜索出来，遭到轮番辱骂，最终该店接受了工商部门处罚。

在采访中记者要合理利用人肉搜索提供的材料，应该控制在法律允许的范围内。对于那些违法犯罪的个人、违背公序良俗的个人，都要适当地利用人肉搜索补充采访线索和资料。要鼓励网友通过合法手段挖掘那些有问题的人，媒体要谨慎合法使用这些材料。

二、揭露真相，利于监督

人肉搜索主要用于揭露真相。当事人不肯承认或者回避某些问题，导致很多真相难以呈现出来，人肉搜索就可以完成揭露真相的任务。如江歌案中，刘鑫朋友江歌为保护刘鑫而被刘鑫男友陈世峰刺死，刘鑫躲在门后没有出来逃过一劫。事后在江歌妈妈多次追问下，刘鑫依然不肯回答命案过程，特别是江歌到底是怎么死的，刘鑫不予正面回答，江歌妈妈最终求助于微博，通过网友的人肉搜索，刘鑫最终不得不露面回应。而在网络中引起巨大反响之后，多家媒体利用网友提供的材料开展报道，不断还原事实全貌。2017年年初，深圳罗一笑事件也是由于网友揭露罗尔在深圳还有两套房，导致热心捐助的网友要求罗尔退还捐款，而此前罗尔发起捐款救助患有白血病的女儿罗一笑。如上两个案例，都说明了个人处理有关事务，应该遵守基本道德伦理，存在瑕疵的情况下，人肉搜索会起到监督的作用，使得他人得到警示。

三、恪守"公共利益"标准

当前,记者揭露隐私的事件呈现兴旺发达但又遭受猛烈抨击的状态,可见以揭露隐私为重点的采访报道需要遵守职业规范,而不能肆意而为。当然,仅仅抨击采访报道隐私的弊端也不够全面,毕竟它还有积极的方面,即隐私揭露可以将名人(甚至也有平凡人)的不良行为曝光,使其承受社会压力(也会因触犯法律规范而受惩罚);同时披露隐私可以起到警戒作用,使那些有恃无恐的失德行为者有所收敛,不致再肆意妄为;揭露隐私也体现了记者行使舆论监督权利,对违法乱纪、破坏公序良俗的社会风气进行干预约束。虽可以这么总结,对于揭露隐私行为我们还是要有一个界限或者标尺,这个标尺就是现在通行的"公共利益"。

所谓"公共利益",通俗地说就是公序良俗、人民利益、长远利益。记者采访报道隐私要遵守公共利益原则,也就是当事人的言行涉及大多数人的正当利益时才应当采访反映。对此,恩格斯有过精当的表述:"个人隐私一般应受到保护,但当个人私事甚至隐私与最重要的公共利益——政治生活发生联系时,个人的私事就已经不是一般意义上的私事,而属于政治的一部分,它不受隐私权的保护,而应成为历史记载和新闻报道不可回避的内容。"[①]这说明,那些公众人物(包括名人明星)的言行和私事涉及公共利益时才应被揭露。

人肉搜索是记者维护公共利益的一种非常规手段,应因具体事实而做出适当的选择。应当明确哪些是容易损害公共利益应该揭露的对象。一是官员,二是明星名人,三是普通个人,特别是前两个。今天记者采访面对的是更加复杂的利益纠葛,更加深广的社会关系。在种种现实利益面前,媒体会感受到方方面面的压力。20世纪90年代以来的迅猛拆迁、征地,有些损害了地方的公共利益和长远利益,如果记者对此不仅留心百姓,针对这些伤害问题调研,更紧盯某些官员的决策及行踪,那么盲目决策的官员就不至于无所顾忌,独断专行。至于对明星网红,今天的记者还有网民、粉丝已经表现得格外积极勇敢了,能够比较深入地调查了解其私生活的很多方面,使他们的不良行为被曝光。除此之外,还有众多的普通人,如果做出有违公序良俗的行为,也会被人肉搜索。如2018年厦门大学研究生洁洁良因为漫威粉丝留下一地垃圾被媒体曝光而在个人微博上写有"臭支"之语,遭人肉搜索,结果保送博士生的资格被取消并被开除学籍。这当然是以公共利益为标准,对人与事进行的有益监督,使公共利益得以维护,也对广大网民做出了警示。

总之,今天的网络时代更加自由,但对记者、对网友的道德要求是一个永远不会过时的话题,因为时代在发展,问题继续出现,要求在提高,而诱惑在增加,方方面面使记者面临更加严峻的考验。加上如前所述的,记者本身还存在着道德修养薄弱的一面,90后走上了新闻采访一线,面对物质欲望、享乐风潮的诱惑,其道德感、责任感有不断被弱化、边缘化的危险。家庭、学校教育对道德教化已经力不从心,媒体单位的考核任务驱使记者疲于奔命,为了多发稿、多拿分,记者们有时会放松道德要求走弯路,因此加强引导、教育、自育显得更为迫切了。广大网民也要自觉遵守道德规范,既要监督别人,也要接受社会监督,谨言慎行,做一个合格的网络公民。

---

① 马克思,恩格斯. 马克思恩格斯全集:18卷[M]. 人民出版社,1980.

思考题

1. 简述职业道德的含义。
2. 违背新闻职业道德的表现主要有哪些？
3. 如何理解新闻采访中的"看客"问题？
4. 在采访隐私过程中怎样合理利用人肉搜索？

阅读材料

二百八十一个签名挽留第一书记[①]

5月28日中午，8份摁着红手印的请愿书，被送到了子长县扶贫局副局长侯建军的办公桌上。当天，瓦窑堡街道张家庄村的村民听说陕西建工集团被调整到陕南扶贫，该集团派驻村上的第一书记马永涛也要走，乡亲们舍不得，立即写下了请愿书。当时，在村里的281名村民都毫不犹豫地签了名，摁了红手印。

"马永涛是个给群众办实事的好党员，我们舍不得他走啊！这几年，村里的路修了，路灯亮了，广场建了，大棚立起来了。藜麦产业刚刚起步，他要是走了，可咋办啊？"村委会主任赵随合说，大家实在舍不得让马永涛走。

张家庄村是子长县的深度贫困村。全村耕地面积600亩，人均仅0.4亩，2012年人均纯收入不足3,000元。

要脱贫致富，发展产业是关键。2016年，33岁的马永涛任张家庄村第一书记。得知村里人均只有0.4亩耕地后，他寻思着：没有土地可怎么办啊？陕北土山多。于是，他积极向陕西建工集团争取资金150余万元，实施治沟造地工程。截至2018年年底，张家庄村新增耕地185亩。

土地有了，种啥？这成了摆在大家面前的一道难题。2018年年初，一次偶然的机会，马永涛了解到藜麦经济价值高，市场前景好，在山西省有大面积种植。马永涛想，山西的地理和气候条件与陕北差不多，既然山西能种，陕北应该也能种。

为了解藜麦种植和市场情况，马永涛一有空就上网寻找关于藜麦的各种信息。经过认真调查分析，马永涛觉得子长县可以种藜麦，于是决定带人到山西去考察。在山西不认识相关人员，也没有联络渠道，马永涛就在网上查找电话联系考察。功夫不负有心人，经过一番努力，马永涛终于联系到了山西省繁峙县集义庄乡政府，顺利完成了考察工作。

2018年，村上试种的25亩藜麦喜获丰收，每亩收入约3,000元。今年，村上准备将藜麦种植面积扩大到100亩，并且辐射带动周边7个行政村种植藜麦280亩。

要致富，还要提高村民的自我发展能力。今年26岁的石博博，由于缺少技术，2016年以前一直靠打零工维持生计，每月收入2,000多元。马永涛知道情况后，觉得石博博年轻，又有一定文化基础，可以学一门专业技术，就推荐他到陕西建设技师学院学习。

由于家里有90多岁的老奶奶，父母身体也不好，加之比一般的技校学生年龄大，石

[①] 王海涛，刘印. 二百八十一个签名挽留第一书记[N]. 陕西日报，2019-06-03(5).

博博顾虑重重不想去。马永涛当面谈，电话说，并动员石博博的父母给他做思想工作。目前，即将毕业的石博博在山东菏泽一个工地实习，月工资4,000多元。

截至2018年年底，陕西建设技师学院在子长县招收了197名贫困家庭子女，全部免除学费，同时对每人每年补助1,500元。学生毕业后全部安置就业。

村民石候海以前一直种香菇，但是规模小，品种少。马永涛积极鼓励他扩大规模。去年，在马永涛的帮助下，石候海从村互助资金协会借款5,000元，将种植规模扩大到3个大棚。在马永涛的帮助下，他还搞起盆栽香菇，通过网络进行销售，仅此一项年增收近万元。

2018年，张家庄村人均纯收入提高到了6,800余元，实现脱贫摘帽。

只有深入群众，才能真正了解群众。2016年驻村后，马永涛发现村里年轻人大多外出务工，留守老人多。为了丰富老人生活，他决定利用重阳节搞联欢。没有资金怎么办？他发动同学、朋友进行资助。

马永涛把村里的情况和自己的想法发到了微信朋友圈。很快，不少人伸出了援手。那年重阳节，马永涛的12个同学、朋友为村里的老人带来了5,800元的资助金和衣服、米、面、油等慰问品，还准备了精彩的文艺节目。

为了进一步融入群众，马永涛还积极帮助群众干活。村民刘某家的卫生状况差，马永涛知道后，就督促刘某打扫卫生。当第二天发现还没有打扫卫生后，马永涛直接拿起了笤帚开始干活，搞得刘某不好意思，赶快动手打扫卫生。村上决定发展黑枸杞产业，群众不了解，怕有风险，积极性不高。整理土地的时候，没有人参加，马永涛就和村委会主任赵随合扛着工具下地，带头干活……

5月28日，听说马永涛要离开张家庄村，100多名村民赶到村委会挽留他。

村民张东林送给马永涛一块石雕作品，上面写着："马入山乡问贫苦，智永扶贫奔小康，涛涛风雨带头人，陕建帮扶好党员。"

"在子长县扶贫的这几年，让我很受教育。能为乡亲们做些事情，我感到很荣幸。"马永涛说。

第五章　采访者的知识储备

本章要点

第一节　杂家的要求　　　　　　　第二节　"读万卷书，行万里路"
第三节　业务知识储备

西方学者早在20世纪80年代便已提出"知识爆炸"的观点，知识（信息）超载在今天的新媒体时代已经是普遍现象。尽管今天知识储量巨大，但是对于受众而言，知识的价值高低是需要把握的，而提供知识者更加需要把握知识的价值。除了教师之外，记者是提供社会知识的专业人士，记者应该有比一般人更为丰富渊博的知识，才能更好地胜任这项工作。由此需要记者进一步扩充知识储备，并且养成一个自觉吸收知识的习惯。

第一节　杂家的要求

记者应该是一个杂家。记者应尽可能地了解多个专业、学科的知识以及社会生活知识，这样才能更好地胜任采访工作。对于杂家的要求，许多著名报人、学者都发表过相关见解。最早在《人民日报》担任社长的老记者范长江曾经说过："广博的知识，丰富的思想，广阔的活动天地，这对于一个记者是非常非常重要的。""记者做到最后，一定要博。记者写一篇报道需要有广泛的知识，深厚的积累。"著名新闻工作者、学者邓拓认为，"报纸是古今中外、天文地理无所不包的。因此，新闻工作者一定要有广博的知识，知识的范围越广越好"，记者应当是"杂家"。[①] 在这方面，新闻界的前辈做出了榜样。

> 范敬宜认为，记者需要具备学养。所谓"学养"，是政治、经济、科学、文学、艺术等知识在新闻工作者身上形成的一种综合素质。作为新闻工作者，如果没有丰厚的学养，深入的效果也必然受到限制，观察问题则不能高屋建瓴，分析问题则不能鞭辟入里，表现事物则不能有声有色。"学养不足，是新闻工作者的大患，纵然能成为专家，却成不了大家。"学养的积累会影响记者的眼界和长期发展，各类科学知识是相互渗透的，多学一点可以举一反三，触类旁通。范敬宜强调，记者的"戏路子"要宽，即记者的知识领域要广，从新闻业务来说，既要能写作，又要能摄影，能使用电脑，能掌握一点外语；既要能写消息、通讯、特写，又要能写评论、杂文、散文，根据不同的题材，使用不同的文体。当然，提倡"多能"并非排斥"一专"，"一专"之后，还必须向"多能"发展，否则这个"专"也会受到限制，可能成为"专家"，但不易成为"大家"。
>
> 范敬宜本人就是一位学养深厚的新闻工作者，精于诗、书、画。他说，新闻报道可以学习借鉴艺术创作的经验和某些手法，做到以飘逸潇洒之笔，论经文纬武之事。他在《范敬宜诗书画》这本书的自序中写道：只是想"借此说明艺术与新闻的关系，以及诗、书、画对我一生新闻写作和办报实践的影响。我虽然未能成为合格的画家、书法家、诗人，更未能留下什么精心之作，但是'物艺相通'，诗、书、画作为一种'余事'，对我的新闻生涯产生着潜移默化的作用。它们经常在我审时度势、谋篇布局之际，给我以灵感，给我以启发，其中的妙谛，只可意会，不可言传"。浓浓的生活气息和深厚的学养相结合，这使他的新闻作品雍容而不失浅白，通俗而耐人寻味，文质彬彬、雅俗共赏。[②]

可见，新闻记者要有广博的知识，这对于提高记者的新闻报道水平，具有重要意义。

---

① 刘溯．中外记者成才经验谈[M]．中国人民大学出版社，1988．
② 范敬宜．谈谈新闻工作者的社会责任[J]．新闻战线，2004(3)．

记者的知识越丰富，其新闻敏感就越高，对信息的判断就越准确，就越容易写出高质量的报道。

同时还应该看到，时代已经发生了巨大变化，今天，对于记者的知识要求其实更高了。今天是信息时代也是知识时代，所谓知识经济、知识爆炸即反映出知识就是力量，知识就是财富的现实。那么知识从何而来？一是从学校获得，二是从书刊获得，三是从广播、电视、网络为主体的大众传媒中获取，四是从广阔的社会生活中获得。从媒体本身来看，记者须担负起知识传播者的重任；那么从传播要求看，记者面临的考验就更大了，几乎每天外出采访都可能遇到新鲜事和急需破解的问题，原有的专业知识储备已经不够用了，补充多方面的知识已成为当务之急。现在社会变化太快，新行业、新形势与新观念、新时尚都在冲击着原来的社会格局，这对采访者提出了新要求。

再者，强调知识的重要性还在于今天不少年轻记者本身对知识不够重视。总体来看，他们对待知识并不是过去人们那种求知者的心态了。如果说青少年一代对新知有很强的欲求的话，那么无非是指他们对消费性时尚的热烈追求，比如对网络、游戏、汽车、装修、房子等享乐型物品的追求。但是社会并不总是以此为主要反映内容，除了消费、享乐之外还有更多因转型而带来的矛盾、困惑、问题需要处理。记者须回归"传统"，重视这方面知识积累对采访的重要性，以知识武装头脑，以便能报道出有重大价值和深刻意义的新闻。在平时，舍得花时间做资料收集工作，就不会有"书到用时方恨少"的遗憾了。那么积累知识主要有两点需要注意：一是收集资料，二是舍得下功夫。

一、资料收集与整理

做好资料收集有很重要的意义。首先，有利于记者采访新闻时了解过去、把握现在和预测将来，提高对事实的认识能力；其次，使采访报道更有新意和深度，记者资料积累丰富，思路开阔，选择采访的角度就容易创新；再次，有利于记者从资料中获得灵感，捕捉新闻线索。一位老记者这样说过："平时积累多了，使用起来，就可以从广阔的历史背景下观察问题，从不同角度对比选择材料。这样他才能挖掘出比别人更多、更新、更深的东西，才会有独到的见解，写出有特点的报道。"显然，记者不是采访什么就报道什么，只起到一个中转站的作用，记者要有丰富的知识储备，会消化事实，并能用自己的知识与事实结合产生新物质——富含观念的事实。这里关键要看事实在记者那里是如何得到知识补充发生变化的。这就涉及记者如何进行资料收集与整理的事情了。有这么几个方面的资料要收集：一是平时的采访记录，不论文字、声音还是图像的东西都要注意收集，不仅备查，还可备用；二是采访中对方提供的资料，有些是文本文件，有些是音像，要及时保存起来；三是关于采访对象的资料，也要收集起来；四是本专业和新专业的固有名词、现象、说法、问题等要及时记录存放；五是估计将来会涉及的问题、资料及成果也不要放过；六是别的媒体发布的有关知识、信息可以作为参考内容予以关注和保存。至于在采访中收集信息的方式有很多，有的需随手保留文本文件，有的需存盘，有的需复印、打印，有的可能要摘抄，有的要询问记录，等等。收集资料可采取多种多样的方式进行，只要有利于收集，有利于保存，麻烦一点也不要紧，对以后工作会有好处。

以上是关于资料收集，还有就是资料整理。整理工作有临时和平时之分，前者随时都可以进行，而后者要利用一定的时机。那么具体来说是这样：临时的包括建立档案，分门别类进行保存。在一次外出采访（不论紧急事件还是深入调查）回来，完成报道任务（写完稿件、录制完节目）之后，记者要尽快把本次采访得来的资料归档，文字、声音、图像等资料需要及时整理保存，建起有关这一事实的采访小档案；之后再分门别类保存，就是说根据事实资料的性质不同（有的是人物，有的是事件，有的是事物）要分类储存；分类方法上，可按照采访内容分为经济类、农业类、文化类、政法类等；同时收集资料时也要注意事实的连贯性，如关于一个劳模的每次报道都放在一起，有关一座老建筑变迁历史的资料要集中起来，有关一个企业兴衰演变历史的资料要归类在一起。资料保存是一个既简单又复杂的工作，说简单是因为现在许多资料可以用电脑、硬盘、云盘等保存，省去了许多文本资料的剪贴、搬运等麻烦的体力劳动，还有就是查找资料有了专门的搜索引擎，如谷歌、百度等，这些似乎减轻了人们绝大多数的专门保存工作。但说其复杂在于保存要细致且要有条理，不能随随便便什么资料胡乱堆在一起，结果时间一长连自己也搞不清了。要及时在分门别类之后，进行有效保存，保存既要合理，也要妥当。剪贴本、笔记本、书籍、杂志、文件、报纸等文本资料要放到专门的档案柜或资料袋中，贴上标签，置于固定位置，以防混放丢失；电子文本，包括音像资料则要用专门命名的文件夹来保存，在文件夹内也要按照类别区分，一个事件的追踪报道可以放在一起，一段专门视频另置一处。同时文件夹也要保存于不易丢失、损坏的盘内，如果不幸保存盘感染病毒打不开，那么花费心血保存的成果就付之东流了。稳妥的方法是多备份，多留存，这样即使一份损坏了，还有备份，除了存盘之外，还可以将资料存在邮件、云盘里面。

当然，资料收集与整理是一门学问，也是一项系统工程，是一个长期的过程，在此只是根据记者本身的工作特点，设身处地地提供一些简单易行的方法。但什么方法都是次要的，关键是看记者愿不愿、能不能做一个有心人，能不能做一个锲而不舍的人，经常主动地收集资料，以便为自己的报道服务。如果没有这份感情和动力，不愿去做这样的工作，那么以上方法对他也就失去了意义。因此，对于一个立志成名愿做大事的记者来说，不仅要研究方法，还要培养坚韧毅力。

二、舍得下笨功夫

收集资料非常重要，而且需要记者下苦功，有毅力，能够坚持。浮躁是记者工作的大忌，偏偏当代社会浮躁成为一大症候，心浮气躁且急功近利、投机取巧的心态比较普遍。做记者的几乎都知道猴子掰玉米的故事，但知道归知道，言行不一的表现比比皆是，不独青年。收集资料不是一朝一夕之事，而是需要长期坚持做下去。收集资料就需要下笨功夫，主要包括：功夫下在平时，不拘形式；贵在有恒；打破常规，不畏人讥；不耻下问；耐得住寂寞等。

1. 功夫下在平时，不拘形式

记者平时就要当个有心人，留心各种各样自认为有用的资料。什么叫有用和无用（资料）呢？这要根据自己的工作需要来确定，就是能够对自己采访有帮助的东西要及时收集起来。作为记者，人文社科类知识应当是最重要的，社会生活中耳闻目睹的特殊现象应当多加关注。标准是自己定的，资料是自己用的，收集要有这个意识，遇到合适的就抓紧时间记录，一时不能记住的也要去尽量查到，可以暂时记题目、作者或关键词，过后去百度等搜索引擎里面查找。不拘形式则是指不按一种模式收集资料，如去图书馆浏览书刊，有的记在脑子里，有的记在本子上；或者在报廊浏览，看题目扫内容，有精彩内容就注意记下，内容少可以笔录，内容多就记题目，回去再查；或者去书店浏览书名、作者，认为与己有关的就记下，或心记或笔记，总之不放过有用的东西。当然，新书太多并且越来越多，一时也难以尽翻更不可能尽读，有的可以买回去，有的则做简单记录以后用到再买回去翻读。不拘形式还表现为在走亲访友、旅游、购物、散步、吃饭、开会等场合，看到、听到有用的内容就随时记下。"好记性不如烂笔头"，当场记下，过后就有据可查不会遗忘，而有时人自恃记忆力好，但过后事情一多就再也想不起来，拍脑袋也无济于事了。

2. 贵在有恒

俗话说"水滴石穿"，"只要功夫深，铁杵磨成针"，都是讲做事要有恒心，要有耐性坚持下去。收集资料是一件很琐碎很耗时的工作，因为一篇篇资料要收集起来归档保存，每次都要重复，每次都要为资料找到相应位置。别人帮助也不太现实，因为只有自己才知道要什么，哪些有用，有用的程度如何，他人与资料主人的感知能力是不同的。

3. 打破常规，不畏人讥

没有一个求知若渴的态度就难以有所成就。记者在收集资料过程中应当有不顾常规，打破身份限制，冲破世俗偏见，不畏惧闲言碎语去达到目的的执着精神。现在有太多的青年记者爱面子、要身份、追时尚、忙享乐，对知识追求则比较冷漠麻木，失去了很多获取知识的机会。有很多时候记者和别人在一起时，看到有值得一记的东西就忙于记录，虽然可能显得不够礼貌，但为了求知也顾不了那么多了，"大行不顾细谨，大礼不辞小让"，干大事者不拘小节值得理解和支持。采访之中有时候会看到有的记者为了抢拍一个镜头，或为了补记一个名称，很久不上车走，让车里好多人等得不耐烦，虽然做法不妥，但敬业精神值得赞赏。生活中为了体面和舒适丢掉机会的教训已经太多了，所以需要努力去打破常规。

4. 不耻下问

圣人云："三人行，必有我师。"有些记者认为采访当中已经问得不少了，再问别人该烦了；现在网络发达，生活中有不懂的事情去问别人，岂不被人笑话？这是事实，但不代表就不能去问，不应该问了。记者应该随时随地向他人请教。求知不为耻，反是虚心好学之表现。坚持不懈，为得资料四处求访，定会有收获。唯有不耻下问者，才做得真学问，才当得名记者。名记者成功的背后，是基础的厚实，是长期的坚持，是知识的积累。

5. 耐得住寂寞

记者本来是个追求热闹的职业，而研究问题又离不开钻研、收集资料。显然收集资料是要耐得住寂寞的，记者要牺牲掉很多正常休息放松的时间。鲁迅先生说："我把别人喝咖啡的时间用在写作上。"勤奋出天才，寂寞对人也是一种考验。记者一场采访结束就要准备下一场采访，在采访中期和后期，记者有意识地汇集资料以备报道，然后当每个月任务完成后，记者又得考虑下个月的采访任务。尽管忙碌，但记者有计划有安排，不丢弃本业，记得收集资料，这样坚持下去，天道酬勤，一定会换来丰硕成果。

以上五个方面是对记者收集资料和采访需下笨功夫的一个简单诠释。那么纵观本节强调的对杂家的要求，可以看出记者要当一个杂家，就要努力去占有大量资料，去坚持不懈地搜集各方面资料充实自己。这是一项很枯燥的劳动，需要长期坚持并且舍得下笨功夫。记者不怕麻烦甚至别人笑话，做个有心人，分门别类去收集资料，坚持自己的信念，耐得住寂寞才能有所成就。

第二节 "读万卷书，行万里路"

以上谈到了记者收集资料的方法及要求，那么记者想要以知识占有取得采访报道的成功，还必须在理论与实践中不断吸收营养。记者腹内空空不行，孤陋寡闻更不行，只有读书与走路（访）相结合，方有大视野，方能写出好报道。在这方面古人所教诲的"读万卷书，行万里路"是一个最精当的概括了。一边读书，一边实践，理论与实践相互印证，相互促进，就会产生良好的效果。所以记者要手不释卷，吸收各家，博采众长；到处奔走，掌握鲜活的一手资料。

一、手不释卷，获得广博知识

在当前知识爆炸时代，知识更显得重要。知识改变命运这句话被实例不断证实，知识化为财富更不鲜见。而对于记者来说，知识就是力量，知识就是智慧，知识会增长记者的见识，使其不为浅薄浮躁所控制，能辨别美丑、善恶与是非，制作出大量启迪民智的新闻。近代以降，除传统读书仕进的文人之外，大量报刊活动家，他们好学不倦，所著文章有极大的号召力，梁启超、严复、邵飘萍、林白水、黄远生等文化巨匠依靠丰富深厚的学养，发表大量传世之作，可谓"片纸神州贵，华章四海闻"，从他们在办报中对新知的孜孜以求就可知作为大师和名家都离不开知识的熏陶。今天的年轻记者，面对层出不穷、浩如烟海的新知，也应明白知识虽然学不完（"而生也有涯，而知也无涯"），但每天都应当努力去吸收一点，这也不太麻烦，只需要坚持。

关于读书。现在的记者能够读到各种新书旧著，但主要有两个问题：一是读什么样的书？尽量去选择那些人文社科和发明发现之类的书去读。记者虽不是专门研究者，但是有关提高自身素养的书还是非常重要的，不应对此放过。二是关于怎样读书的问题。在这里要强调时间利用问题，时间就像海绵里的水，只要挤总会有的。记者可以随时随地读书，包里带着书，在等人、乘车和休息时读上几页，都是可行的，读书不一定非要在固定的场所与时间进行。今天记者应当培养读书的习惯，让读书成为生活的一部分，因为"书到用时方恨少"，不读书会变得庸俗。

丰富的知识还可以开阔记者的眼界，提升其想象力。记者不仅要懂得政治、法律、文学、历史等社会科学方面的知识，还要尽可能多地懂得一些自然科学知识。现代科学技术的发展十分迅速，出现了许多新的学科，新鲜的知识也在不断增加，这些都是需要记者学习和涉猎的。当然，一个新闻记者不可能无所不知，无所不晓，但是，他应当兴趣广泛，勤于涉猎，有强烈的求知欲，不断加强自己的知识修养。

虽然以上描述了读书的益处，但是读书在今天不可能都像以往那样慢慢品味，而要更加重视实用，特别在接受临时任务时，时间紧任务重，记者必须尽快吸收书籍里的内容以应对采访所需，有几种专家介绍的快读方法值得利用。

1. 浏览

为了了解读物的性质、价值、所涉及范围、内容梗概，可采用此法。浏览可具体分为扫描式、跳跃式两种。扫描式阅读是指视线快速运动，按行按段扫视读物，眼睛只注意材料中的关键字眼；跳跃式阅读时，眼睛主要扫视材料的标题、开头、结尾、特殊片段，略过其中的引文、推理过程、图表等，有时甚至整页整页地忽略不看，抓住书的骨架，只求大概了解。

2. 面视阅读法

它类似于"一目十行"的读书法。用这种方法阅读，每次眼睛感知的字眼多，往往以数句、一段、数段，甚至整页为注视单位，视野较宽，阅读速度快。运用面视阅读法，要注意目光运动的路线。以页为单位进行阅读时，眼球应注意书页的中心，余光要扫到整页的文字；以段为单位进行阅读时，目光应沿着书页的中心线由上往下垂直移动。面视阅读法和其他快速阅读法一样都以获取有用的信息为目的，理解的重点应该是文章的精华部分。

3. 信息检索式阅读法

这是学习者有选择地省略材料中的某些部分，尽可能快速阅读的方法。人们先以很快的速度通读材料的开头两段，以获取初步印象，之后便开始省略某些内容，以读主要段落或每段中的关键句子为主，避免陷入对细节的纠缠之中。但为了尝试把握实质性内容，有时阅读者不得不读完整个一段，接下去就必须略读后面的段落，并且恢复略读的速度。在快速阅读过程中，要养成边读书边思考的习惯。同时阅读时要善于在头脑中做出预测，根据上文估计下文将要出现的内容，再根据后文来校正有关预测，这样在阅读完一部分内容后就可以大致了解其他内容了。

4. 错序阅读法

这是不按作者行文的自然顺序进行阅读的方法。这种阅读法具体可分为三种方式：（1）颠倒阅读法，是先看篇末或书后的结论，再回头看作者得出结论的过程和方法的一种阅读法。"卒章显其志，结句明其旨"，是文章的常见写法，所以运用颠倒阅读法倒读回去，更容易理解前面材料的意义，有利于提高阅读效率。（2）楔入式阅读法，是人们对书中感兴趣的某处或有价值的部分先读，再逐渐扩读至全书的一种阅读方法。当读物陌生、阅读动机不强或有特殊目的时，可运用这种方法。楔入式阅读法要求读者从文章的某部分读起，向前后逐渐开拓，许多无关紧要的章节不知不觉地就被省略掉了，从而达到了快速阅读的目的。

读书的一个目的是服务于职业需要，学以致用，当然这有长期和短期效用的区别。短期的就是可以将采访和读书所得结合起来，提升新闻报道质量；而长期的则是读书可以增加人的精神养料，提升人的知识文化修养，有助于健康人格的培养。读书的另外一个目的是缓解压力，记者的压力很大，读书可以使人得到调节和抚慰。因此多读书、常读书是有益的。

二、"行万里路"

记者到处奔走，增加游历大有好处，一是可增加见识，二是可结交新人。相比较其他行业从业者，记者的游历应该说是比较多的，特别是高层次的新闻媒体记者，能在世界多地游历采访，即便是地方媒体记者，在各地留下的足迹也比常人多。有专家说过：即使没有因采访而获得"游"的机会，也可以自己创造机会到各地去走走，既可饱览华夏之风貌，了解各地的风土人情，开阔眼界，又可积累一些见识和所到之处的文字背景材料。实际上，对记者来讲，"游"是为了练胸襟，是为了练眼界，也是为了练气度。要成为一个名记者，切忌小家子气，否则就会在看问题时心胸狭窄，目光短浅。其实，拥有大气度、宽胸襟、高眼界，不是一朝一夕之功，是需要长久磨炼的。千方百计增加游历是一个非常有效的途径，不妨一试。一个经常置身于复杂的社会和人际关系之中、通宵达旦埋头于书案的记者，如果不到处去走走，必然为小环境所困，久而久之气度变小了，眼界变窄了，常会为一些鸡毛蒜皮的事斤斤计较，这是当新闻记者的大忌。[①] 还有些记者因为职业倦怠而懒于跑动，害怕出去，总是闷在家里或办公室，加之有了上网查询资料的方便，采访也可以偷懒了，有记者甚至直接上网抄袭，长此以往记者就会陷入恶性循环。

经常出门走访，记者能够结识更多的朋友，思路会变开阔。人只要生活在社会中，就会与各式各样的人打交道，那么，对于记者来说，记者从认识的人身上，无论是从其人品，还是学养，还是经历中都能受到启迪，有所感悟。记者交比自己在各方面水平都高的朋友，或者说交比自己在某一方面水平高的朋友会有"听君一席话，胜读十年书"的感悟。

同时，记者经常外出采访，不要局限于每一次急匆匆地完成任务，记者要像雷达一样时刻敏锐地捕捉身边不同寻常的事物，当个有心人，随时记下（心记、笔记或拍摄）自己认为重要的事情，以备后用。有些事当时也许并不觉得重要，也的确是用不上，但不等于以后也用不上，不要忘记新闻在关键时刻能发挥历史档案的作用。

原黑龙江日报社摄影记者李振盛曾经拍摄的几百张照片中，有一张拍的是一名身上挂满毛主席像章的解放军，这张照片被取名《虔诚者》。这张照片在20世纪八九十年代在国内外展出时引起极大轰动。以下是作者的回忆。

那是1968年4月16日，解放军战士王国祥，应邀到哈尔滨市郊区公社为农民讲述他的先进事迹，被感动的群众纷纷把自己佩戴的毛泽东像章170多枚戴到他身上。当他回到驻地与其他代表交谈时，我用"禄来福来"相机里仅有的两张底片抓拍到两个画面：一个是王国祥面带微笑，在幸福地向取经的代表讲述经验；一个是王国祥神情凝重，在表达深情，这就是我后来命名为《虔诚者》并被国内外媒体广泛传播的那张照片。当天我把那两张底片放大成照片，从中挑选出神情凝重的那一张交稿，正在报社"支左"的工人宣传队女队长看了就泼冷水说："这张照片人的表情有点'那个'……"一位老编辑替她打圆场说'人物表情不够好'，换一张'面带微笑'的发稿吧。他不想迎合那个无知的工宣队女队长，宁可不发稿也不愿送上那张'面带微笑'的照片。照片被"枪毙"了，作者并没有随手扔掉它，而是保存了起来。到了1982年作者工作调动，他在移交文件柜收捡东西时，把一卷胶卷掉在了地上，而且胶卷滚到柜子后面去了，柜子后面多年没有清扫积了一层厚厚的尘土，他犹豫了一下还是要找。不就是一个多年前的胶卷吗？有人劝他不要掏了，可

---

① 参考资料：仲富兰的《漫说新闻文化与知识积累》（2008年7月12日在复旦大学的演讲内容）。

> 他还是费劲掏了出来，就是那张底片。当时只是朦朦胧胧地觉得它有用，究竟能有什么用？自己也说不清楚。[1]

李振盛当时只是朦朦胧胧地觉得应该留下底片，也许将来有用。事实证明他的预感是正确的，1996年，他的摄影展在国内引起了极大反响。设想如果当时他对此不放在心上，胶卷底片丢了就算了，那就不会有今天照片带来的轰动了。这是记者到处奔走，深入基层拍到的真实场景，记者记录的作品成了历史的一部分。

这当然是记录历史成功的例子，那么在今天记者有什么机会呢？应该说今天机会更多，不仅在于今天交通便利，通信发达，还在于可以随心所欲地使用通信工具，以至于出现了市民记者、网络直播。这已经对体制内记者的地位形成了严峻挑战，而且在网络上，专门的视频网站如此之多，独家拍摄的视频屡屡引发疯传，这更让记者的采访黯然失色。当然记者也不必因之缺乏了底气，至少市民记者、网友在两方面还不具有优势：一是他们不具有专业素质，对新闻价值把握不到位，没有专业新闻眼光；二是他们不是职业采访人，在许多方面无法获得采访机会。但是市民记者记录的新闻事件越来越多，引起的社会反响也越来越大，显然市民记者的作品对现在的记者构成了挑战，这逼着记者要在采访中多走多看，在业余时间也要多跑多记，随时当个有心人，把具有新闻价值的事实记录下来，或作为新闻刊播，或作为资料备存。这里有个反面案例示意"有心"也会引起轰动。2008年，当陕西农民周正龙导演的华南虎事件尚未尘埃落定时，又出现了平江电视台记者导演的"平江虎事件"，该记者事先察看地形，选定一处山崖，暗中布置了老虎出现的场景，之后，记者租用动物园老虎在现场露面，随即拍下照片，并将照片作为平江虎现身的证据。这位记者确实够聪明，懂得受众心理，还懂得多处走访察看选择表演地点，用驯养虎冒充野生虎来娱乐受众，但欺骗舆论的教训可谓深刻。记者采访应实事求是，不可胡编乱造，不能为了出名而撒谎。

总之，记者要收集资料，做好知识储备，一要当好杂家，对各方知识兼收并蓄，二要坚持读书学习，做到手不释卷，随时随地学一些东西，充实自己的大脑。记者不但要通过书本还要通过实践锻炼提高。记者工作本身实践性很强，但并不等于实践了知识就自动丰富了，需要加强训练，不断观察，利用职业条件去吸收对自己有用的内容，这样自己的知识储备才会得到不断充实，采访也就有了更加坚实的基础，报道也就不会停留于一般水平。

第三节　业务知识储备

记者除了要有杂家的知识广度和阅人阅世的能力之外，还需要具备扎实而丰富的业务知识，这主要包括两个方面的内容：一是基本的业务知识，采、写、编、评、制作以及录音和多媒体器材、多种语言的使用等知识；二是新闻传播理论。判断一个记者是博学多识还是知识贫乏，看其发现和判断新闻的敏感就可以知道：如果记者知识

---

[1] 李振盛.守望的距离[J].新闻爱好者，2006(5).

广博，就能敏锐地从现实生活中捕捉到有价值的新闻线索，然后通过深入采访，写出具有指导意义的新闻作品；如果记者知识贫乏，容易造成难以与人沟通的尴尬局面，更不用说深入挖掘有价值的新闻事实了。可以说，记者的成就同他的知识素养尤其是业务水平是成正比的。

一、基本业务知识

随着时代的飞速发展，新观念、新事物、新知识、新技术不断涌现，新闻工作者应当及时把握时代脉搏，不断更新自己的知识，以适应飞速发展的时代要求。

1. 采访、写作技能知识

采访和写作是两种不同的技能，这两方面的知识行业内已经有很详尽的介绍，包括新闻专业的相关理论、采访的技巧与艺术、各种新闻的写法、查证消息来源的方法、报纸编辑部的组织运作等。在采访与写作技巧方面，记者要打好新闻理论基础，掌握恰当的写作技巧，熟练运用各类新闻体裁的表达方式。

2. 专业操作技能知识

除了要掌握采访、写作技能知识之外，还要掌握这样几种技能知识：（1）掌握方言和土话；（2）掌握外语；（3）掌握摄影、录像技能；（4）掌握现代化通信技能；（5）掌握驾驶各种交通工具的技能；（6）掌握辨向、测时技能。

下面就其中几点强调一下。目前，社会已进入网络时代，网络时代的新闻工作者，必须熟悉新闻采编业务，懂电脑操作，掌握多媒体技术。在信息科技时代，记者必须充分利用高科技工具来迅速完成工作，时代正在呼唤复合型记者，即能熟练处理文本、照片、图表、音频和视频等材料的复合型人才。

记者工作也属于人际交流活动，而此种交流则主要靠语言进行。熟悉和掌握方言土语对顺利进行人际交流、提高采访效率十分有利。比如说，记者若能听懂采访对象用方言、土语叙述的新闻事实，则能迅速认识事物。同时，在与采访对象交谈时，记者若是能时不时地说上一句半句方言，则必然能活跃谈话气氛，加深双方在情感上的交流。

除此之外，还有很多需要掌握的知识，随着时代发展，要求也会不断提高。这些基本技能是记者安身立命之本，需要首先牢牢掌握。

二、新闻传播理论知识

一个记者经常忙于采访写作，留给自己学习充电的时间往往不多，这会带来一个突出问题：理论修养不足，眼界不够宽广。现在由于都市类媒体的普及，娱乐化新闻得到受众的追捧，一些记者也沉溺于琐碎新闻的采写中，总是迎合受众，写出的新闻内容越来越低俗无聊，或者只限于感官的满足。当今更加令人忧虑的是，有些记者非常轻视理论知识，把马列主义、毛泽东思想、邓小平理论，以及习近平新时代中国特色社会主义思想等先进世界观和方法论抛诸脑后，结果是使自己陷于无知和狭隘之中。而那些善于用理论知识武装头脑的记者，他们在观察、采访和写作中都有开阔的视野，能进行深入的分析，传播的成果也为社会所接受、关注。记者需要掌握哪些新闻传播理论知识以应对日益激烈的新闻竞争呢?

宏观理论除了掌握哲学理论之外,还有本学科的理论知识,主要包括:新闻理论、传播理论。这些知识很多是学者借鉴国外的相关研究又结合中国新闻业界发展变化实际提出的。这些理论研究成果能帮助记者更好地把握采访方向,把握受众的心理需求,也能帮助记者深入了解社会的发展实际。进一步看,丰富的理论知识能够指导记者从事创造性的工作,指导记者正确对待新出现的各种新闻现象。

那么从现实来看,记者还需要学习的专业理论知识主要有:同行的经验总结,外国传播学理论,学界的相关研究成果等。这些知识可以有效帮助记者认识问题,使记者能够从宏观着眼,从微观入手,深刻透彻地了解事实,准确细致地反映事实。在日常工作中,记者应该抽出时间阅读一些新闻传播类的期刊,浏览业界和学界的相关研究成果,有些东西可以借鉴使用。

总之,记者的知识储备是个越来越重要的话题,对于记者采访具有不可忽视的作用。记者的采访是需要借助于知识进行的活动,也是一项智力活动,它离不开知识的支撑。现代社会是一个知识体系日益丰富庞杂的社会,对于事实的观察和反映主要依赖于记者,记者是专业报道者,肩负着提供信息的重任。记者的知识储备是没有穷尽的,社会越发展,受众对知识需求越强烈,实质上对记者的知识要求就越高,记者应该看到自己身上的重任,应该永远不停息地去补充知识,去履行知识传播者的使命。

思考题

1. 记者一般需要什么样的知识储备?
2. 怎么理解记者要下笨功夫?
3. 记者当杂家有什么好处?
4. 新闻业务知识主要有哪些?

阅读材料

纪念邓拓——《邓拓全集》序(节选)[①]

邓拓是一位杂家,知识广博,在政论时评、经济历史、诗歌辞章、书法绘画、文物考古、杂文随笔等方面,都有造诣。但首先他是一名革命战士,他很早就投身于党领导的文化运动。早在上海读书期间,他便加入共产党,参加了党的地下工作。20世纪30年代初期,他开始了关于哲学、经济和历史等学术问题的研究,发表了一系列有关经济历史的论文,并写出了专著《中国救荒史》。抗战爆发不久,他到晋察冀边区,1938年春担任了《抗敌报》(后改为边区党的机关报《晋察冀日报》)的社长。这以后一直到他离开人民日报社领导岗位,他在新闻工作岗位上"笔走龙蛇二十年",写了大量的社论和评论。他是一个勤奋的人。1949年后,他在繁忙的公务之余、宣传任务外,还写了不少见解深透、思想敏锐、

---

① 萧克.纪念邓拓——《邓拓全集》序[N].人民日报,2001-06-09(8).

独具个性的文章。

作为一名新闻工作领导者,邓拓倾心为报纸撰写社论政论、时事评论,并对无产阶级新闻理论和实践投入了巨大的热情。抗日战争进入相持阶段,《晋察冀日报》曾有过三天就要发表一篇社论或时评的历史。这些有影响的社论和评论,大都出自邓拓的手笔。在他的领导下,报社的同志们一手握笔,一手拿枪,创造了在游击战争的艰苦条件下办报的奇迹,在无产阶级新闻事业史上写就了光辉的一页。

邓拓是一位博学多才的新闻工作领导者,是办报的内行。他在办报实践和新闻工作中,得心应手,写作各类文章,出手不凡,这得益于他家学渊源,加上勤奋好学,善于研究。这对我们青年新闻工作者是一个有益的启示。新闻工作接触社会面广泛,记者除了要有热忱和端正的态度、求实的作风外,还要有广博的学识,敏锐的思想,勤于思考,勤于写作。邓拓同志是一位多面手,他在各个领域都称得上是行家。无论是明、清历史的研究,还是中国社会经济史的考察;无论是古代绘画史的研究,还是传统诗词的运用借鉴;也无论是他的具有广泛影响的杂文随笔,还是他的一些新闻工作的研究文章,读之都令人叹服,他给世人留下了宝贵的精神财富。今天,时代呼唤一批学有专长、积极进取的人才。为培养一支高素质的新闻队伍,需要有更多邓拓式的新闻工作者,需要有更多的既是杂家又是专家、学问家的新闻人才。

当年,在敌后抗战根据地晋察冀边区时期,我与邓拓同志因战争中的宣传事宜有过接触。当时边区的主要领导人聂荣臻同志曾赞扬过邓拓同志的思想和工作作风。从邓拓几十年办报经历和写作经历中,我感到他是一位党性强、作风踏实、工作负责的人,也是一位善于团结同志,接触实际的人。作为新闻工作者,他注意调查研究,向实际学习,这使他写起文章来,下笔千言,倚马可待,言之有物,亲切感人。在紧张繁忙的编报之余,他还能留给我们几百万字的文章,这体现了一个新闻工作者和文化人的卓著业绩……

中编
新闻采访：一门"发现"的学问

第六章　新闻发现、新闻敏感与思维方法

本章要点

第一节　新闻发现的界定　　　　第二节　新闻敏感指向新闻发现
第三节　如何培养新闻敏感　　　　第四节　记者的思维方法

从一定程度上说，新闻就是一门"发现"的艺术。记者的采访是认识客观事实的过程，这种认识不是随便看到了什么，而是感受到了、认识到了什么，是对有价值事实的捕捉把握，因此是一种发现。但是发现并不容易，主要是记者的能力有限。所谓的看出门道来，就是发现了事实所蕴含的价值，事实具有启发、指导、警示等价值。另外，采访中的"发现"需要借助新闻敏感实现。

第一节　新闻发现的界定

发现力是记者的基本功，没有发现能力的记者是不称职的，因为他不能掂量出事实传播的价值、意义何在，也无法从眼前发生的变动中看出有值得传播的事实，即使事实来到面前，他也找不到对公众具有特殊意义的内容来。当然，有些记者对事实（会议）采访了，报道了，他就认为他很称职，完成任务了，但其实他发出的报道连自己都不想看，怎么会吸引受众呢？那么我们只能说，媒体收留了这样的平庸之人，只会让受众轻视记者。记者不去发现事实，靠一些新闻线索或者别人提供的半成品加工新闻，这样也是不行的。

但是，现在像上述"南郭先生"的记者的日子越来越不好过了。绝大多数媒体单位考核量化，并且按照质量打分，重大突发事件报道等占了很大分值，占据重要版面位置的新闻也分值很高，而会议报道分值则较低，而且这一类报道看的人越来越少了。新闻需要发现，有发现才有新闻，具有发现力的记者会主动出击，会有写不完、拍不完的题材。这不仅是"等米下锅"和"找米下锅"的区别，还体现了记者通过业务积累而来的发现力的差异。还需要说明的是，现在不少媒体机构从年头到年尾都会有新闻、传播专业的学生实习，有些实习生养成了玩手机和"宅"的习性，出去采访也不容易抓住新闻点，在办公室呆坐着也不知道干什么好，这就体现了发现力的缺乏问题。当然，在校生肯定还是生手，不可能像工作了三五年的记者那样有职业感悟，还需要一个锻炼、成长的过程，发现力不是短期内培养就能见效的，要长期培养。基于此，本节要讨论以下几个问题，即对新闻发现的理解，其内涵和外延，还有发现力的价值、意义等。

一、新闻发现界说

记者要学会发现新闻。人类社会从远古走到今天，既是一部艰难成长的历史，也是一部充满发现的历史，大多数发现都造福了人类，如火的发现、食物的发现、种植养殖的发现等，这为人类的定居生活奠定了基础，漫长的奴隶制、封建制社会都是在前述的发现之上缓慢发展的。到了资本主义社会，则掀起了革命性的发现巨潮（当然，环境污染又制造了难以预料的危机），其中的发现无法一一尽述。工业革命以来的发现都存在一个共同特点，就是有思想的人总在孜孜不倦地探索，力图寻出新的事物，他们能够在物质世界中不断合成发现的事物，从而创造出新的东西，有的也叫发明。那么这与新闻发现有什么关系呢？说到关系，它们都是人类对客观世界的独特认识，都是人类探索、合成的结果，不过前者是实物的，后者是抽象的。"发现"的定义在此需要做一下交代。衡量一个记者好与差的一把重要标尺，就是记者的"新闻发现力"。新华社原总编辑南振中说："发现，是经过研究、探索等，看到或者找到前人没有看到的事物或规律。新闻发现就是把前人没有报道过的新的事物和新发现的规律及时准确地传播出去。"[①] 可见，一个优秀的新闻记者，第一技能不是写作，而是发现，或是从别人看来稀松平常的现象中找到不同寻常的意义，或是早于一般人产生独特而又有价值的认识。

二、新闻发现的内容与指向

发现常常表现为一种顿悟，即人在有意无意地接触到一些事物时突然产生新想法、新思路。在一般人看来不是新闻的，在记者看来就可能是新闻。所谓"外行看热闹，内行看门道"，很多时候就是这样，非专业人士都只是出于本能或好奇心看一些事，不可能从专业角度看，不会想到什么新闻价值。所以遇到车祸、灾难一类事实发生，绝大多数人闻讯而来，围观欣赏，而鲜有报道者。另外，这样的情景是最普遍的：都知道是这么回事，谈不上是多么深刻的新闻发现。有水平的新闻发现应该指向突发性事件的、重要的但又为一般人和其他记者忽略的细节，反映重大主题的事实。

记者要跳出人云亦云、人所共知的老套，而有独特、新鲜的发现。艺术家罗丹说过："生活中不是缺少美，而是缺少发现美的眼睛。"诚哉斯言，如果记者在热闹的事件现场善于寻觅，抛开表面浮华，抓住不为人注意的细节，使之突出重要起来，那么新闻发现力当然会来到身边。

当然，强烈的动态事件会刺激众多记者的眼睛，记者们会为这样的事件展开激烈竞争。记者之间除了有拼抢新闻的竞争之外，还有新闻发现的较量，这才是最难又最见功力的。先说每年两会采访，一到3月中上旬，媒体报道的会议一个接一个，领导人讲话内容较多，代表委员都纷纷在镜头前、版面上"说"，这个讲，那个谈，往往缺乏具体生动的事实（落实了多少），所以这样的报道，大体应了"年年岁岁花相似，岁岁年年人不同"的老套。稍微有些新意的不过是记者抓的一些细节，如代表委员的新奇提案、新奇举动，使用节能、环保设施，现场花絮等。当然，由于一些规章制度限制，作为记者自由活动的天地很小，要在每年都如此的会议上有新发现，也的确难为了记者，所谓抓细节也不容易，不是随便能抓到的。有很多记者浑浑噩噩地参会，写出的新闻乏味平庸，之所以出现这种情况，是因为记者有了职业疲倦，或者他们新闻眼光缺乏，不够敏锐。

除了会议这种基本属于动态的事实之外，日常大量的静态事实也需要记者去报道，静态事实就在每日的生活中。大千世界，芸芸众生，各司其职，唯有记者最自由，是"找事"者，记者在职业任务驱使下要去发现不同寻常的东西，这是一场考验。虽是考验，却有那么多优秀的记者献出了佳作，让人眼前一亮，心里一振，这样的例子可谓多矣。20世纪90年代初，有位《中国青年报》记者发表了一篇图片新闻，画面显示的是江苏丰县邮政局大门旁边，一老者坐一桌后，前有一小牌：代写书信。老者每天替人写信，并收取一定费用。记者只是平静地记录了这样一件小事，没有任何评价，却透露了值得深思的信息。事实重要吗？实在很不起眼，小事一桩，每天县城里人来人往，邮局更是业务繁忙，看到这个招牌的人多了，但是有几个想到里面有值得琢磨的事呢？这条新闻透露出现实中文盲还很多，亟须

---

① 周志宏. 新闻发现力培养路径 [J]. 新闻前哨，2006(8).

普及文化教育。同样，山东枣庄丁大康，自20世纪90年代以来发表了一系列颇有冲击力的新闻图片，如《糟了，山乡空气》，反映鲁南的水泥厂肆意排放污染物，致使老百姓遭殃的事实，其中有两张图片还上了《中国青年报》，一张是农民捂着嘴在乡间小路上行走，背景是烟尘滚滚的天空，另一张是一位农妇在自家院子里簸粮食，簸箕里落了一层水泥灰尘："你说这咋能吃？"她指着粮食向记者诉苦。这些图片避开了工厂，避开了生产、销售、排污环节，单单以群众生活受害的角度揭示后果，图片直观形象，触目惊心。该报道之所以能成功，主要就在于作者独具慧眼，将一般事实提炼上升到非同一般的理论高度，显示了微观事实中蕴含的重大意义。[①] 采访者能够从生活不起眼的小事中发现非凡意义，这说明他有非常好的发现力。

有一年，某央视记者去看望一位德国驻华大使夫人。她第二天就要离开中国回去了，记者注意到她除了带了一个简单的行李之外，还带了一大包东西，沉甸甸的，仔细一看，竟都是废旧电池。记者惊问其故，大使夫人回答，中国还没有处理旧电池的机构，她要把这几年积攒下来的电池带回德国处理。这样一个生活细节颇能反映重大主题：环保工作的艰巨性。记者本意是拍一个访谈，但是由于看到废电池，就转而关注这个事实了。可见，简单的生活中，经常蕴含着重大主题。

现在记者有一种倾向，不利于发现力的培养：重城市，轻农村。年轻记者过分依赖城市，喜欢人多热闹（网络）的地方，而容易冷落城市之外的区域，那里恰恰有丰富的资源等待记者去发现。广袤的乡村天地发生着那么多事实，而当地农民文化素质较低，加上通信条件比较差，许多事实仅限于口耳相传一阵便被人遗忘了（甚至没有机会传播就自生自灭了）。在这种情况下，记者深入穷乡僻壤一定会有所发现。这方面的成功案例也比比皆是。那是1990年，解海龙在乡村奔走，经过安徽金寨县的一个乡村，发现一个小女孩趴在小板凳上写字，当他走近时，小女孩抬起头来，眼神中的渴望瞬间击中了他，他马上按下快门，之后标题为《我要上学》的照片发表了，很快就引起了巨大轰动，并且后来该照片被作为"希望工程"的封面照广泛传播。城市虽经大面积扩张，但所呈现的空间还是有限的，新闻数量有限。众多记者扎堆城市，新闻资源并不那么充足，新闻报道同质化现象日益严重。"千报一面，千台同腔"的新一轮趋同问题又来了，这使记者面临严峻的挑战，记者要去广阔天地里闯一闯，多多历练，去寻找激动人心的事实，为社会提供值得关注的有意义的事实，尽到一名记者的责任。

至此，我们也应看到，所谓新闻发现的指向，应当是新闻事实揭示的意义与价值。事实承载了观念，这种观念被记者发现并予以揭示。由于事实自己独立存在，它不会主动显示出来，或告诉记者有什么样的内涵，而且有时候还云山雾罩，事实的价值只有通过记者积极揭示才能显示出来。但在挖掘事实价值之前，记者要先找到事实，找到有价值的事实并不容易，因为事实有可能远离尘嚣，不在闹市，记者要去寻觅，发现的机会与腿勤成正比；另外，即使记者遇到了有价值的事实，如果难以识别，他还是会与事实失之交臂。有时，事实还静静地埋于故纸堆中，如果不是有心人，是无法从文章中发现什么奥秘的。新华社记者张继民是一个会发现的人。他看了中国地理学者对雅鲁藏布江的研究论文后，猜

---

① 资料来源：王智的《丁大康——一个中国自由撰稿人的十年历程》，网址为 http://www.bandao.cn/。

想它是不是世界第一（深度、长度）大峡谷呢。自己不敢肯定，在翻阅大量资料之后，他又向数位权威专家访问求证，确认了自己的猜想，于是一篇《雅鲁藏布江峡谷是世界第一大峡谷》的好新闻产生了。在获得中国新闻奖一等奖之后，许多同行向张继民表示祝贺，并询问写出好新闻的诀窍，其实这是记者下笨功夫，去坐冷板凳，查资料得来的。这可能使一些在大学里就疏远图书馆、一看书就没兴趣的年轻记者大失所望。由此可见，事实是依托，价值、意义、观念深埋于其中，需要不断提炼，当然，这些价值、意义、观念不是人为硬性地塞进去和安上去的，而是事实真正蕴含的。有些人硬是为事实贴上标签，颠倒主观与客观的关系，则是一种荒谬行为。

当然，我们将新闻谓之于"发现"之作，既是对记者孜孜不倦探索的一种肯定，又是要激励记者不断地沉下去抓取新闻，抓到不同凡响的新闻。那么如何理解"发现"呢？主要应该注意以下几点。

（一）新闻发现不具有原创性，而是二次发现

要说原创，严格来讲，应该是指第一个做出来，新闻学中的"发现"与日常话语中频频使用的"发现"内涵大不相同。物理学、化学中常有这样的描述："法拉第发现了电磁感应，居里夫人发现了镭。"这是当之无愧的真正发现。而新闻发现与之相比，差距很大，因为记者所做的并非原创，只是充当"二传手"罢了。恩格斯在谈到新闻报道时是这样说的："完全立足于事实，只引用事实和直接以事实为依据的判断，由这样的判断进一步得出的结论本身仍然是明显的事实。"[①] 这也就是说，记者采访到的只能是事实，记者不能去创造事实，只能依据事实原来的样子去反映它、揭示它。无论在什么时间、地点和条件下，都要以事实原貌为依据，为基础。新闻事实是别人"生产"出来的，原创权属于当事人，记者不过是个传递者而已。这样看来，记者如采矿者，他们做的只是一种再发现。还以张继民的雅鲁藏布江报道为例，人们称之为有世界意义的重大新闻发现。但事实上，张继民只是读了专家的文章（发表在《中国科学》上的论文），意识到其价值，于是以此为线索进行了采访，写出了独家新闻。可见，记者不过是重新发现了科学家的发现而已，并非他自己发现了世界第一大峡谷。强调这些，无非是想澄清一些误解，有人以为记者有惊动世界的发现能力，其实并非如此，他们只是把别人的发现做了转述。传递信息方面，记者之间有巨大差别，有人传递会议精神，有人传递市井琐事，有人传递房产、汽车资讯，这些无关痛痒的内容并不是没有价值，只是信息含金量太低太低，也多非名记者所愿为的。

（二）记者的发现往往是"无中生有"

这与后边讲的深度报道会有类似的地方。所谓"无中生有"往往指记者能够在看似无事的情况下发现重大事实。这里体现出"有"与"无"之间的辩证关系，有无之间相互转化，"无"有时候等同于"有"，像范敬宜为人熟知的消息名篇《两家子公社夜无电话声早无堵门人》，就体现了这样的辩证关系。记者需要有"无中生有"的发现力，发现静态事实背后的新闻。鉴于新闻发现之艰辛、复杂，所以我们用"有""无"先行设定认识新

---

① 马克思，恩格斯. 马克思恩格斯全集[M]. 北京：人民出版社，1979.

闻的两极，以利于把握、分析事实，从而在两极中更好地认识事实的本质。在此谈及新闻发现，就是要求记者转换一个视角，就是从"有""无"上把握、处理，进而捕捉到新鲜的、有价值的事实，完成新闻发现。前面说过，新闻"有""无"包含两对范畴，一是"有"等同于"无"，一是"有""无"相互转化。经典作品《奥斯维辛没有什么新闻》就是很好的范例。

在另外一些情况中，新闻事实的"有"实际上相当于"无"，尤其是庆典报道。[①] 比如中外各界人士差不多都知道，中国恢复对香港的行使主权本身具有重大历史意义。这一新闻的传播价值已经被人们认识到，无论记者使出多大本领，他的所作所为也谈不上是重要的新闻发现。换句话说，从传播价值的相对性来看，有关回归类报道无形中被打了折扣，只能在一定层面上说"有戏"了，这里的"有"就是"无"。那怎么解释电视、报纸、网络等还要传播那么多这样的新闻呢？这是因为，人们虽知道事实的价值，但他们还想身临其境地感受、体验，况且这么重大的事件，举世瞩目，他们当然还想了解与主题有关的事实、信息，获得一种再认识。作为职业记者，应该有区别于受众的思维视角，而因为记者不能正确认识"无"等于"有"，造成采访失误的现象是很多的。最典型的一个例子是，美国一家报社记者准备去采访当晚一名歌星的演出，却突然被告知演出取消，还听说演员出事了。他没有再深挖，认为无法采访新闻，就打道回府了。第二天报社总编责问他为何漏掉有价值的新闻，并说演员自杀就是更大的新闻，随之记者被解雇。记者认为的"无"，恰恰是"有"，有重大价值。可惜，记者只是机械、孤立地认识事物，无法看清"有""无"之间的辩论关系，没有发现新闻，造成了工作上的失误。

第二节　新闻敏感指向新闻发现

由上可知，新闻发现乃是记者最重要的基本功。发现力是一种深入认识事实的能力，具备这种能力的人不被事实表象所迷惑，能够透过现象看本质，完成对事实的深度挖掘。既然这是一种重要的能力，那么如何培养这种能力呢？它与什么有密切联系呢？这就涉及新闻敏感。新闻敏感是记者敏锐感知新闻的能力，也是指向发现力。具有这种职业敏感的记者，往往比一般记者善于发现事实，能够及时抓取有价值、有意义的事实，及时采访、挖掘和传播具有非凡意义的事实。当然，新闻敏感与新闻发现还不是一回事，这涉及以下诸问题：新闻敏感与新闻发现的关系；新闻敏感的含义与特点；新闻敏感的大敌，即职业倦怠。

一、新闻敏感与新闻发现之关系

新闻敏感是一种职业敏感，它不同于新闻发现。新闻敏感只是指记者对客观事实有了一种意识和感觉，事实能不能成为新闻主要依靠记者的进一步认识和判断。记者往往或出于本能或出于经验感觉到一个事实中蕴含着新闻，这种感觉蕴含着新闻发现力。对于新闻

---

① 贾广惠. 新闻发现即在有无之中 [J]. 新闻爱好者，2004(4).

发现，借用潘堂林的表述，"只有敏锐地感觉到客观事实诸种价值表现中最能吸引公众注意力的侧面，充分发掘多层面的价值，才能尽可能实现其价值最大化"①。因此，就二者关系而言，新闻敏感还只是一种感觉，只是记者对事实初步的判断和认识，还有待进一步验证，而新闻发现则强调记者对事实有了深入独到的认识，是对新闻敏感的验证和落实，新闻发现离不开新闻敏感这个前提和基础。

由此可知，强调新闻发现，不能直接越过新闻敏感这个基础。要培育新闻发现能力，首先要解决新闻敏感问题。培养新闻敏感，这是职业要求，需要一个不断积累和锻炼的过程。纵观以往的教材，很少提到新闻发现，概由介绍新闻敏感为满足，认为只要记者具备了新闻敏感，就可以解决采访问题。其实仅仅具备和培养这一能力还是不够的，它可以助人快速发现一些新闻事实，但不一定就能帮人抓住具有重大价值的事实，而新闻发现无疑达到了这一极高的境界。总之，新闻敏感是新闻发现的基础，而后者又是前者的升华，两者相互促进。

二、新闻敏感的含义与特点

新闻敏感对于新闻专业学生而言是个需要认真领会的知识要点。任何术语和概念若不从其内在逻辑上去把握，就会导致理解不到位，到了实践阶段，有些记者匆匆忙忙上阵，懵懵懂懂地采访，因基础不牢走了很多弯路。我们这里需要认清新闻敏感的含义及其特点。

（一）新闻敏感

新闻敏感，简言之，就是对于能够成为新闻的事实的敏锐感知能力，这是一个初步的判断。

对此还有不少其他定义：（1）刘海贵、尹德刚的《新闻采访写作新编》（复旦大学出版社，2003年6月第1版）是这样定义的：所谓新闻敏感，通常指新闻工作者及时识别新近发生的事实是否具有新闻价值的能力，即指新闻工作者的感官对新闻人物、新闻事件、新闻事实所蕴含的新闻价值的敏锐感知能力。（2）蓝鸿文在《新闻采访》（人民大学出版社2004年版）中认为：一个具有新闻价值的事实，别人不能看出它是新闻，而你却一下能识别它是新闻，这就是新闻敏感，简言之，新闻敏感就是记者识别新闻的敏锐能力。（3）艾丰说得更为形象：通过事物灌木丛，突然发现其思想和意义高度的新闻敏感，是记者成熟的标志，是一种迷人的境界。（4）甘惜分在《新闻学大词典》里这样解释：新闻敏感是记者编辑发现和判断具有新闻价值的事实的能力。②这些定义有助于我们全面认识新闻敏感。

（二）新闻敏感的特点

新闻敏感的特点包括：（1）以经验为基础，并在此基础上产生；（2）需要创造性思维；（3）产生迅速甚至突如其来，是一种瞬间的判断，是智力活动的飞跃，而这种"顿悟"是"记者头脑中潜藏着的某种信息（即主体信息）突然与外界的有关信息（即客体信息）

---

① 潘堂林. 怎样发现新闻[M]. 武汉：湖北人民出版社，1998.
② 张俊才. 对新闻敏感的几点再思考[J]. 新闻记者，2000(5).

发生联系和撞击之后，在极短的时间内产生的一种思想认识上的突破和飞跃"[①]。这些定义和特点都说明新闻发现和新闻敏感之间存在着密切的联系，先有新闻敏感，后有新闻发现，二者存在着直接的因果关系。新闻发现借助于新闻敏感提高和进一步深化，反过来看，鲜有不具备新闻发现力的记者的新闻敏感格外突出的，因此记者在认识到和掌握了新闻敏感后，还需要进一步提升新闻发现力。

三、新闻敏感的大敌：职业倦怠

新闻敏感是记者发现和识别新闻价值的能力，是记者政治和业务水平的集中体现，也是灵感思维在新闻采访活动中的体现。它表现为记者对新闻事实的一种迅速、综合的判断力。毋庸讳言，很多职业做久了难免会产生倦怠，工作热情消退，剩下的就是混日子，业绩不好也不坏。那么具体到新闻采访，就是记者对这份职业没有兴趣，因此必然丧失新闻敏感，更谈不上观察和研究事实了。是哪些原因导致了记者产生职业倦怠的呢？只有找到原因，才能对症下药。

首先，不合理不公正的量化考核。几乎每个媒体单位都会对记者每月任务做出硬性规定：每月发多少篇新闻，其中头条多少，二版头条多少。电视台也是大致如此，重要新闻、一般新闻，不同性质、不同质量的稿件打出不同的分值；每天都有分管领导做出的评价。同时还有一个让记者难受的现实：漏报新闻受批评甚至责罚。领导只看结果不问过程：为什么人家采访到了你却没有？由于任务很重，时间很紧，记者要经常奔波在路上，采访也不都是那么顺利，疲于奔命和心理压力会把记者赶向一个思想极端：只能依赖这个职业混口饭吃。

其次，记者所承受的外部压力。除了内部考核压力外，记者还承受着外界种种无形的压力。一是同行竞争压力。同城媒体、不同种类媒体竞争日益激烈，大家的采访空间狭小，新闻同质化愈加严重。面对口味更加刁钻的受众，似乎唯有加大刺激才能使其有精神、有兴趣看新闻，记者要不断挖掘独家新闻。二是宣传纪律约束。似乎在记者的从业史中都有这样一个规律：初出茅庐，雄心勃勃，豪情万丈，立志主持社会正义，当一名有良知的记者；但随着采访中碰壁次数多了，记者就开始动摇，变得消极保守，干久了可能就觉得就是这么回事，再采访也没有多大意思，这就容易产生职业倦怠。

最后，与记者自身素质有关。现在一些年轻记者知识功底欠扎实，缺乏社会责任与担当，对于新闻职业多了份投机，少了份奉献。

对这一问题，需要从加强记者的新闻敏感训练开始，不断增强记者的职业意识，培育他们的职业理想，从而逐步消除他们的职业倦怠。

第三节　如何培养新闻敏感

记者的新闻敏感需要培养，这是毫无疑问的，因为记者工作具有特殊性，他们需要

---

① 刘京林.新闻心理学概论[M].北京：北京广播学院出版社，1999.

发现事实，并对事实进行挖掘，提炼出新鲜的主题。从今后的形势看，随着社会网络的复杂化、精细化，记者的敏感也需相应提高。在培养的实践中，我们发现，记者的新闻敏感有差别，有的记者能够抓住最重要、最具有价值的事实，而有的记者只看到了一般性的东西，甚至有的记者对事实感受比较迟钝，看不出事实有什么稀奇之处。那么，无论是为了适应形势发展还是为了提高工作能力，都需要记者大力提高新闻敏感。提高这种能力应通过三种途径：一是"上头"与"下头"，即政府与群众，还有城市与乡村；二是社会关系网络，三是静态途径。前两种是传统途径，第三种算是一种依靠自身智力的创造性开发活动。

一、"上头"和"下头"

这在众多教材中已有交代，新闻记者培养新闻敏感应当抓好这两头。抓好上头哪些具体内容呢？（1）党政机关会议文件，这是很多记者采访时接触比较频繁的资料，这些资料往往反映领导指示精神，反映领导对当前形势的分析，对今后任务的布置，这对于记者了解全局，找准采访重点具有很重要的参考价值。（2）会议讲话。这与第一点有重合之处，凡是党政事业单位会议必有领导讲话已成惯例。这些讲话中蕴含着新闻源，涉及的事实背景等能使记者及时判断走势，抓住新闻，如果领导脱稿讲话则可注意的新闻点较多，更值得关注。但需要说明的是，上述两类材料有些抽象空洞，没有具体事实，直接利用价值不大，记者要善于从枯燥的概括中发现问题。（3）经验总结，材料汇编。如各事业单位的工作总结，也包括对先进人物的表彰和对存在的问题进行揭示的内容。对这类材料记者也要给予充分重视。除此之外，记者还要注意倾听领导干部工作之余的谈话，这不是正式会议、工作场合，他们的观点态度的流露比较自然随意。由于在非正式场合，领导状态比较放松，一些真实而重要的消息会在此时透露出来。记者此时学会倾听，不轻易插话，可能就会有意外收获。当然，这些信息都是零散的，不一定能派上用场，但以后用上也是有可能的。

下头的区域极为辽远广阔，主要包括普通群众生活的地方，偏远的地方，甚至人迹罕至的地方。在城市可谓之市井，在农村可称之为村落（乡镇）。现在记者活动的区域在扩大，但在下头活动的密度在减小，即使在城市，那些郊区、里弄、工厂等相对贫穷偏僻之地也较少被记者光顾。现在的记者容易被表面热闹所吸引，过于关注闹市区域，导致报道的新闻稀少甚至重复。历来名记者的作品大多出自下头，他们也多强调到基层去，奈何今日应者寥寥。

在上头缺乏应有的磨炼，而记者在下头则更能沉下心来，扎实地研究问题，并深入了解民情，由此打好事业基础。在下头，记者可以耳闻目睹自己都无法想象的来自生活的鲜活事实，了解到生活如此丰富多彩；厂矿企业远离都市人的视野，那么这些地方也有许多鲜活的材料，工业产业发展困境、原因及工人的想法等都是素材。在下头，不一定突发事件才是新闻，日常生活中群众话语里都包含了丰富的可开拓的新闻资源，所谓言为心声，很多民间的声音值得关注听取。

二、亲友、熟人等社会关系网络

上述两点属于传统培养新闻敏感的途径，还有一个动态培养方式，即利用亲友、熟人等关系网络。他们既是新闻线索的来源，又是培养新闻敏感的动态途径。经常向他们询问有关情况，不断进行判断甄别，由此能够锻炼新闻敏感。具体来说，有交谈、倾听、做事、联系等几种方式在实际中对记者有很大帮助。

（一）交谈

与人交谈，不仅是一个交流思想感情的过程，也是一个交流信息的过程。记者以多重身份与亲友、熟人交谈，即记者既是亲人、朋友，又是记者。有人会经常提到这样的观点，"忘掉工作，享受生活"，对于其他职业也许可以，但对于新闻记者则不需要提出这样的规劝，因为记者除了睡觉不思考问题之外，他就是一个雷达，时刻都应该捕捉信息；他又是一个身负报道使命的人。所以记者在交流中应有意识地辨别信息，哪些可以作为采访线索，哪些可以作为采访资料等，要自己做出有条理的安排。这样长期有意识地自我训练、培养，新闻敏感就会不断提高。

（二）倾听

记者提高新闻敏感的另一个重要途径是倾听。俗话说：说者无意，听者有心。当听到亲友、熟人交谈时要留心用心，暂时不去插嘴打岔，要先安静地听他们说什么或者趁对方不注意悄悄听他们谈话，很多时候他们所谈论的内容是关于生活琐事的，或评价个人情感的，有些琐碎的事情暂且放过也可以，但要特别注意别人说的其他内容。这固然有窃听之嫌，但言为心声，很多时候谈话会透露重要信息，仅仅为获取信息倾听谈话并不为过。记者长期锻炼就能提高自己的敏感，什么事有价值，什么事很一般，就能够自己判断了。

（三）做事

记者仅仅混在人群中听人交谈还不行，还需要以做事为掩护，在做事中达到与对方交流的目的。记者通过做事可以接触到更多的人，可以凭此知晓更多事实，记者在参与中增强了认知能力，新闻敏感也会得以提高。

（四）联系

记者与亲友、熟人常常走动，以职业意识审视对方言行，留心各种事情，可以从中发现新闻。与人联系不光是为了沟通感情，记者还可以在交流中找到有意味的事实，达到初步搜集事实的目的。大家有空闲一起聚餐（会）时，记者可以在联络感情中让对方提及一些关键信息以利于以后的采访。这种途径也便于培养记者的职业敏感，使记者能在交流中学会辨别哪些事实有新闻价值。

三、静态途径

这是培养新闻敏感的一条重要途径，有两个对象值得关注：大众媒介与知识资料。这两个方面虽是静态的但也是很重要的对象。通过接触大量大众媒介和阅读知识资料，记者会得到很多直接采访得不到的内容，因此，利用它们，从而获得新闻敏感不失为一条捷径。

首先，将大众媒介作为培养新闻敏感的重要途径。每一位记者都会面临新老媒体和同行采访的挑战。争先恐后去争抢新闻，相互不照顾不合作是很正常的现象。记者如何才能不落后、如何在采访竞争中不被淘汰，这就需要记者不断提高对新闻的敏感。一个重要途径就是先行对大众传媒的报道做出鉴别比较，别人已经报道在先，这时要想方设法超过对方，要么是抓好第二落点，力求找到新的角度，新的意义，要么尽力抓其他方面独家新闻。具体有这些要考虑的：对方的报道还有哪些角度没涉及？还有哪些内容可以挖掘？还有哪些方面没被发现？等等，经常进行对比、思考，新闻敏感自然会提高。当然也应注意到：当前大众传媒不断推动的娱乐化风潮，会使记者过于关注浅薄低俗甚至无聊内容，这无益于新闻敏感的培养。记者应当警惕这股不良低俗风潮，自觉关注民生问题，维护公共利益，增强责任感，这样新闻敏感也就提高了。

其次，丰富的知识资料帮助提升新闻敏感。有关知识的积累有助于提升新闻敏感的问题在后面还会涉及，这里则主要强调从阅读、收集资料中培养新闻敏感。"读万卷书，行万里路"这句古人的告诫反映了做学问的真谛，把它用于记者新闻敏感的培养上面也是恰如其分的。新闻敏感并不单靠采访实践得到，还需要在边采访边读书（收集资料）中逐步提高。"开卷有益"，书读得多了，思考得多了，问题意识就强了，有了问题意识就会主动研究问题，对于问题的敏锐捕捉能力就强了。同时，读书之外还得多收集资料以备后用。所谓书到用时方恨少，不注意平时积累，那么遇到某些事实，就不能有机联系，思维就无法活跃起来。在多读多思中，记者对事实的敏感才会提高。但由于新闻工作的特点，记者到处奔波身心劳碌，虽然也在不停地采集信息，但不少人无力也无心去学习什么新知识，更别说平时有计划地读书和收集资料了，长此以往，记者知识越来越贫乏，激情消退，工作业绩无法提高，职业敏感也随之下降。

再次，提高新闻敏感还可以从以下几个方面着手。

（1）及时学习掌握党的新政策新精神。

（2）要立足全局看问题。

（3）要十分熟悉点上的情况。

（4）知识渊博助敏感。

（5）要有新闻工作的责任感。

最后，从心理素质层面培育新闻敏感有以下三个内容。

（1）好奇心，如《小学生书包多重？七斤半》就是记者受好奇心驱使去探索，加上用心观察得到的新闻。

（2）锲而不舍的追踪精神，如《饭后闲聊，假菊花茶露馅》，就是记者通过聊天发现事实，然后一路追踪，找到造假源头，最终报道出来的。

（3）揭示真相的勇气，如《流泪的红豆杉》《一个退休高官的生意经》等，前者记者深入现场，揭露了国家一级保护植物云南红豆杉被扒皮的惨象；后者记者深入"虎穴"，直接采访地市级第一书记，揭露了腐败。

第四节　记者的思维方法

记者的工作主要是认识事实，那么如何认识事实需要方法，尤其需要思维技巧。诚然，每个学科都要求工作者具有良好的思维能力，讲究思维方法。与理工学科注重实际操作特点不同，人文社科类专业工作尤其需要思维方法的支撑，新闻传播工作即在这个大范围之内。思维方法即智慧，不少文科学生之所以发展后劲很足，善于应对变化，主要依靠的是多方面的知识积累和技巧方法。不讲思维方法和技巧，不吸收前人智力成果，只会瞎撞瞎碰，那么多半要走弯路。具体到从事采访工作的记者，那种仅凭个人探索的记者和学会将思维方法应用到实践中的记者之间存在巨大差别，那么前者可能要多走弯路，后者则上手很快。再进一步说，采访中思维方法的灵活运用，可以使记者左右逢源，迅速抓住重要事实，提炼出重要观点。在当前日益激烈的新闻竞争中，记者成果的取得主要不是靠体力、设备，而是靠智慧。那么具体来说，记者主要依赖的思维有：逆向思维、辩证思维、发散思维、统摄思维、超前思维和症候式分析，以下我们分别介绍。

一、逆向思维

逆向思维也叫求异思维，它是对司空见惯的似乎已成定论的事物或观点反过来思考的一种思维方式，敢于"反其道而行之"，从问题的反面深入进行探索，树立新思想，创立新形象。新闻采访不是难在采访事实本身，而是难在用什么方法去采访。面对一个大体定调的事实，记者按惯常的思维方式去采访，那么有新闻价值的报道就难以获得了。再说，人作为个体的弱点在于人往往有惰性，这些惰性束缚了人的积极性、能动性和创造性，使人与那些有希望取得的成果失之交臂。害怕冒险，患得患失，顺应当前，希望不费力气地做事是人本能的反应，按照惯性去做，自然少了风险，也就少了创造。当有人能够勇于打破思维惯性时，奇迹就会发生，新闻界不少名篇就是这样炼成的。

20世纪90年代后期，国有大中型企业改革成为舆论关注的焦点，媒体不遗余力地报道国企改革，贯彻中央提出的"三改一加强"（即改革、改组、改制和加强管理）政策，众多媒体记者总是盯住这家企业怎样改革，那家企业如何改制，总之，都是盯住企业如何在完善自我中求生存。这样的思路本身没有问题，但都一个腔调地这样采访报道，就使媒体记者、编辑很头疼，这种报道不仅思路趋同，难有新意，而且这种一个调子的报道，社会反响不大，舆论引导的效果有限。而此时《经济日报》的几位编辑、记者则另辟蹊径：既然大家几乎一致地想着把企业搞活，效果还不理想，那么何不换个思路呢？如何把企业搞死？对，就这个思路！于是《经济日报》推出了记者的采访《少数企业死不了，多数企业活不好》，一经刊登，社会反响极大，许多记者也恍然大悟，并自责：为什么自己就没有想到这一点呢？

这就是借助逆反、逆向思维取得的成功。逆向思维要求记者遇到事实时除了正面思考之外，还应该多从反面想一想。例如对一个先进人物的报道，一拨又一拨记者赶去采访，问的都是差不多的问题：工作是怎样做的？做出了什么贡献？有哪些成果？工作中有没有自己或者亲人生病而又顾不上一心扑进工作取得成绩的事？做出了巨大贡献，家人关系怎么处理的？这些问题反复被提起，被访者在一遍遍重复中也变得麻木了。平民劳模徐虎在一个晚上接受了不知多少拨的记者采访，而他的妻子坐在旁边睡着了，这个细节被一位记者以《劳模的妻子真累》为题做了摄影报道，引起人们关注。这说明，凡事不从流俗，想得深远一些才有收获。

培养逆向思维需要叛逆心理。历来社会俊才中不乏逆向思维者，他们不媚俗，敢于特立独行，标新立异，但往往被诬之为叛逆、叛徒。其实有自己的思想，有自己的主见，这对记者是有一定助益的，记者需要的是敢于坚持真理，坚持自己观点的品质。但现实还告诉我们，今天更多的青少年只从形式上叛逆，比如从生活方式、消费、服饰、言语上叛逆，还不能、不敢从思想上反叛社会流俗，不敢也无力反叛消费主义、享乐主义，遇事表现得非常圆滑和投机，容易选择从众和明哲保身。这也说明在拥有独立人格，听从内心方面，青年们还有很长的路要走，还有艰巨的任务要完成。

那么，有没有什么强化思维的训练呢？可以借助心理暗示，即遇到事情，许多人媚俗和随波逐流时，要提醒自己：我为什么要和你一样呢？在面对同一采访事实时，当其他记者团团围住采访对象问个不休时，我们能不能离开大家，到现场走走看看？当大家还在提问时，我们能不能审视思考材料，从中找到有价值的话题？当大家询问成就数据时，我们能不能多问些存在的困难和问题？在报道阶段，预计别人是否也会想到这些角度：成就、成果总结、干部带头、能人效应等。那么自己不重复别人的老路，独辟蹊径选择新颖的角度分析问题，提出解决对策，不是更有价值吗？

肯定逆向思维会促使记者独立思考，有所创新，但也不能将它绝对化，以为使用它能解决任何问题。这里提醒记者还有在校学生，思考问题不可总是走极端，凡事非得逆向一回，要灵活机动，因地制宜。因为除了逆向思维之外，还有其他思维方法。一个方法不灵，再换其他方法尝试。

二、辩证思维

辩证思维是一种多数人熟知的思维方法，因为凡受过中等或高等教育者，都接受过马克思主义哲学方法的教导。马克思主义有一个基本观点就是辩证地看待问题，有时也具体化为一分为二的思维。辩证思维有一个明显的好处：不使人片面、偏颇地对待事物。不可否认，人们在对待人和事时，还难免存在这样的问题：片面、绝对。记者不能客观地看待问题，就会导致有失公允的甚至错误的结论产生。在日常话语中经常出现一个人有了成绩，就"一白遮百丑"，一好百好了；而一旦有人犯了错误，就又一黑皆黑，一个人全完了的情况。对于一项技术发明的报道也会出现类似问题。电脑（网络）可算是最典型的科技产品了，但是今天也引起了有识之士的格外警惕和争议，所谓"爱之欲其生，恶之欲其死"，喜爱它的人拼命说它的好处，厌恶它的人则竭力抨击它害人的坏处。记者在采访中也会遇到这种情况：一个个患上网瘾的孩子，无心上学，完全沉沦，家长痛哭哀求无济于事，向社会求助谁能救救他们的孩子。家长眼中的网络成了十恶不赦的恶魔，是它将可爱的孩子拉下水，变成了不良少年。受此感染，记者也越发与家长的认识趋同，也痛恨网络对人的毒害。但问题是，由此否定网络的正面意义、作用是否就公平公正了呢？进入信息时代，人们怎么可能离得开网络呢？问题是怎样科学合理地利用它，将其作为一个有益的工具，而不是一个害人不浅的游戏玩具使用？这个难题在今后相当长时期内都是一个重大的社会课题。

辩证思维要求人们在思考问题时既要看到事实好的一面，也要看到不好的一面。当然好的部分与不好的部分要有一个比较，究竟哪个部分占了主导，要抓住矛盾的主要侧面。还以上面网瘾少年为例，批评否定网络带来的负面影响是有道理的，但是又不能将它描绘得面目可憎、一无是处，因为它还有它的益处。记者的采访可以因事实的性质和后果而偏向一方，可以指出其危害性，但也要尽量保证客观、公正一些，尽量不把话说绝。记者只要坚持一分为二地看问题，注意事实的主要方面，就不会过分偏颇地反映事实了。辩证思维也是对过去绝对化对待人和事物的一种反驳和纠正。

当然，还应看到辩证思维的核心是一分为二地看问题，这也会带来一个弊端：出现中庸滑头的思想表现。反映在报道中就是各打五十大板，先说这个事物的优点长处，然后再说它的缺点坏处，对于事实没有自己的思考和观点，事实也对也不对。采访事实固然要顾及双方，但不能总是不分是非轻重。

最后需要说明的是，运用辩证思维，就是要对事物做深入了解。在采访中要关注它带来的负面影响，抓住这一方面深入剖析探索，看问题出在何处，该如何去解决。凡事有一利必有一弊，世上本不存在有利而无弊的好事，所以也需要谨慎，防止偏听偏信，落入别人的圈套。目前很多老年人迷信保健品的众多神奇疗效，有些媒体也在大肆炒作，这是违反辩证法的。很多热销产品的信息在不经核实的情况下就被报道出来，这里就反映出记者轻信盲从，造成失实报道的问题。所以，坚持辩证法很有益处，能使人少犯错误，科学理智地看待事物，公正合理地予以反映。

三、发散思维

艺术创作非常注重发散思维，刘勰在《文心雕龙》中说道："寂然凝虑，思接千载；悄焉动容，视通万里；吟咏之间，吐纳珠玉之声；眉睫之前，卷舒风云之色。"[①] 以此形容艺术想象力天马行空，自由奔放。那么在采访中也需要发散思维，可以由别人的语句联系起过去的某个事物，眼前之景串起往昔之景，纵横古今，联结中外。这实际考验记者对事实材料的运用和组合，当然这里并非要求记者像艺术创作那样。

由于涉及剪裁艺术，也需要说明发散思维中"发散"之奥秘。发散思维是由此物想到彼物，或者更多延与此物有着紧密联系的他物。记者采访询问，展开由此及彼、由一到多的广泛深入了解，可使事实的触角不再局限于这一点和眼前，凡有联系的都纷至沓来。试举一例，关于香港回归的采访，记者身在港都，目睹政权交接仪式的举行和港民的欢庆，自然会联想到清末被迫割地而英国侵略者建城的历史。这种发散思维是很正常的，许多记者能想到，在出彩方面就看谁抓取的对比内容有穿透力。2008年9月，北京奥运会结束仅一个月，三鹿奶粉丑闻就爆发了，短短半个月时间，全国有6,000多名婴幼儿患尿结石住院。在此期间，记者分外忙碌，不断采访各地受害者和三鹿集团及地方政府应对补救措施。而有的记者则运用了发散思维，采访过去的奶粉问题，如回顾2004年的安徽阜阳空壳奶粉导致13名婴儿死亡，100多名大头娃娃出现事件，之后又转向横向联想：国外是

---

① 刘勰. 文心雕龙[M]. 北京：人民文学出版社，2001.

怎么管理奶粉和奶液的呢？查阅美国、英国、法国等奶业管理经营资料。这样纵横时空都能联想到，那么报道就厚重起来，不再仅仅是就事论事了。

发散就是联想，无拘无束、自由自在地浮想。由一点能想到许许多多，并能从中找到与眼前事实有关的内容，这是能放得开，收得拢的表现。仅仅抓住一点，不及其余是发散思维的大敌。在这里，记者的能力体现为能否散得开，思维能否天马行空。如采访治沙工作，记者可以联想到沙化的危害、中国四大沙漠不断扩张的原因、沙化的气候灾害沙尘暴、几十年的治沙工作部署、地方治沙经验，然后记者再寻找切入角度，采访到最佳事实，就可组合出上乘之作。

需要说明的是，发散思维任由思维"胡思乱想"，甚至不着边际地想，但有一个核心要素不能变，那就是事实。记者再怎么联想、回顾，都不能离开事实这个基础，也就是说，发散的内容指向都是实有其事，不是凭空杜撰的。发散思维以真实为基础，以真实始，又以真实终，变换的是事实的排列次序。这就是它与艺术创作中的发散思维的根本区别，艺术要以虚构为主要创作手段，虚构的结果是创造神似的艺术形象。发散思维用于采访，能够使思考不受种种局限，可以使记者大大拓展采访范围，有利于采访主题的升华。在适用范围上，发散思维可以运用于很多新闻采访类别中。

四、统摄思维

与发散思维相反，统摄思维是不一样甚至是相反的思考方向。如果说发散思维的核心是发散，那么这里的核心是收拢，由四面八方向一点集中。统摄思维旨在从各类事实中归纳出一个中心主题，使材料由分散走向集中。

记者在采访中会经常用到统摄思维。尤其记者面对众多事实材料时，如何下手是个问题。这个时候要梳理材料，归纳材料，从中找到体现一个重要主题的事实。近年来，因为自来水受污染而导致的供水中断事件频频发生。2009年7月，内蒙古赤峰市新城区因自来水污染而停水，6,000多人住院治疗，这是一起极其严重的事故。[①]面对这样的事实，记者可以采访的方向有多个：或者连续报道赤峰市水危机的全过程，或者报道事故原因，或者报道政府的态度、百姓的受害情况等。进入21世纪以来，全国接连发生城市供水因受污染中断事故，有2005年哈尔滨因松花江受到污染而停水的事件；有2007年太湖蓝藻爆发，无锡市停水事件；有2009年盐城因受化工厂污染而停水的事件等。即使围绕赤峰停水这次事故采访，也有政府的、企业的、受害者的、社会的等角度，那么加上多单位与人员与之有牵连，事实内容可谓千头万绪，如果再加上上述事实的参照，就更需要统摄思维了，记者需要对事实从多方归纳梳理，从中找到一条主线一个主题加以反映。在实际采访中，也有记者采取不同框架，如损失框架、控诉框架、救治框架等，不论使用何种框架都需要记者统一材料形成一个主题。事实不会自动生成主题，需要记者自己辨析与整合。尽管在有经验的记者看来，对此怎么采访是顺理成章的事：事实发生了，报道动态，结果出来了也及时跟进，既然可以连续报道，那就可以今天报道损失，明天

---

① 宋景军.内蒙古赤峰市水污染已致2,622人就诊[EB/OL].（2009-08-03）[2021-11-10].http://www.gov.cn/jrzg/2009-08/03/content_1382659.htm.

报道补救，后天报道修复。的确，记者可以这么从容不迫地一篇又一篇地采访报道出去，但是问题在于事实是不断变化的，好的角度也是稍纵即逝的，记者不注意抓住时机整合事实，那么时过境迁，好的报道也就难以制作出来了。

总之，统摄思维重在"统"，"统"既有梳理归纳又有整合之意，使分散的事实在一个主题的召唤下凝聚起来，形成一个有力的集合体。这与信息的一个特点颇有相似之处，这一特点是组合性，就是不同的信息可以被组织聚合在一起产生新的信息。那么，当记者面对丰富的事实材料时，要学会分析、分类，确立一条主线，将不同事实串联起来，使事实服务于主题，这样报道会更集中更有力。

五、超前思维

所谓"超前"，乃是指能够预想到，能够超出惯常思维想到下一步甚至更遥远。而在采访中，超前思维则表现为在已有事实基础上，充分预想到下一步如何发展，并在访问中落实自己的想法。其实，超前思维无非是古人智慧中的"凡事预则立，不预则废"的现代化体现，也就是要对未来事态发展做好预备，以防到时措手不及。提前做好应对，这是对未来的一种把握。这种智慧对于采访尤为重要。因为记者采访事实，总要考虑在受众前面，而不能有太多"马后炮"，既然这样，记者就需要在抓住眼前事实的基础上，联想到下一步，为受众提供以做防备的信息。预告未来以指导当前，这是超前思维存在的价值，也是它的独特魅力。

由于 21 世纪以来国内股市不断升温，股民队伍急剧膨胀，短短五六年时间，几欲达到全民炒股的疯狂态势，而且股市的迅猛升温使不少垃圾股也跟进赚钱，到股市投资的人越发增多。这些不正常现象引起了少数记者的警觉，他们访问上市企业，查询其实际业绩，再联系过热的经济投资，预见到股市的震荡。果不其然，到了 2007 年 7 月，股市出现了迅猛的"雪崩"，难以统计的股值缩水，大批股民的财富蒸发让他们欲哭无泪。事态的发展证明了记者的预见是准确的，记者利用超前思维为人们提供了有益的信息，能够指导行动的信息。

与国内少数记者正确预见相反，2008 年年初，猝然来临的美国次贷危机迅速演变为世界性经济危机，不仅给全球经济带来重创，也使得一向自诩为情报先锋的美国媒体饱受抨击，不少记者为自己没能预报到这场经济危机而愧疚。那么原因出在哪里了呢？择其要者，第一，华尔街巨头们大量收购媒体，迫使它们为自己的形象服务，不允许旗下记者批评自己，打击报复那些坚守社会公平正义的记者，使大多数记者、编辑噤若寒蝉。第二，广告是媒体的主要收入来源，资本的压力使媒体难以招架，记者对广告主难以批评。媒体在大集团中的位置越来越不重要，新闻行业的裁员使记者的日子越发难挨，从事揭丑报道已力不从心。似乎每个记者都是经济飞速发展中微不足道的小人物，人微言轻，记者采访报道什么都对社会起不了多大影响，即使报道了也会被迅速淹没。而危机，在人们习焉不察中酝酿、积累，终于给美国和世界经济带来了重创。

可见，这一媒体不能及时预警的教训极为深刻和殊为惨痛，超前思维的重要性在此就不言而喻了。记者对于事实的深入观察和了解，也要由此及彼，由眼前想到长远，着眼于将来的应对。例如，随着城市的扩张，对于水资源严重浪费现象，记者在采访中就要设想将来水危机发生了怎么办，就可以组织事实表达隐含的倾向，告诫人们不能再浪费水资源。

还有当前的挥霍攀比问题，记者就要预想到它带来的危害，以及社会为之付出的代价，还要预想到如何制止这股不良风气。有预见、有对策地采访，就容易实现新闻报道的价值。

当然，也须强调的是，预测是采访的主要目的，记者能够采访当前的事实但无法采访将来的事实，那么当前的事实是预测的主要依据。记者要在分析当前、观照以往的基础上做出谨慎预测。思维运用于采访，落实于报道，报道还要经受住时间的检验，记者不能因为预测的是未来的事情就不负责任，要让未来验证现在，但更主要的，记者要学会运用超前思维切实地为现在服务，为受众提供真实信息。

六、症候式分析

这里借用原北大教授蓝棣之的学术成果说明记者应当具有一种"找问题"的思维，这种思维原指"以文本的各种悖逆、含混、反常、疑难现象作为突破口，在寻找原因的过程中，寻找这些现象隐藏的深层面目，从原著中找出空白、沉默与沟壑"[①]。从原意理解，蓝棣之关注的是文本解读，他希望从文本中发现隐藏其后的没有直接表达出来的但又是更为根本的东西。有些文本的作者有难言之隐，不会借文章直抒胸臆，而是隐晦曲折地表达自己的情感。蓝棣之的"症候式分析"是依据文本进行寻找的过程，与此类似，新闻采访也是借客观事实寻找问题的过程。

> 关于症候式分析。症候本是医学临床用语，指在疾病状态下病人的感受，只可通过问诊获得。然而，我所说的症候，是作家不自知的，是无意识的。症候批评理论里的症候这个概念，直接出自精神分析大师弗洛伊德。他说精神分析以症候为起点，还说精神分析是精神病学的学科基础。弗洛伊德认为，神经病的症候，和过失及梦相同，都各有其意义，而且也像过失和梦，都与病人的内心活动有关系。梦本身也是一个症候，梦的构造与神经病症候的构造颇为相似。弗洛伊德在对一些艺术作品进行解释的文章里所使用的方法，可以说就是症候批评。他仔细研究与某些经典艺术形象有关的"疑团"，并且提醒说，这些疑团就掩盖着对理解这件艺术品来说最根本、最有价值的东西。[②]

寻找症状、症结是这一思维的主要任务。那么要追问的是，采访也有必要这么做吗？答案是有必要。因为在这个社会转型期，社会矛盾十分尖锐，有越来越多的问题迫切需要解决。解决问题的责任者是谁呢？政府、企业、市场、个人等都是，但现实中存在着政府失灵和市场失灵的缺陷，显然两者有时对此都力不从心，更期待其他社会力量的介入，如各类环保组织协助政府解决环保问题，慈善机构帮助那些穷困家庭，红十字会开展民间的救死扶伤等。但即使有这些机构还不够，远远满足不了社会的需要，社会呼唤更多的力量参与社会事务。此时，大众传媒的介入则是极为必要的，是一个很好的补充，因为它不仅有提供信息和娱乐的功能，还能够发现问题，采访报道问题。从这个意义上说，记者发现问题，反映问题也是其社会职责所在、任务所系。同时，一个媒体能够经常提出社会问题，有助于社会及时消除缺陷。

[①] 一土.21世纪：鲁迅与我们[M].北京：人民文学出版社，2001.
[②] 梁研.深入到艺术创造的生动内核中去[N].中华读书报，1999-05-19(4).

但是又不能不看到的是，当今媒体提出的问题太少了，记者个人发现并去采访的问题也少之又少。问题客观发生，却不会自动消失，它只会越积越多，会由量变到质变，引发更大的破坏性后果。

症候式分析的要害是发现问题，发现问题也是记者存在的价值。从这个方面来看，揭示比歌颂更有意义，因为前者能够使人直面惨淡的人生，促人猛醒，解决问题与缺陷；而后者虽可以使人保持乐观心态，但更容易麻痹人，使一些问题被掩盖。记者报道问题也使社会有了改进的机会，从而使其少犯错误。

一个社会以及组织、个人总有一些缺陷与不足，这就为症候式分析提供了运用的条件。但是，"当局者迷，旁观者清"，自身不易发现自己存在的问题，而站在局外人立场的记者才会更清楚、准确地发现问题。同时，作为一个国人很不情愿接受的事实就是：找问题与揭短、曝光等同于对个人的揭丑和羞辱，总之是丢人、不光彩的。另外，被批评者有时存在主观故意（道德败坏、贪财好利与营私舞弊、贪赃枉法等），外部揭露可能会使他的不正当利益受损，或者使他自身受到惩罚。由于以上原因，被批评者往往选择否认或逃避，于是冲突不可避免。这是今天记者发现问题、揭露曝光问题屡屡遭遇阻挠和打击报复的最根本原因。

记者须增强勇气，更须警觉地监测社会的阴暗角落，找到问题，予以报道。不过在当前，此类采访更强调理性、建设性，也就是减少对抗，增加建设性意见，与人为善，帮助其改正，促其进步。这是一种稳健的采访姿态，能够有效减少与采访对象的矛盾冲突。当然，问题意识不可缺少，寻找缺陷的钻研精神不可丢，需要的是变换方式去采访。而在今后的社会发展态势中，症候式分析会因能介入社会问题，促进社会良性发展而获得更多运用，发挥更大的引导作用。

以上介绍了几种采访中常用的思维方法，既可作为青年学生学习的参考，又可作为记者在采访中的具体借鉴，会对采访的快速深入开展起到积极作用。采访情况复杂多变，应随机应变，不宜拘泥于一端，变换使用各种思维方法。同时，在采访中可能只用到一种方法，也有可能会用到多种方法，原则是方法要有利于记者深入挖掘事实，深刻认识事实，完成报道任务，达到传播效果的最大化。当然也不可否认，有些记者不认同这些思维方法，他只凭经验判断，也能够进行一次次的采访，也完成了报道任务。这也是事实，他们可能是很有悟性的记者，也可能是缺少远大追求满足于将采访当成考核任务来完成的记者。不借助这些思维方法，也就拒绝了前人的智慧，那么这种采访也只会是低水平的劳动。

思考题

1. 简述对"新闻发现"的理解。
2. 谈谈新闻发现与新闻敏感的关系。
3. 如何理解新闻发现即在"有""无"之中？
4. 提高新闻敏感的思维方法主要有哪些？

阅读材料

《新京报》首席记者陈杰的调查感悟[①]

深入调查新闻事件背后的故事

通常情况下,我到一个地方考察不是拍照片,而是先做几天的调查,对违法的事实进行摸底,然后再拍证据,拍完证据以后再按照我们对图片的要求精益求精地拍影像和事件中人物的故事,等等。我们过去到一个地方,有的时候在没有充分调研的情况下,拿起相机就拍,凭着感觉走,实际上你并不知道你为什么这么拍,应当做更多详尽的调查之后再拍,就有目的性,把握问题更准确。

例如日本核泄漏事件,2011年3月11日日本大地震第二天我就抵达了日本,每天做大量的动态报道,所报道的内容按照事件的发展递进。我的习惯是,遇到任何重大突发事件第一要务是抵达核心现场,当时日本地震我们是第一批抵达核心区的外国记者,我当时到日本的时候,看到有很多中国记者都在东京等候,到灾区只有租车,而日本出租车司机都拒绝前往,因为他们收到的信息是灾区道路中断。我当时找到了一个中国台湾的私人车辆,他答应带我进去,不过一天要支付8,000人民币的车费和人工费。我当即拍板赶赴灾区。

5年后,我再赴灾区,是采访5年后依然被隔离的20平方公里的被福岛核电站爆炸污染的区域,而且我做了深入调查,这个地区包括污染区和非污染区,我采访了唯一一个在福岛生活的松村直登先生,他为什么在这个地方?除了其他主观的原因之外,还有一个重要原因是,他心疼在辐射区的许多动物没有人照料,一开始有几百头牛,还有羊、猫、狗等,还有鸵鸟、野猪,他使用世界各地募捐给他的钱,从北海道每年进大约8万美元的牧草,每天开着卡车去喂这些动物,现在日本的首相夫人也是他的粉丝,而且首相夫人还专门冒着核辐射的危险,到了他的住处,看望他,并为他题词。

实际上,我在报道一个宏大的事件时,往往会找一个小的切入口,关切事件中典型人物的命运的变化,松村先生有老婆和孩子,他把他们送到没有辐射的地方安居了,他留下来了,一年年过去了,东京的医生告诉他,他体内受到的辐射是全日本最严重的,但是,他没有选择离开,是因为,只有他能够照顾这些动物,而且,他习惯了这里的生活,也无所谓生死,他说,如果他选择出去,也许会给别人带来恐慌,也许自己会陷于饱受歧视的环境里,基于这个原因他一直留在这个地方,他觉得他什么时候死都无所谓,他照顾的那些动物同样受严重辐射,一个个相继死亡,他说,埋完最后一个病死的动物,就不再有遗憾了。

持续跟踪报道新闻事件

我会对一篇报道进行持续性的追踪,例如关于悬崖村的报道,这篇报道出来后,高层

---

① 陈杰. 从腾格里沙漠到悬崖村报道, 如何挖掘新闻背后的故事 [EB/OL].(2017-07-21)[2020-02-03]. https://www.sohu.com/a/159003298_723519.

很重视，地方官员也立刻行动起来。

报道完悬崖村之后，我接着又返回悬崖村，做追踪报道，我想知道之后孩子们怎么去上学，当地的官员要求村干部告诉孩子的家长，不能够再带孩子走天梯了，而是绕道十几公里的险峻山路，我跟随在孩子们的后面，走在这条充满艰险的道路上，一路上有泥石流区、滑坡区，要钻山洞，蹚溪流，过断桥，6个多小时的行程，孩子们渴了在路上找溪水喝，饿了到经过的村子里吃土豆。

多走十几公里就是为了绕开天梯，孩子们非常疲惫，有的都累得虚脱了，有的孩子鞋都走烂了。为此，我连续做了几篇报道，包括对村民为什么不搬迁也做了报道，包括儿童节孩子们怎么过的，在儿童节，悬崖村的孩子们跟平常一样，干家务活，放羊等。

当地政府迅速招标了修路的施工公司，在8月份动工修钢梯，到11月份修好，在钢梯修好前，学校不再让孩子放假回家，采取了全寄宿制，孩子们的食宿都是政府补贴，等到钢梯修好了以后，孩子再走安全的钢梯回家。

一个报道就可能是一个杠杆的支点，有时，作用不可估量。

过去记者和律师在一起沟通往往是关于刑事案件的，现在在中国，记者、律师、环境公益组织、环境问题专家，在关于中国环境问题上的推进，已经形成了一股合力，这是非常好的现象，记者在这些力量的支持下，不至于盲人摸象。所以，记者要利用好这些资源，大家有机会可以多拓展自己在这些领域的"朋友圈"。

新闻要有人文价值

曾经有一个著名摄影师说过："我看不惯一些摄影人，到了一个地方，就急于拿起相机拍，那是无礼的侵犯。"摄影者首先要站在旁边观察、了解，如果想记录一个人文的东西，必须跟它有很深入的情感交流，对该文化有一定认知后再去拍摄。

还有一个启发，来自一个影像人类学者的工作智慧。他记录一个东西，批判一个文化、一个体系的时候，他不吭声，他只是通过一个事件中的典型人物的讲述，把过去不同时期的历史串联起来，所有的变化都由此体现出来。这些都是来自他对历史的认知和个人的视野，他显微镜式的观察方式，让如常的东西，在这个时代现出原形，看似庸常的采集，实则包含他对个人历史的用力记载。

没有什么东西是不可以表达的，你要智慧地表达，不要非得对抗某种东西，所有的东西都会呈现在你的面前。

第七章 新闻采访的"进场"与方法

本章要点

第一节 采访的准备与"进场"　　　第二节 采访中的观察

第三节 采访的基本方法

新闻记者的采访是一门学问，主要是关于社会交往的学问。在这门学问里，记者要学会"进场"，就是学会和采访对象打交道。在这个过程中，记者要熟悉自己面对的领域、面对的人。在各种采访中，记者还要能够驾驭场面，能够掌握基本的交流方法和观察方法，接近信源，深入了解事实的各个方面。掌握了基本的采访方法，才能成为一个业务达标的记者。

第一节　采访的准备与"进场"

采访之前要做好准备工作，这分为平时准备和临时准备两个方面。平时准备，指的是不以某一次采访活动为目的的经常性准备；临时准备，是指以完成一次具体报道任务为目的的采访前夕的准备。要做好平时的准备工作，记者就要做个杂家，广闻博取，通过各种途径获取资料，存储资料，还要获取和积累社会活动、人际交往信息；临时准备包括对采访对象的了解，对采访器材的准备。做好采访准备是采访工作成功的基础，要将两种准备工作结合起来进行，在此基础上，还要建立自己的信息网络。

一、记者要有自己的"场"

记者要建立起自己的信息网络，这就涉及"场"。"场"这一词借用了物理学的概念，一般有"磁场""电场"之称。"场"可以理解为区域、范畴。而用在采访主体上，则有"领域""圈子"的意思。一个记者处于今天的采访环境里，更需要有自己的场，即圈子。这个圈子多指活动的、能够接受新闻信源的范围。一个记者不仅要有朋友，还要有自己多领域、多层次的信息源，或者叫耳目。

这与过去的记者采访大不相同。中华人民共和国成立之初很少有都市类媒体，像报纸几乎是清一色党报，也有极少数晚报如《羊城晚报》《新民晚报》等，但所占比例极少；也有电视台，但基本播出党政新闻，频道非常稀少。总之，媒体偏少，记者不多。记者的采访大多局限于"上头"，即党政机关和事业单位，对于"下头"也有关注，但是"上情下达"远远没有占据主流，记者的采访更多的是跟着形势走，活动区域非常有限，可采访的内容偏于稀少、贫乏。20世纪80年代改革开放开始，全民奔向勤劳致富之路，社会生活开始丰富起来，社会行业开始增多，人们的流动变得频繁，由此熟人社会逐步让位于陌生人社会。到了20世纪90年代，市场经济体制进一步解放了人们的思想，于是更加绚丽的生活大幕拉开了，记者采访的天地突然变得宽广起来。以都市类媒体崛起为标志，与往昔不同的场开始出现了。记者活跃在社会众多的阶层和行业中，捕捉那些新人新事物，推出令人眼花缭乱的事实。过去谁能想到有那么多奇闻逸事隐藏在社会生活中呢？交通运输业、服务业、中介、培训等新产业，慈善、公益、环保、医疗等公共事业，小企业主、个体户、经纪人、农民工、自由撰稿人、UGC（用户原创）等新阶层新行业涌现出来。新媒体出现兴旺之际，就是新型记者营造自己的场的时期。记者要自己跑出去看，面前是一个广阔无边的天地，不一定有固定的采访对象，没有唾手可得的材料，一切主要靠自己，自己要去闯出一片天地，获得丰富的信源。

至此，所谓的场，就是记者的信源与社会关系。通过它们，记者能够得到可靠消息，及时采访到许多自己需要的内容。记者采访的现场往往没有接待人员，随机访问的群众、负责人与媒体的利益不直接相关，想说就说，不想配合转身就走，记者也无可奈何。所以记者要有自己的信源，就是保证会有人主动提供消息，也能临时找到那些可采访的人。这可以说是记者的本事，体现了记者对信源的驾驭能力。记者要进场，就要经营利于自己采访的关系网络。要交朋友是一个方面，更为重要的是要知道如何找到场，由此顺藤摸瓜，接近信源，得到第一手资料。

地方记者对自己所在的城市、地区熟悉，对常跑的行业圈子熟悉，一有事情发生就能快速反应，及时赶到，一番探访之后得到采访材料，由此记者的任务就算完成了大半。而全国性记者得到赴地方采访的任务后则要匆忙赶赴采访地，这些地方很可能是他们从未去过的，怎么采访？主要靠快速进场。在当地人生地不熟，记者从何入手？记者从边缘入手也能够迅速进入采访氛围，如与出租车司机、宾馆服务员、饭店主人、路人等套近乎，缩短心理距离，不断地打听情况，获得线索，很快就能熟悉当地情况。进场就是迅速熟悉采访环境，接近信源，为顺利采访打下基础。老练的记者都不会被陌生的选题和地方难住，主要是学会了快速进场。

二、到有关单位的采访

现在记者的采访与以往不同的是更多地面向市场，记者要自主确定采访目标和内容，采访目标可分为两类：有关单位和广泛的社会。采访目标不同采访流程也不同。我们先论述到有关单位的采访。

到有关单位采访，记者需要考虑下面几个方面内容：意图、约定、进入、进题、倾听、验证。这几个方面是循序渐进的，一个环节接一个环节，共同构成了一个相对完整的访问过程。

（一）意图

记者采访要首先明确自己的意图：我为什么要采访？目的是什么？由于要去一个固定场所，可以从容做准备工作，设计合适的问题，列好问题提纲。事先要考虑周全，对很多可能涉及的问题也要考虑进去。记者除了要准备好采访提纲之外，还要把自己的意图向采访对象表达，告知对方要采访什么，主要目的是什么，让对方掂量事实是否对他有利，对他有利的他往往会爽快答应，对他不利的他恐怕就会有顾虑了。为了打消对方的顾虑，记者需要掌握一定的说服技巧。

（二）约定

在对方明确记者意图之后，记者需要做的是与对方约定，约定时间、地点及相应的条件。条件包括对方要准备什么材料、物品、车辆及提供哪些知情人员等。现代社会工作节奏比过去快很多，采访也要讲求效率。记者在确定具体的采访地点和时间时，要保证双方都能有合适的时间、地点和心情交流，记者不能一厢情愿，越俎代庖，行事鲁莽。其实约定既是为自己采访留有余地，又体现了尊重对方。所以，比较合理的约定也是双方顺利交流的前提，也为成功采访打下了坚实基础。

（三）进入

在约定的时间、地点，记者要去采访对方，就涉及一个进入话题之前的预热。具体来看，记者在事先约定的时间进入约定地点去采访，一般的礼节是：进入之前（在办公室、工作室）应先敲门，以示礼貌；在得到对方回应后推门进去，看对方神色如何；对方一般会有先让座，后上茶的寒暄，这时记者如何回应呢？是无动于衷，端坐一边任其伺候，还是及时应答"不用客气"，并客套不让对方进一步忙碌？一般记者应选择后者。当然，这里还存在着新人接触与熟人故交的区别。新人对采访对象来说还是有客套的压力的，因为对陌生人尤其是记者来访一般不敢怠慢，要是熟人朋友那么采访对象会轻松很多，虽有让座让茶之举但心理感受是不一样的。所以记者要自己掂量清楚，不可混淆对待。采访中也存在一些记者"见面热"的情况，即初次见面就犹如见老朋友一般随意随便，这样固然能使对方放松，但这需要一个具体的氛围把握，有些人喜欢记者这样，而且热情回应，与记者很快熟悉起来，这时采访切入正题特别容易；但有些采访对象可能另有想法，说不定会认为记者举止轻浮，不够稳重。所以，记者也需要"到什么山上唱什么歌"，应学会察言观色，善于照顾对方情绪，切不可任意而行，随心所欲。随着双方由寒暄到深入正题，记者的兴致会不断高涨，双方的交流会逐渐畅快起来。

还有一个问题是着装。着装要"入乡随俗"，根据采访对象和场合而定。有些记者只从自己的感觉出发，自己觉得好看时尚就以为不错，而不考虑对方的感受。如去党政机关、文教单位采访，有些年轻记者套着破洞裤，穿着拖鞋，浓妆艳抹地就到采访对象办公室采访，显得很不庄重；还有的记者穿金戴银，身上装饰太多，容易让对方感觉不自在；至于一些青年文身、穿耳洞更难让采访对象接受。采访对象内心产生排斥，采访氛围就不融洽了。所以，论及进入需要注意的，包括言语、神态、着装等方面的细节，这些细节也都是日常生活中记者应当注意的，也是稍加用心就能做得很好的。但这对一些我行我素惯了的青年记者来说是个挑战，但既然进入这个行业，就应自觉遵守一些行业规范，营造良好的采访氛围，让双方都有一个好的交流基础。因此，从这个意义上说，进入是采访的前奏，进场与寒暄和双方的探底也是一场交锋，是智慧的比拼，一方要取，一方要予，而予者并不一定心甘情愿轻易地给予，所以进入时不能随随便便，记者要用心。

（四）进题

接下来进入正题，进入正题也并非那么容易，因为对象除了有木讷寡言和能言善辩的区分之外，还有是否愿意配合的区别。愿意配合的采访对象，在寒暄之后会看着记者，意思是说："有什么问题，尽管问吧。"即使记者不开口，他们也会主动问："需要什么？"记者需要什么？不就是关于事实的材料吗？但这个材料怎能轻易给你呢？事关重大的材料给你是要担责任的，否则就叫泄露单位机密，重的还会惹官司。因此记者打消对方顾虑，进入访谈主题，达到如愿以偿很重要。理想的采访对象知道记者想要什么，但还有一些采访对象需要记者的启发引导，在采访对象不愿回答的情况下记者要故意激问，所谓劝将不如激将，或者故意错问，逼着对方说出实情。

其实在进场之后能否进入正题，也要看双方的博弈。语言表面看是语言，实际上语言背后反映的是双方的智慧与能力，在你来我往的语言表达中，一个要一个给，没有想象中那么简单。有时记者寒暄没有两句，也不感受揣摩对方的心情就直奔主题，在要求对方谈情况时还用命令的口吻，会令人不舒服，使人产生逆反心理，之后哪怕记者说的话非常合理，对方也会感到刺耳。在这种情况下，要达到"竹筒倒豆子"的良好采访效果就很难了。可见，展示实力是在尊重对方的基础上显示自己的修养、学识，使对方既觉得没有受到轻视，又感到对记者的问题不回答不行，这时采访对象会愿意配合下去。

同时，采访也需要在必要的铺垫之后很快转入正题，提出对方感到有价值有水平的问题。一般而言，闭合式问题具体而较好回答，开放式问题回答的空间比较大。因此在进入正题后应当多提开放式问题，使问题既有一定自由度，又不会空泛。王志的采访提问给了我们不少启发。

王志的提问一向尖锐犀利，发人深省。面对采访对象的回答，观众已经相信了，而王志还是不相信，他还要进一步求证，有时甚至忽略了对方的承受力，直到采访对象给出比较明确或全面的回答他才终止，这也让观众更接近事实真相。

例如，《王海："刁民"立法》这期节目中的一段对话。

> 王志：危险更大，你愿意做，是不是面对更大的利益，危险可以忽略？
> 王海：现在我想主要的问题，不在于一个利益，而是现在我们做这样一个事情，实际上是把它作为一个理想来追求的。
> 王志：你的理想是什么？
> 王海：我的理想就是从根源上解决假冒伪劣损害消费者权益的问题。
> 王志：王海不会做没有利益的事情，你的利益是什么？
> 王海：我想我们大家对利益不要用狭隘的眼光来理解，我的利益包括物质利益，也包括精神利益。
> 王志：你不担心你对商业利益的考虑会影响大家对你的信任吗？
> 王海：不担心，我们只是提供一方面的意见，其他的人可能会有其他的立场，我想对我们的怀疑，对我们的质疑没有必要。
> 王志：如果说这件事情做到最后，没有出现你所期望的商机，没有你个人的利益，你会停止吗？
> 王海：不会停止。
> 王志：二者如果只能选其一的话，你会选择哪一样？①

在这段对话中，王志始终围绕着"利益"二字不断提出质疑，通过正问、反问、设问等多种方式紧追对方回答，针针见血，让对方无法回避。王志问道："王海是不会做没有利益的事情，你的利益是什么？"他说这句话是为了挑起王海的反驳，但王海最终还是委婉地回答了他的问题。当王志从正面提出尖锐问题没有得到对方明确回答时，他会暂时把话题引入另一个方面，让对方放松警惕，然后再找到一个适当的切入点把问题重新抛出来，直到对方说出自己内心真实的想法。比如，在这段对话的末尾，王志还在质疑，他让王海在商业利益和个人利益之间做出一个选择。这个问题同样尖锐，不管王海最终会选择哪一

---

① 李毅. 王志的主持风格[J]. 新闻传播, 2005(8).

个，我们都可以从中看出他的利益取向。质疑贯穿于王志采访的始终，尤其是当采访对象面对选择、冲突和矛盾时，他总是很直白、很明确地和盘托出自己的疑虑。

（五）倾听

听取对方意见有倾听、谛听之说，倾听应该是记者的基本功，会不会听是记者的本事，为什么这么说呢？因为现在有些记者在提问之后不太专注于做记录，或者主题先行，或者心不在焉，用自己的想法诱导对方的观点，已经显示出一种不尊重姿态。采访不仅体现一种你索我予的关系，还体现了一种交流的关系、互馈的关系，当别人正在给你提供事实材料的时候，要充分重视，要显示出极大的兴趣，哪怕对方说得非常难听，也要忍住，不听不闻会让人觉得记者目中无人，这会令对方心中不快，以致影响言行，对方不配合，采访就难深入下去。还有时采访对象的回答可能不正确，或者采访对象的说法不是记者想要的，怎么办？这时候粗暴打断是不礼貌的，要及时或恰到好处地转移话题，使对方不至于难堪，也相对节约了采访时间，有助于采访再次回到正题上来。

倾听的过程，也是辨别正误的过程，因为索取者与给予者的立场毕竟是不同的。索取者必然不仅为自己，还是为广大受众获取事实真相，而给予者必然因个人利益、团体利益而有所保留，会隐匿与己不利的内容。这些方面记者要心里有数，要学会甄别，并在倾听中选择自己需要的内容。

（六）验证

这是说记者在对事实进行求证时，不仅要求对方解疑释惑，而且要随时准备根据情况否定对方的回答，特别是在舆论监督方面。面对纷繁复杂的事实，记者不仅要听取事实，还要有一个辨别的能力，使自己始终在提问中处于主导地位。这样一是可以保证记者追踪事实过程中思路清晰，脉络分明；二是可使记者不至于被对方迷惑，失去主见。现在有些记者阅历不深不广，难以识别真伪深浅，对世事经验浅薄，采访对象在有空子可钻、有机可乘的情况下回答的内容难免真假混杂。记者在倾听时要验证，在询问和记录时也要有质疑的精神，不怕气氛不和谐或对方出言不逊，要敢于提出疑问，让事实真相浮出水面。

有些记者在采访中仅仅忙于记录，思路还没有跟上，由此可能遗漏一些重要问题和一些必要细节，验证也是对细节确认的过程，可以在采访中间也可以在采访结尾进行。在采访的中后期记者需要斟酌，有没有什么疑问和遗漏，有没有什么时间、地点、数量、名称等方面的要素还不清楚，甚至采访对象的姓名、职务、职称、头衔等都要问个清楚，要丢掉不好意思的心态。有些记者非要等到结束之后打道回府了才打电话进行核实，此时对方会有不一样的反应，另外，毕竟时过境迁，再问一遍也显得自己采访得不够深入，不够认真，也不一定找得到合适的人，还会耽误截稿时间。所以验证应当放在采访的中后期，争取现场完成，努力做到不留死角，不留遗憾。

以上就是对记者到有关单位采访的步骤进行的一个分类说明。主要供职于党报、党刊、党台的记者会有这些环节，一般会沿着这样的步骤进行。当然也存在记者对社会问题采访了之后又求证有关单位的环节，《焦点访谈》等曝光批评类节目一般都是在摸清事实之后才去主管部门"要个说法"。

三、社会领域的采访

与以上到固定单位采访不同，社会领域的采访则要求记者面对广阔无边的社会生活，接触纷繁的事物、形形色色的人物，这对记者来说具有极大的挑战。这种采访具有这样几个特征：随机挖掘，迂回探究，暗访的风险性。

（一）随机挖掘

这是记者经常遇到的情况，记者不是有备而来（往往是接到报料赶赴现场）的，并非目的明确，也不是已经预见到，只是临时遇到情况。虽然传统媒体已经不景气，新媒体的各种娱乐性信息层出不穷，传统媒体的采访报道仍然占据重要地位。传统媒体依然是社会公众获知信息的主要途径，只不过接收的形式发生了改变，人们更多的是用"三微一端"（微博、微信、微视以及客户端）接收信息。有些新闻虽然是随机遇到的，但最终质量较高。《饭后聊天，假菊花茶露馅》以及《称称小学生的书包有多重？七斤半！》都是记者在工作之外遇到的事实，然后记者紧紧抓住挖掘写出了高质量的新闻。

要善于把握机遇，快速反应，获得有价值的新闻。记者活动的随机并不代表采访漫无目的，记者要时刻准备发现新事物和新动态。如一个人每天会遇到很多事，但因为很多事与己无关他们就将它们放过，或者熟视无睹，即使有人出车祸（这是具有极大看点的，因为某种心理和视觉匮乏），个别人将它报给媒体，大多数人只是看看热闹而已。记者则不然，恰巧遇到了，职业意识促使他去过问，力图报出一条新闻来。一个人反映所居住社区的问题（如卫生、治安、管理、文明等），他只是出于保护个人、集体利益而出头露面，至于这种问题有多大新闻价值，反映出什么突出症结，则不是他考虑的内容。但这是记者要考虑的，对记者来说，功夫不负有心人，机遇偏爱有准备的头脑，对碰到的有报道价值的事实，记者应立即调整状态，展开缜密的调查，从而获得良好报道成果。

（二）迂回探究

在社会领域的采访中，记者的身份是个重要问题。不同于去某个事业单位的公开身份的采访，记者在社会中的采访往往不宜公开身份。在遇到一件事情后，记者要打听事实，被问者没有义务回答一个素不相识的人的问题，也可能回答，也不一定就热情反映，一则因为社会伦理情势的变迁，现在古道热肠的人并不多，二则利益相关容易使人们有利则积极，无利则消极。那么记者只顾追问事实会促使人积极回答吗？答案很可能是否定的，尤其当记者在这种形势下亮出身份，更容易使人退避三舍。不宜亮出身份的原因除了没有义务之外，还有一种不利后果的预设，一些采访对象认为对记者交代事实会暴露身份，经媒体刊播会带来不必要的麻烦。中国人说话做事非常讲实际，至于爱上镜头或羞于上镜则不一定是主要原因。

很多时候不亮明身份，与采访对象交朋友、套近乎反而更有利。通常情况下，在社会领域的媒体记者作为一个外来者、贸然闯入者，容易使采访对象产生戒备心理，这时候记者要搭讪，套近乎，使对方产生被尊重、被满足感。对方产生好感后，记者抓住时机，可以询问一些简单问题，也可以步步深入，问得详细些；但同时记者不能太急切，不顾对方感受问个不休，使人感觉记者想要刺探什么情况，记者只能循序渐进，在让对方得到好处、甜头后与其聊天，只是以闲聊为主，对方不会损失什么，对方也就愿意跟记者聊一会儿。记者不能总盯住一个人问，还需要及时转换。这里记者的隐匿身份，是适度的隐匿，不是绝对的隐匿，而且是否隐匿也看具体情况，隐匿到何种程度也要视情况而定，有的记者到采访最后才亮出身份。在这方面有许多高水平记者的成功经验值得借鉴。

（三）暗访的风险性

除了隐匿身份，还有一个情况是隐性采访，即暗访，这种情况下，记者除了要隐藏真实身份外，还要小心谨慎地采访，因为这种采访主要目的是监督，具有很大的危险性。现在由于社会中被批评者对采访者有强烈警觉心理，记者开展这项工作的难度增加，但这种采访具有示范意义。

首先，它是维护社会肌体健康的重要保证。在这个社会转型期，矛盾与冲突不仅不可避免，而且在局部有加剧的趋势。社会心理失衡引发的群体事件让管理阶层感到不安，这种失衡是贫富差距拉大和违背公平正义问题导致的，少数巧取豪夺、腐化堕落者被惩治力度不够，拜金主义、享乐主义、消费主义、个人主义在一些地方流行。除了法律、道德、制度，还需要引入更有效的力量，这就是监督，这种监督今天则主要依赖传媒特别是网络的揭露。

其次，承上所述，传媒是社会软监督中最为有效的一种力量。借助于强大影响力，传媒可以在极短时间内将一件事传遍地球的每个角落。"要想人不知，除非己莫为"，一旦做了坏事，传媒以及它的使用者就会发现，有可能就此传播出去，谁也无法一手遮天。随之而来的就是一个人被迫承受千夫所指和别人的品头论足，一旦人的名誉扫地，人设崩塌，就无法在公众面前抛头露面。

阳光是最好的防腐剂。传媒（网络）就是阳光，它能照进现实，让那些丑恶行径、不良行为无所遁形，使得监督对象唯恐避之不及。媒体记者四处出击，寻觅察访，揭出丑行，由此社会风气得以逐渐净化。

再次，合法的采访和监督是社会进步的强大推动力量。缺少监督的社会必然混乱不堪，乱象迭出。"权力产生腐败，绝对的权力产生绝对的腐败"，有了媒体监督，社会的腐败和丑恶现象会大大减少，媒体不仅及时披露那些作奸犯科者，制约不良行为的发生，而且促使更多人积极转向，追求品行美好的一面，向真、向善、向美，由此良好的社会风气产生，更多的人性健康的一面也会被激发出来。

以上论及的是隐性采访和监督存在的必要性及意义，接下来的问题是，如何开展这项工作呢？显然，这不是一般意义上的采访，而是冒着巨大风险的调查，因此需要慎重对待，周密策划又必须注意方式方法。对于批评揭露对象，记者要巧妙接近，迅速取得其信任，诱之以利，取得第一手资料，在尽力周旋中完成采访，然后再寻找合适时机脱身。具体来说有这样几步。

1. 接近采访对象

要尽量接近采访对象，这是采访成功的基础。如对于制售假冒伪劣产品的行为，记者要想法接近，一是乔装打扮，改换身份装作买主；二是大方进入现场，不可动摇犹豫，采访中沉着镇定，稳住对方；三是不动声色，善于观察，用眼记录。而询问的无非是价格、数量、风险、购买方式等，这个既要详细询问，又不能只问而不动，表现出没有购买意愿或购买热情，这样卖主会产生厌烦或警惕心理，如果再话不投机，暗访就难以进行下去，甚至有可能暴露自己。

2. 迅速取得信任

要在短时间内取得信任很难，但至少不要引起对方怀疑。作为卖方最关心来者是否购买者，也以求利之心打量来者，往往从其言谈举止判断买与不买或是否另有所图。这时候，记者需要极力与对方套近乎，拉近距离，这与平常采访技巧差不多，以爱好、利益等拉近双方距离。商人最关心买卖，而记者则可以诱之以利，使其心动愿意配合，成熟的记者掌握主动后，能够在与对方随意聊天中了解到要害问题，甚至能迷惑住对方，进入制售现场掌握第一手资料。

3. 尽量进入现场，掌握第一手资料

记者与卖主谈生意到一定火候，对方放松了戒备之心后，记者就可以顺理成章地提出看货检查生产现场的要求。如果卖主觉得多此一举或起疑心，记者就需摆出正当理由，以数量多必须谨慎为由或其他理由打消其顾虑，然后自然地在卖主带领下进入现场。进入之后，记者要不露痕迹地检测，察看，包括生产环节及原料等。这时候表面上要显得自然，但暗地里需要迅速用眼记录。有时候，记者是冒充生产者的亲戚、熟人进入现场的，如果偷拍偷录中被发现遭到盘问，记者要尽量与其套近乎，消除误会，然后找理由迅速脱身；或者感到危险之际，就想办法迅速撤离现场。

4. 寻找机会脱身

当现场采访目的达到，掌握了第一手资料之后，记者接下来就要考虑脱身，找一个没有破绽的理由离开。面对卖主急切要出售的心理，记者如何稳住对方呢？这的确是个难题。有的记者会告诉对方，对产品非常满意，过几天会来进货；或者说自己还做不了主，需要请示之后再定；或者说来得匆忙，现金准备得不够；或者说看看别的再做决定等，卖主肯定感到失望，费了很多口舌，还让"买主"看到了生产、库存现场，买主却说不要了。这个时候，记者要安抚卖主，不能惹恼对方，可以坐下来再商量几句，给对方留有希望，甚至留下一些押金使对方有一个期待。离开时记者千万不能匆匆忙忙、慌慌张张，可能会导致对方的追赶盘问，会引来人群围观，到时候脱身就困难了，说不定会遭受巨大人身威胁，所以沉着应付是首要技巧。下面是《新快报》记者翠峰的隐性采访过程。①

黑水浸泡臭萝卜

"花都区新华镇是劣质酱菜的加工集聚地！"8月1日下午2时，记者根据阿强提供的线索，来到新华镇新街大道东铁路煤场旁的一个破旧的小院中，老远就飘来臭气熏鼻的味道，并隐约传来阵阵机器的轰鸣声。小院周边都是一层低矮的临时工棚，记者在整个小院中探寻了3圈，却无法找到酱菜工厂。

"你干什么的？"就在记者转悠时，工棚旁的一个小屋中走出一个中年妇女对记者厉声问道。"买酱萝卜的！"记者答道。"这里几家工厂都搬走了，你快走吧！"中年妇女瞧了记者几眼后说。

无奈下，记者打算离开。此时，一辆大货车驶进院子，迅速在靠里的一个仓库前停下，

---

① 翠峰. 有毒保险粉炮制美味酱菜[N]. 新快报，2006-08-04(6).

原来紧锁的大门开了。记者迅速朝仓库走了过去。

仓库足有400多平方米，在昏暗的仓库中十多名男女工人正在专心地制作萝卜干，甚至记者的到来也未让他们察觉。6名女工在不停地将大量的干萝卜条扔进切割机中，伴随着切割机的高速运转，萝卜丁落在了黑乎乎的水泥地上。随后，一男工操起一条水管朝一大堆散发出臭味的萝卜丁上冲水。

不到一分钟，另两名赤膊的男工一边嘴中叼着烟，一边拿起铁锹将地上的萝卜丁装进了一旁的大桶中。没有风扇和空调，全部赤膊的男工早已汗流浃背。大桶中装满萝卜丁后，男工们开始将放在一旁地上的白色晶体物、红辣椒粉倒进大桶中，随后拿起木棍不停地搅拌着木桶中的萝卜丁。

大约3分钟后，搅拌停止了，一名赤膊男子快速将桶中的红色萝卜丁装进纸盒。记者看到，纸盒外标有"东北特产"、"兰花"牌风干萝卜丁，而产地却标明"武汉龙阳咸菜加工厂"，除此之外，没有任何生产日期及许可证号。

有毒保险粉漂白酱菜

"你找谁？"此时，从大货车上下来一高大男子，他在仓库中见到记者惊讶地问道。"来买你们萝卜的！"记者答道。该男子放松了对记者的警惕，他问记者"要买哪一种"。记者谎称是广州某大型超市的采购员，要带些回去给领导看看样品。该男子听后殷勤地向记者介绍起来："我们这里生产环境虽然差，但味道一定让你满意！"他告诉记者，这些萝卜丁都加了添加剂，"保质期肯定超过6个月，而且卖相特别好！"

该男子带着记者参观了其设在加工区一旁的仓库，记者看到里面摆了千余箱刚生产完的萝卜丁及酱萝卜，而仓库一较阴暗的角落里堆满了黑乎乎的萝卜干。"你们真厉害，这么黑的萝卜干都被你们弄得那么漂亮！"记者试探地说道。"其实只要加上足够多的保险粉就行了！"该男子说完，立即问记者要带多少箱走。为了安全，记者以每箱9元的价格买下了两箱"风味萝卜丁"。就在记者要离开这臭气熏天的黑加工厂时，记者吃惊地看到，一名女工竟穿着鞋踩在已调好味的萝卜丁堆上装包。

仓库地面上深达十多厘米的污水，早已把记者的鞋湿透了。从仓库中出来，记者全身已是臭气熏天。据报料人称，这样的黑加工厂，仅在新华镇至少有10家，每天有10吨以上劣质酱菜源源不断流向市场。

暗访作为采访中难度最大的一种现场隐蔽身份的访问形式，本身充满了风险，有些记者对之心怀忧惧，有些记者则主动进击。无论如何，作为社会领域的采访，这是最具挑战性的。同样，社会领域的采访因为缺乏明确的单位依赖，难度很大，也因此更具有挑战性，更能锻炼记者的采访能力。随着自媒体日益兴旺走红，受众对于社会领域的新闻的需求量增加，这对传统媒体记者也提出了更高要求，采访老百姓喜闻乐见的事实，关注那些能为他们解闷、解惑，更使他们解气的问题，这既是对记者的要求，也是记者的责任。从普利策将记者定位为船头上的瞭望者角色就可知，社会不能没有记者们捕捉新闻，源源不断地提供信息。如今虽然有了互联网，有众多的网民在不断传递信息，但还不足以代替记者的采访。

第二节　采访中的观察

这里单独将观察作为一种方法来重点介绍，是因为采访中观察是第一位的，是目睹的过程，决定了新闻传播的质量与效果。新闻采访就其实质而言是努力获得事实的过程，这需要一个重要环节，即调查取证。对于记者来说，眼睛是记者获取新闻事实的"摄像镜头"，目击事件比介绍事实更为重要。这是因为，要真实地报道事实、反映客观实际，就需要对事实本身进行直接观察。没有对事件的亲自观察，就很难有深切的感受。正如海伦所说："如果我是个大学校长，我就要设置一门必修课，'怎样利用你的眼睛'，那里的教授必须指导学生认真观察经过他们眼前而不被注意的景物来丰富他们的生活。"[1]

观察采访，是记者运用眼睛直接搜集新闻素材、捕捉新闻事实、认识客观事物的一种重要采访方法。与"听""问""查"等采访方法相比，观察的最大特点是直接和直观，事件不经过任何中间环节，直接进入记者的视野。观察采访主要是记者用眼看，仔细捕捉现场发生的事实，获取独特的体验，收集具有新闻价值的信息，因此，它是最重要的采访方式。

一、观察的特点

1. 观察的体验性

看就是体验，就是感受，是获得大量直观信息的过程。所谓看的直观性，就是记者在事件现场看到的事实没有经过中间环节（即采访对象）的截取舍弃和"加工""提炼"，是记者直接体验到的内容。这种体验胜过了听到和从网络视频中看到的间接体验，能够直接刺激感官。

2. 观察的同步性

观察是在现场直接获取信息的过程，记者在现场目击事件发生、发展过程以及细节，记者的观察是和事件发展完全同步的。此时记者看到的事实，就是眼前正在发生的事实，与"听"这种采访方式相比，观察在时间上要快得多，既没有采访对象"加工"材料的时间消耗，也没有记者"要情况"和采访对象"给情况"的时间损耗，这为记者快写快发赢得了宝贵时间。

3. 观察的真实性

"眼见为实，耳听为虚"，这反映了眼睛不会欺骗自己，它实实在在地捕捉信息，是新闻采访最可靠的工具。虽然别人有意制造假象和记者难以克服的局限导致记者暂时还无法客观认识眼见的事实，但也不能说明眼睛看到的事实就不能使用。所以，观察的真实性就体现为记者依靠自己的眼睛看到事实，依赖这种看到的事实来组织新闻材料，完成采访。

二、观察的原则

观察不是漫无目的地看，针对要采访的对象，记者要确定好观察的角度与方位，掌握

---

[1] 凯勒. 假如给我三天光明 [M]. 北京：海豚出版社，2009.

观察的技巧。

记者的观察主要集中在以下几个方面。

1. 看主体

这里说的主体，是指新闻事件中的主要人物和主要内容。例如，《日本签字投降》报道中的主要人物有：受降方代表，美国人麦克阿瑟，还有肃立在麦克阿瑟两旁的乔纳森·温赖特和珀西瓦尔；投降方代表是日本重光葵，以及由他带领的11人组成的日本代表团，他们"衣着整洁，表情悲哀"。事件的主要内容是：麦克阿瑟致辞后"做了一个手势要重光葵签字"。"参加整个仪式的任何方都没有同日本人打招呼，唯一的例外是重光葵的助手，有人同他打招呼，是因为要告诉他在哪里放着日本请求无条件投降的文件。"

2. 看人物

千人一面，指的是人区别于其他动物的根本特征；人各不同，指的则是世界上没有完全相同的两个人，即使是孪生兄弟，也有各自的特征。记者观察采访对象，就是要从他的外貌、穿着、风度、表情、神态动作等方面找出其区别于他人的特征来。重光葵这个不可一世的侵略头子、日本外相，此时是一个"步履蹒跚，拖着木质假腿"的残疾人，"身穿早礼服大衣和带条纹的裤子，头戴丝质高帽，双手戴着黄色手套"。从字里行间可以看出记者对重光葵这个人物观察得十分仔细，这使其写出的作品富有感染力。

3. 看细节

细节的特点在于"细"，不易被人发现。有些细节表面上看似乎与主题无关，却是事件的重要组成部分。在《日本签字投降》报道中，记者写人的细节就有10多处，如"重光葵……走到铺着粗呢台布的桌子旁，桌子上放着投降文件，等着他签字"，"他把手杖靠在桌子旁……这手杖倒在甲板上"，"当重光葵爬到右舷梯顶端，登上密苏里号宽敞的甲板时，他脱掉了他的高帽子"，等等，都是绝妙的细节描写，真实地再现了曾经不可一世的侵略者在签字投降这一刻的狼狈景象。再如，大学生叫外卖，出宿舍到外边等待外卖的动作、神态、衣着，拿外卖的速度等，都有很多细节可以观察。

4. 看特征

所谓特征，就是事物特点的表象、标志。任何事物总有属于它自身的特点并表现为一定的表象，记者抓住了特征，就能着墨不多而又清晰生动地将事物介绍给受众，使其产生深刻而难忘的印象。如重光葵是个"拖着木质假腿"的残疾人，手杖因此成了他的特征，如"他把全身重量压在手杖上"，"他把手杖靠在桌子旁"，"在他签字的时候这手杖倒在甲板上"。记者抓住手杖这一特征，层层推进，反复突出，寓意十分深刻。这根"手杖"喻示了不可一世的日本军国主义分子在此刻"倒下"了，读来叫人拍案叫绝。今天，那些染着红色、银灰色头发，戴着耳环、坠子，穿着破洞裤，提着奶茶的人往往是90后、00后，这些就是他们的特征。

5. 看背景

这里就有透视的意味。所看的内容包括两方面：一是新闻现场的环境背景，二是新闻事件的历史背景。如记者采访淮河以北几个省份农村的天价彩礼之风，除了对结婚家庭直接观察外，还对历史背景进行透视：历史传承的婚嫁馈赠礼物，演变为今天的金钱攀比，违背了传统文化，更是加重了农民的负担。

三、观察的方法

记者要练就一双"火眼金睛",就需要再掌握一些方法。观察是一门学问,记者要明确观察的主题是什么,要达到什么目的,怎样去观察。

首先,明确主题,确定观察的方向和范围。记者要到达现场,带着问题去观察。在采访现场,记者要把自己的注意力集中在主题上,找到目标,抓住有价值、有细节的事实,从而使新闻更加丰满充实,具有真情实感。

其次,观察独特的场面和内容。所谓"外行看热闹,内行看门道",记者不仅要超越一般人看热闹的肤浅层面,而且要在丰富繁杂的现场,在众多发展变化的事实中寻找不一般的内容,或者是侧面。如在最能够体现事实特征的、具有独特一面的地方细致观察体验,挖掘出有新闻价值的素材。

再次,善于"透过现象看本质"。记者在观察时,先是看到现场的事实,然后再深入探索,事实为什么是这样的,肯定是有原因的,这个原因是什么,这就需要寻找背景,背景是和现场有密切联系的。因此,现场的观察是基础,事实背后的背景也要看到,如此才能对事实有深层把握。

最后,站在受众角度去观察。这就要求记者理解受众的心理,把握准他们想看什么,然后带着这种认识去寻找事实,去捕捉具有表现力的事实。

总之,观察是采访的基础要求,也是记者应具备的基本能力。观察是使用眼睛观看的过程,是获取现场信息的最重要程序,不能忽视这样的基础工作。记者要学会使用自己的眼睛,坚持到现场搜寻捕捉信息,完成采访的最基础工作。除了上述方法之外,还有按照先上后下、先大后小、先动后静顺序进行观察的方法,也非常有效。

第三节 采访的基本方法

记者要掌握运用一定的采访方法。除了上述的观察方法外,还有其他方法。不容否认,采访主要是一项和人打交道的工作,是和人交流以获取事实的工作。这是一项很难的工作,难在记者与他人之间是一个"取"与"予"的关系,一个要从别人那里索要自己所需,一个得无偿提供,这是一难;从采访对象来说,向记者提供事实并非自己的义务,凭什么要给你提供呢?这就存在着巨大的障碍,这是二难。记者与所接触、采访之人,往往不能建立稳定长期的关系,记者绝大多数时间都是在和陌生人打交道,素昧平生,双方交往存在障碍,有一个适应的过程,这是三难;记者的采访,如果涉及被采访者利益,利益的矛盾、冲突会导致采访面临巨大障碍,有些时候记者靠说服、威慑等能够沟通,而在利益对立的情况下记者束手无策,这是四难。至于采访对象对记者第一印象不佳,或素不喜其名其行等都会对采访形成莫大阻力,可见采访之难,实为与人沟通之难。采访要识人,实际上为的是认识和接近对方,进而与其建立友好、长期的关系,以便获取新闻材料。

一、采访的基本方法

采访需要掌握一定的方法,这包括了解、调控好采访对象的心理,以及掌握提问的方法等。下面分别进行介绍。

(一)了解采访对象的心理

第一步要分类。采访对象的心理最为复杂,从新闻采访角度看,采访对象一般被分为"合作型"和"非合作型"。

"合作型"采访对象对记者采访持欢迎态度,该类型又可被为三种。①理想合作型。这类采访对象态度积极主动,思路清晰,反应灵敏,语言表达能力较强,反映的情况真实可靠。②不理想合作型。这类采访对象对采访也是欢迎,但由于心理素质较差,可能会出现反应不灵敏、词不达意等情况,故而有情况也谈不出,或谈话、回答问题不得要领。③虚假合作型。这类采访对象的心理特点是随机应变,投其所好,个别的甚至信口开河,提供假材料。

"非合作型"采访对象对采访持不欢迎态度,该类又可被分为真假两种。①真非合作型,指采访对象对采访反感,消极应付,甚至拒绝采访。这类采访对象,有的是对新闻采访持不正确的看法,有的是因为预料到采访结果将产生不利于自己的影响,其心理状况呈"防御型"。②假非合作型,这类人对采访的态度从表面看也具有一些"非合作型"的特点,但往往是客观因素导致的,有时是采访方法不对造成的不合作。因而,记者应在正式接触采访对象之前,对其进行了解,如此才能够较好地完成采访任务。

第二步要把握受众的共性心理。共性心理是指大多数人共有的心理特征,主要有如下几种:求新、求快、求短、求知、求乐、好奇、解疑、自尊、求真。根据以上几种心理状态,美国社会心理学家班杜拉提出了诱导控制他人行动的四种方式,即示范、强化、说服和情绪激励。

(1)示范,即记者用自身的态度和行为影响对方,使其做出同样的回应。在采访中,记者如果将采访对象当作知心朋友看待,以诚相待,坦率地自我表露,往往可以收到"以心换心"的效果。

(2)强化,即记者借助于语言或非语言符号,传递社会或个人对采访对象所谈事物的赞同或反对的信息,增强、抑制或消除采访对象的某种行为倾向。例如,褒奖赞美的言辞、亲切的微笑,或认真倾听的姿势、关注的目光等,均是赞成的信息;而批评的言语、厌恶的表情、冷漠的目光等,是不赞同的信息。

(3)说服,即用建议、劝告等方式改变他人的态度,从而改变他人的行为。改变态度主要有两种方式:一是诉诸情感,二是诉诸理智。一般来说,如果说服的目的是改变对方的某种具体行为,诉诸情感能起较大作用;而如果说服的目的是改变对象的信仰、观念等,则必须更多地诉诸理智。对于一些被教育者,不妨采用说服的方法让其说出真话。

(4)情绪激励,即通过对对方情绪的刺激,使之达到某种心境,从而比较容易地诱使其做出某种行为。要注意的是情绪激励必须因人、因时、因地制宜。

（二）掌握提问的方法

一般来说，提问有开放式与闭合式两种方式。前者方便采访对象自由发挥，后者则是有一说一，非常具体且有限定条件。两种提问方式的使用需要根据时间、场合、身份等因素来确定，选择恰当的方式有利于快速达到目的。例如对不善谈的人就不适合使用开放式提问，对善于交流的采访对象可以采用开放式提问。

提问方法主要有三种。

1. 正面提

正面提，即单刀直入、开门见山、直截了当地提出问题，不拐弯抹角。这样的提问适用的对象主要包括记者熟悉的采访对象和外宾、领导、学者、演员等事务繁忙的采访对象。

2. 侧面问（迂回包抄；将欲取之，必先予之）

很多时候，采访对象不愿意回答问题，或者是涉及一些敏感问题，便三缄其口，导致采访受阻。为了避免这种结局，记者需要采用比较委婉的方式探路。作者曾经做过记者，对此深有体会。比如，2000年春季，徐州市云龙湖北大堤由市水利局承担整修施工，完成之后开始收取门票，引起一些市民的不满。因为此前都是敞开的，市民可以自由出入，市民把它当作休闲散步的地方。为了了解这一情况，当时作为报社记者的作者计划去采访水利局，但是考虑到如果是直接了解门票问题会被拒绝，就在电话预约时候说了是了解工程建设成效情况，对方答应接受采访。在询问了很多对方施工建设情况之后，记者顺便询问了为什么设立售票处的问题，对方解释是为了收回先期投资，为了建设北大堤投资了600多万元，而市民对此不理解。经过侧面打探记者了解到水利局的态度，采访任务完成了，作者回去之后报道了市民的不满与建设方的理由，反映了市民的意见，而不久之后云龙湖北大堤取消了门票。

3. 反面激

反面激，即通过一定强度的刺激提问，促使采访对象的心理由不想谈变为我要谈，从而打开采访通道。反面激分为两种，第一种是激问，第二种是错问。

激问主要是针对那些不愿意回答问题的采访对象。他不愿意开口，就要想办法让他开口。俗话说"劝将不如激将"，就是故意采用激烈的或刺激性的语言逼迫对方开口说话，只要他开口就好办了，就怕对方不开口。例如有些名人比较傲慢，对记者不理不睬，遇到这种情况记者可看场合使用刺激的话语，看他的反应如何，态度转变了就友好对待，态度不好则重点放在态度的揭示上面。

提问注意的事项有：①提问宜简洁；②提问宜具体；③提问宜间接；④提问宜深刻；⑤提问宜自然；⑥提问宜节制。同时，一要注意谈话、提问要得体、贴切；二要掌握分寸。

在提问方法上，要强化访问效果还有几个方面应该做到。

（1）事先问好对方名字，以便采访时称呼。

（2）问开放式问题，这样引出的回答比"是"或"否"信息量大。

（3）问题中立客观。

（4）询问定义、例子和逸事。

（5）询问观众/读者可能知道答案的问题。

（6）问题短小，切中重点。

（7）一次只问一个问题（别把问题叠加在一起）。

（8）做好追问的准备——倾听受访者的叙述，抓取需要追问的内容。
（9）别提前下判断。
（10）确保你是在询问问题，而不是在添加评论。
（11）别在采访时和受访者争论。
（12）尽量别在采访中涉及太广，记住你的重点应该放在哪里。
（13）礼貌待人，但挖掘事实的态度要坚决，就一个问题不断提问，直到获得回应。
（14）准备一个收尾的问题。

在采访结束后，要问问受访者是否愿意添加内容（用这招通常还能套出更多有用的信息）；还可问问他有没有其他推荐的受访人选；还要询问一下之后如有追加问题，是否能再次联系他。①

总之，记者的采访是要与人打交道的，要从识人开始做好采访准备。做准备并不难，就是事先查询个人资料，了解采访对象以及有关这一领域人物的成果。现在网络传播空前发达，查询相关资料更是快捷无比。记者要下这个功夫，把个人资料准备好，会派上用场。除了这种事前准备，还有一种情况是采访中对人进行了解。有这样的临时变化，如去一个地方采访，接待方另外安排人接受采访，那么此时记者对此人情况一无所知，没有针对性准备。不过不要紧，因为首先记者的目的是了解事实，在访问事实的过程中可以插入对介绍者个人背景的了解，这是在不影响对事实顺利采访的情况下见缝插针询问的，也是为主题服务。但这里要注意，不可像打探隐私一样追问不停，而应当将工作之事与生活情况交叉询问，可以问对方学科专业、学历背景，然后补充自己对这个专业的看法，力图引出他个人对此的研究成果，及他对国内行业发展情况的介绍。可以设想记者到一个乡镇农技站了解科技推广情况，站里负责人推荐了一个农业技术员介绍情况，记者可以边听其介绍边思考在推广中他个人所起的作用，因为个人的作用还是很大的，趁着描述科技推广的间隙，记者可以插入这些问题："在这里工作几年了？""你自己做过哪些探索？""你研究过哪些最新技术？""你是怎么推广的？""遇到了什么困难？""农民对此反应如何？""有什么具体的难忘的事吗？"这就是由事识人，由人见事，记者由此能更好地完成采访任务。这样的采访，能使记者增加知识，提高识人能力。还有一点就是，记者与人打交道，既是"索取"与"给予"的过程，也是双方博弈的过程，记者要经受锻炼，增长才干。

二、面对拒绝的采访应变

要善于解决采访被拒绝的难题。在与采访对象打交道的过程中，对记者形成极大阻力的，恐怕算是采访对象的拒绝，包括拒绝见面、拒绝进入、拒绝回答、拒绝要求等。而记者必须要完成任务，时间又很紧迫，怎么办？为此请示部主任或领导，出于同情和理解，他们可能同意记者放弃，一次可以这样，那么凡事不可一而再，再而三，总是这样被人家拒绝完成不了任务，恐怕记者自己也无颜面再待下去了。记者在被拒绝之后要想方设法接近对方，获得对方好感，进而再次争取采访机会，这算是一个正常程序。下面分别讨论几种被拒绝情况下的应对之策。

---

① 资料来源：周炜乐的《记者采访技巧》，网址为 http://blog.sina.com.cn/s/blog_40867fed0102y9wl.html。

（一）拒绝见面

记者要采访对方，而对方不愿露面，有几种情况需要分析：第一，是不是确实没时间，如果对方说了这样的话，自己也要问清楚原因，或者让他推荐别人接受采访；第二，是不是他自己有把柄，对记者批评揭短很反感抗拒，遇到这种情况记者要向对方申明，不愿采访对他不利，现在弄清真相也是给他一个表达意见的机会，如果放弃那就很遗憾了，对于记者来说，对方不愿见面同样可以写进报道里面，反映其不配合的事实；第三，是不是有顾虑，害怕记者断章取义歪曲意思，对这一点，记者可以向他保证为其保密，刊播之前给他审阅。当然，对方拒绝见面还有其他原因，这需要具体情况具体分析。

（二）拒绝进入

这种情况比较麻烦，例如，记者去一家工厂采访超标排污情况，要找厂长核实，在大门口就被保安拦住了，进不了门。记者这时亮明身份反而麻烦，也许厂长已经下令：来访记者一律不得入内。这时记者有几个办法可以应对。第一，拨通厂长电话，说明情况，表明身正不怕影子歪，心里无鬼，就不怕别人说，看了又何妨，也是对工厂的宣传。第二，第一个办法不灵，就来硬的：告诫厂长如果不让进去，记者照样能够报道曝光，不过到时候后悔也迟了。第三，第二招还不管用，记者可在门口观察一番，与门卫搭讪，声明不进去，只聊几句就走，此时也不妨联络一下感情，而可行则趁机问一下情况，如不行，则赶快离开。记者还可以找到当地的检查部门，如工商、税务、环保等单位，乘坐对方车辆进入。第四，第三种方法又不通，记者还进不去，记者可以找到在厂里工作的人，趁着上下班之际主动搭讪攀谈，顺便采访了解情况，不直接询问，间接打听某某人某某事，或者联络好厂内的人代为拍摄记录；第五，接近工厂附近的受害者，调查了解情况。总之，记者要软硬兼施，穷尽各种招数，来争取得到一些有用情况。

（三）拒绝回答

面对拒绝回答的采访对象，记者不妨用一些方法激对方开口。第一种方法是错问。对于公检法部门："听说这个案子判错了，是这样吗？""有没有抓错人？"对于明星："听说你又有一部新片要拍摄是吗？"记者最主要的目的是让对方开口。除此之外，记者也应该在掌握基本事实的基础上，进行核实式的发问，使对方知道记者并非不了解他的情况，不了解单位的问题，这样迫于压力，他就会开口，只要一开口，下面就好办了。这里面有很多的提问技巧，既可迫使他往下说，又不把人逼到绝路，运用之妙，存乎一心，需要自己摸索掌握，没有一个固定的提问模式可以套用。

（四）拒绝要求

记者采访需要现场取得第一手材料，甚至需要拍摄一些实物作为事实材料，但这些要求往往会被拒绝。比如记者采访事故现场，往往就受到阻挠，不让进去；即使进去采访了，也很可能被要求终止采访或删除采访设备里的内容。有记者采访2015年8月12日晚天津爆炸事故时就遇到了这种情况。

> 13日凌晨，得知事态严重，我们立马背好相机包，驱车来到滨海新区。两个小时后，到达现场。冒险突围，进入了核心区域。然而，采访受阻，不仅手机中照片被删，相机储存卡里的照片也险些被删，还好被我塞进口袋里躲过一劫，许多最核心区域的照片得以保留，被及时在《京华时报》官方微博发送，让人们第一时间看到了事发现场。①

今天这种暴力阻挠记者的行为还时有发生，因此记者在面对对方的强硬拒绝时，要么勇往直前，要么耐心守候，不拍核心拍边缘，不拍前期拍后期，总能找到机会，这就需要耐心、毅力、机智。有时候记者的要求遭拒，可以寻找熟人或可利用的关系，让他们去拍，间接达到目的。

当年一代名记者邵飘萍采访段祺瑞，就冒充段的老友才得以突破防卫，成功得到了关于中国参加一战的独家新闻；范长江为了采访西北根据地的工农红军，一路多次换装，不断变换身份，以达到蒙蔽盘查者的目的；还有不少记者在自己采访的要害部门、机关安插耳目，一有风吹草动这些耳目就向记者通风报信，所以记者是消息灵通的人，是千里眼、顺风耳。这些都反映了记者需要社会交际，需要利用人情关系达到及时掌握信息、快速采访报道的目的。如果记者采访不走关系，过于实在，恐怕很多时候难以达到采访目的。所以在被别人拒绝的时候，记者就要学会变通，弄到采访资料。下面是《北京青年报》记者了解河南平舆杀人案时混入现场的过程。

> 开到近村处，走不了了，全是烂得陷车轮的小道，只有步行。一行人，连同司机，开始靠近那个叫玉皇庙乡大黄庄的村子。昆仑的母亲下了车就紧紧挽着我的手："一下有人问你别说话，我就说你是我大儿子，来看弟弟的。"我点点头，她又说："真的，刚刚吃饭的时候我就想说，你的眼睛和鼻子长得跟我家昆仑一模一样。"我一愣，眼见她又拿出个塑料袋，把我那显眼的黑色皮包装好，让另外一人拎着，外面看还以为是一袋杂物。
>
> 果然，还没进村口就有10多个人挡住了去路。别人都是当地人，我的样子自然最格格不入。昆仑妈对挡我的人说："这是我的大儿子……"话还没说完就成了哭腔，泪水也滚了下来。别的母亲也哭了，哀求说："就让我们喊喊魂吧，孩子死得这么惨，不喊回去我们当妈的怎么安心。"拦路的人一下犹豫了，放过了其他人，唯独拦着我。这时我耳边全是昆仑妈那一声声哭诉——"昆仑啊妈来看你了"——要是这事情发生在我身上，我母亲怎么熬得过去？这么一想，眼泪一下就涌了出来。
>
> 这下没人再拦着我了，我挽着昆仑妈进了村子。母亲们仍在哭泣着喊自己孩子："红雷，抓住妈的衣服吧……""政威，你爸老了好多啊……"这一路，走得人真是哀伤。
>
> 守在第二道关口的人，也怀疑我是记者，但是见到我脸上的眼泪，都没再上来拦——在他们眼里，记者大概只会愤慨，是不会流泪的。
>
> 终于到了凶手的小院前，母亲们再也抑制不住扑在门上号啕大哭。守在这里的是几个干部，只让昆仑妈过去，问我是不是记者。这时我的眼泪已经被冬天的风冻没了，只有不说话，很镇静地看着他们。6位母亲拍着小院的门，周围的村民越来越多，几位妇女已经在偷偷擦泪。村干部的脸上，再次显出了那种犹豫，然后跟我说："十分钟，就让你看十分钟。"

---

① 谭青.追逐真相，更要跑赢谣言[N].京华时报，2015-08-16(4).

> 就在这十分钟里，我围着小院走了一圈，仔细看清楚了里面的具体布局，看见了院子里那三堆浮土，看见了一把带着黑红痕迹的铁锹和散落在屋子里的孩子衣服。①

以上分析了几种遭拒后的应对方法。这些对策不一定就会产生立竿见影的效果，只是作为采访中的参照。每个富有采访经验的记者都有一种独特的心理体会，都可以为后来者提供借鉴，使其少走弯路，尽快实现从浅薄到成熟。实际情况千差万别，采访环境各有不同，记者应具体情况具体分析。记者遇到拒绝是正常的，有时也要检讨自己有无不妥之处，这样才能知己知彼，百战不殆。

三、与采访对象交朋友

除了上述采访遇到拒绝时的应对之策之外，这里还要提的一点就是记者要善于与采访对象交朋友。在所有的职业当中，记者应该算是一个最能够交到朋友、最有机会交朋友的职业了，明访就是与采访对象广泛交朋友。他们除存在直接提供新闻线索的可能性外，还存在间接提供新闻线索的可能性。有时候就是"有心栽花花不发，无心插柳柳成荫"，记者如果见到熟人时问："你们那里有什么新闻没有？"大多数人肯定会说没有，因为他们自己缺乏专业训练，对于什么是新闻没有一个专业的把握，你让他们说怎么说得上来？再者，他们所认为的新闻就是那些突发事故，这种事在他们单位发生的概率太低了，所以回答没有也是正常的。那么如何理解能够间接得到新闻线索呢？记者可以主动登门，在老熟人不太忙的时候与其闲聊，在看似无心，实则有意的询问中，对方可能会透露一些单位情况，这些人事变动或工作突破中说不定就有新闻。下面这个记者的采访很有意思。

> 《新民晚报》记者有一次去检察院熟人那里，聊了也没发现什么新闻线索，那些检察官也说"最近刑事案件不多，更没有什么大案要案，看来你是写不出什么报道了"。这位记者感到很失望就告辞回去了。可在回去时他转念一想：刑事案件减少了，这本身不就是新闻吗？再说，案件减少，原因或者是当地公安检察部门破案不力，工作没做好，或者是工作抓得严，使得案件大为减少，不论属于哪一种情况，这都是新闻。记者从检察官口中的否定结论中找到了新闻点，他的新闻求知欲被激发了出来，他顺藤摸瓜最后写出了两条独家新闻。②

以上说到与采访对象交朋友的好处，那么接下来的问题就是：该如何与采访对象交朋友呢？其实这既没有一定之规，也不需要专门技巧，只不过是以诚相待，热情主动，使对方感到放心和信任，双方才容易成为常来常往的朋友。那么记者与人交朋友，第一点应该做到常来常往。与人熟悉了则感情增进，然后交流就自然亲切了，对方会把记者当成自己人，有些话就可以放心地对记者说了。这样一种结果对记者来说是得之不易的，是功夫在平时，打好了基础的结果。交友是个相互的过程，但是要有一方先主动采取友好姿态，那记者无疑应当占据主动，因为一般都是记者因业务关系直接上门找采访对象。一般当采访结束之后双方的交往即告结束，这是大多数记者的交际方式。其实这种方式本身不太合适，因为

---

① 王琦. 河南平舆杀人案采访调查[N]. 北京青年报，2004-04-24(7).
② 刘海贵，尹德刚. 新闻采访写作新编[M]. 上海：复旦大学出版社，2002.

人是有感情的动物，交往的过程是一个思想、感情不断碰撞，不断从差异中寻求共识的过程，双方只有熟悉了，才能更充分地探讨问题，记者也才容易挖出一些意想不到的事实材料。现代社会，孤独的个人一方面努力封闭自己，不希望与别人交往过多或开放太多，另一方面又在备感孤独中渴望遇到知己。一些与记者打交道的文化人，他们认为记者也属于文化人，可以算是同道，一般很乐意和记者交流做朋友的。

与采访对象交朋友的第二点要求是要力所能及地为对方着想，如通过帮小忙培养感情。对于大多数与记者打交道者，能够在报纸杂志上有名、电视上有影，对他们来说是一种很好的安慰，借助记者出名也是他们普遍的心理。因此，记者如果能准确把握这种心理需求，又能给他们提供一定的便利，他们会非常高兴。还有的采访对象本身有宣传任务，需要借助记者这一渠道便利地刊播本单位新闻，记者可为其提供一些方便，这是感情投资的有效手段。此外，采访对象有什么信息需求或者其他困难，记者可以帮助解决，这样彼此之间常来常往就容易成为朋友。不过帮助对方办事也要讲原则，不可为了义气而投机钻营，用不正当手段，把交友中的讲人情拉关系推至极端，破坏社会道德规范。

总之，记者与人交朋友应谨记"君子之交淡如水"的原则。另外，记者要坦诚待人，常去对方那里走动，联络感情，在自己正当职责范围内为他人提供帮助，从而赢得对方信任。在与人交往中，要摒弃谋私利的邪念，不搞以私害公的交易，坦坦荡荡做事，清清白白做人，从而树立良好的职业形象。

最后要补充的一点是，要敢于并善于和陌生人打交道。除了主动交友之外，记者还要学会与陌生人打交道。一般来说，要让一个素昧平生的人心甘情愿地提供情况材料，这需要做一番工作，首先要学会和他拉近距离，过程中主要应注意这样几个事项。

（1）眼睛平视对方，真诚地面带微笑与人交流，注意说话的语速和语调，要有吸引力和亲和力。

（2）短时间内尽快了解对方的兴趣爱好，多说通俗语言，避免否定对方的行为，了解对方所期待的评价，注意自己的表情。

四、学会记录，消化整理资料，形成写作思路

记录的方式有以下几种。

1. 记录

一是笔记，二是手机录音、设备拍摄，三是心记。现在记者采访时一般都会带录音笔，那么在现场记者的职责就不是记录被访者说的每一句话，而是记录重点。注意倾听，不能面面俱到地记录，应该记下来那些重要的内容，如易忘点、要点、闪光点、特点、疑问点等，记得越详细越好；要多观察，尽量拍照，从细节中看出真相。

在访问时，记者除了做好访谈、做好记录之外，还要多观察周围环境，多拍照，以便后期整理信息时可以有更多发现，以及有更丰富的写作素材。另外，在访谈过程中多观察还能发现一些隐藏的信息。

2. 消化整理资料

如何整理资料，形成写作思路呢？这就要根据记者自己的采访目的来确定，先定好主题，然后再根据主题梳理采访资料，看看哪些资料可用，特别是要找出具体事实案例，要

分清主次来使用。

3. 形成写作思路

具体的写作思路要围绕 5 个 W 展开，要确定哪些内容应放在前面，哪些内容应放在后面，确定哪些是采访稿的重点，重点内容应详写，次要内容可省去或略写。当然，即便是重点内容，也没必要将被采访者的语言全部写进去，可以适当地将主要的写进去，但一定要注意不能断章取义，要符合原意。

4. 写作中的注意事项

一是学会将采访现场的环境写入文章。新闻稿如果只写采访过程，文章可能会显得有些单调，我们在采访时，应学会观察：观察被采访者的环境布置，观察被采访者的外貌，观察被采访者的神态变化……这一切可以适当地在新闻稿中写出来，这样文章会更加丰富有趣。二是在新闻稿的写作中可将直接引用与间接引用相结合。新闻稿如果都是一问一答式的对话，读者读了容易厌倦。可以将直接引用与间接引用相结合，如介绍人物的经历时，可加间接引用；人物自述事例时，若加直接引用，文章会显得更加真实感人。

综上，新闻采访的方法有很多，要根据具体情况灵活运用。在新媒体时代，基本的采访方法没有多大变化，要求也是大体如此，不过所依赖的采访工具、方式更加丰富了，采访更加便利高效了。无论客观环境如何变化，采访者都需要在基本采访原则的指引下，根据实际情况，灵活发挥，达到成功采访的目的。

思考题

1. 采访为什么要进场？
2. 采访中如何提问？
3. 暗访中需要注意哪些安全事项？
4. 谈谈如何与采访对象交朋友。

阅读材料

川西天然林的浩劫（央视记者的暗访节选）[①]

1998 年 9 月 29 日晚，中央电视台《经济半小时》推迟了原定播出的系列片，临时插入报道川西洪雅县肆意砍伐天然林的惊人事态。据了解，这部片子是电视台记者与重庆的几位环保志愿者、"自然之友"会员冒着生命危险，经过极其艰苦的实地调查和采访后制作的。为此，我们采访了《经济半小时》记者唐立新。

第一眼见到唐立新，从神色上我感到他尚未脱离"战斗状态"，我注意到他右肘下有一大片青紫色瘀肿。他语调平静，似乎想强压住胸中翻滚的激情和急于喷吐的话语——

今年六七月间，我们接到重庆大学吴登明老师的举报：川西林区正在肆意砍伐天然林。但随后的特大洪灾把我们的目光引向了灾区而无暇顾及其他。洪水刚过，我们与重庆联系，

---

① 孙丹平. 川西天然林的浩劫[N]. 北京青年报，1998-10-08(3).

原来他们是民间环保组织"自然之友"重庆分会的会员。吴登明老师已在洪雅一带调查了两个多月，此时正在成都附近，但因林区戒备森严，不敢贸然进入。另两位会员周虹冰(女)和谢怀建热情欢迎我们，要我们立即去。他们说："我们去跟他们讲道理，不管用，你们来了就好了。"于是，9月19日我和摄像记者陈艳波飞赴重庆。

事先，我们做了充分准备，除足够的经费和电视摄像机外，还带了微型摄像机。老吴到机场接我们。我们在重庆租了一辆丰田越野车。我又动员重庆大学教授、全国政协委员韦云隆，他欣然同意与我们一起前往，还带了一辆桑塔纳，派了两名干练的司机。当晚，我们研究了可能遇到的各种意外情况及应急措施。因为此行干系重大，我们商定，到林区后，一般情况下分头行动，一辆车出去调查、拍摄，另一辆留守驻地。如一组受阻或被扣，另一组立即带上资料撤走。

到洪雅县后，我们将柳江镇作为第一站，这是洪雅林场总部所在地。按照一条胆大包天的真理"最危险的地方也就最安全"，我们直接住进了柳江宾馆。

洪雅是四川省第一大国有林场，占地108万亩，其中天然林58万亩。洪雅林场东邻峨眉山国家森林公园，又与瓦屋山森林公园相连，是川西原始森林的心腹地带。奇怪的是，洪雅林场却偏偏没有列入禁伐区。

于是，全国各地的木材商秘密云集洪雅，这里的天然林木材价格一涨再涨，从每立方米200元、300元、500元一直涨到1,000元。洪雅林场疯狂砍伐，同时囤积居奇，等着国家全面禁伐后再高价出售。柳江镇上木材商人来来往往。我们以木材商的身份出现在这里，没受到任何怀疑。老吴已在这里做过周密的调查，得知主要砍伐工区有龙虎荡、燕子岩和黑山村。

9月21日

早晨5点30分起床，开丰田车去龙虎荡。当地人见了丰田车瞪着眼看，以为有来头。我们索性装作林业官员，端着架子往山里闯，上山的三道关卡一举通过。看得出来，这条路专为运木材而修，路很窄，而且无岔路。一群来自绵阳的民工还在往山里修路，一名工人告诉我们，年底能把这路修通，山上的树足够砍10年。

到了海拔2,000米的地方，路上连石头都不铺了(估计是山太高石头运不上来)，干脆用原木铺路，直径20—30厘米的原木足足铺了好几公里。

路边的木材越来越多。走了约一半路时，看见漫山漫坡堆着木材，直径足有一米多。这里海拔高，很冷，根本没有人工林，全是天然的云杉、冷杉和其他杂木。每走几步就能碰上一辆运木材的大卡车。路太窄，两车相遇，必须有一辆后退才能错车。车上的原木最粗直径有一米多。一路驶上山来，满眼木材，而且都被削掉树皮，好往山下滚。据说人们一般上午上山，下午四面八方都往山下滚木头，就没人敢上山了。

这时，我踩到了一棵没皮的木头，把胳膊摔青了。

当时已是中午，工人都回家吃午饭了。山中空荡荡的，只见到处是刚砍倒的树，连枝带叶，乱蓬蓬一堆一堆的。突然间远处一把油锯响了起来，"突突"声似从云端传来，震动整个山谷。最初一刹那我们还以为是摩托车声，心想这深山中哪儿来的摩托？老吴说，这就是伐木的油锯。

我们兵分两路，一组向油锯声传来的地方找过去，另一组留在山下，用长镜头远距离拍摄砍伐场面。老吴、韦教授和我带着偷拍机上了山顶，山上一群民工正在伐树，四人一组。

我们问："一棵直径1米多的云杉需要生长多少年？"

工人说："将近1,000年。"

问："砍伐它需要多长时间？"

答："3分钟就完。"

他当即表演给我们看。果然，不到4分钟，一棵合抱的云杉轰然倒地。

我们又问："这样的树还要砍多少？"

答："早着呢，这一片全砍。"

我们与工人聊了一个多小时。后来他们警觉了，有人问："你们是不是记者？"我们说："我们来买木头，上山来看看。"对方似乎不相信："你们是不是来调查长江上游水土保持情况的？"然后他摇摇头笑道："这跟我们没关系，老板给工钱，我们干活。"这时来了一辆奔驰大卡车。工人说车上的一人是当地林业公安的指挥长。这人仔细打量我们，目光中带着怀疑。我们一看不妙，立即下山，开车奔出林区。

9月22日

早起驱车去燕子岩。我们的丰田车挂达县车牌，见人就说是达县的木材商。进山后，正下毛毛细雨，大雾迷漫，几步之外看不清路面。路窄，急转弯多，路况极差，随时都可能掉进悬崖。我们提心吊胆，觉得有可能回不去了。但司机老龙极有经验，小心翼翼往前行进。走了四五个小时，才开出40多公里。

途中遇见一送饭人，背着编织袋。我们停车，邀他搭车，实际是让他带路。问他："想买两千立方米木材，而且全要新木能不能有？"他说："有的是，如果凑不齐两千立方米，马上可砍下来。"

到了工区，满山是刚砍下的新木，全锯成四五米长。斧头的"梆梆"声，油锯的"突突"声，还有工人们"树要倒了"的喊声，震得山中的空气都在颤抖，有如千军万马的战场，但不见一个人。

我们下车，准备往山坡上爬。这时送饭人发现了韦教授包里的"掌中宝"摄像机，又见我包里有条专用线。此时"禁伐"风声太紧，林区人人自危。送饭人立即斜眼看着我们说："你们带了摄像机，是搞新闻的吗？"语气中含着威胁。我们返身上车，以最快的速度冲出山来。一路上，不断有剥光了皮的原木顺山沟往下滚，堆在路边。粗略估计有几千立方米。

晚上住高庙镇。我们发现，这几天经过的几个镇上都有很多歌舞厅，按说在这经济较落后的深山老林中是不该有的。这是一种畸形发展的经济形态。

晚上出去摸底，自称木材商人。随便一问，街边就有人搭腔。此人叫刘三娃，常年在镇上做木材中介。他说话牛气十足："木材要多少有多少，全是天然林，人工林木材我还不卖，价太低。"然后他介绍了一个名叫王进的包工头。

据说在这一带，采伐主要有两种方式：一种是林场批条子给本单位职工，按砍伐棵数付。职工再包给民工，也是按棵付酬。真正得利益大头的是有权批条子的人。另一种是包工头花钱包下一片树林，砍伐收入全归自己。这些包工头为得到最大利润，往往进行"地毯式"砍伐。这位王进就是这种包工头。他与人合伙，只花5,000元就在黑山村买下了几百亩林子，但据说为买林子花了几万元送礼。

……………

我们让司机老龙缠住任老板，另一位司机看车，我和老吴带了偷拍机上山。一队民工走在我们前面，健步如飞，转眼消失在山中。我们只好自己找路。走了一段，突然滚下来一棵树，砸在我俩腰上，老吴当时就动不了了。

我伤得轻，决定独自上山。看着前边黑森森的树林，心里掠过一阵恐惧。这里根本无路，我只好顺沟走，后来才知道这沟是滚木用的，幸好当时时间还早，晚一点就开始滚木，我必死无疑，心里十分的后怕。爬上两米，又滑下一米，还经常有大木横堵。

这山约有1,000米高，我爬了两个小时，手上、脚上已有无数划伤。只听四面八方的砍树声、叫喊声，在空空的山谷中反复回荡，但就是见不到人。

爬到约900米高的地方，实在爬不动了，忽然觉得全身乏力。一连几天高度紧张，晚上睡得很少，早上又没吃饭，山路不知有无尽头，心里发慌，自问："还往不往上爬？"但又本能地回答："一定要爬！"

再往上，远远看见民工了，两人一组正往下滚木头。我给了两个民工80元钱，要他们把我拖上山去。到了山顶，正砍得热闹。我在旁边看着他们砍，偷拍。谁知不到10分钟，偷拍机的电池出故障，突然停止。我觉得再也支持不住，瘫然坐下，半天无语。这电池以前也出过故障，但很快又"自愈"了，所以我没在意。在这关键时刻又出了问题，眼看一棵棵大树在我眼前倒下，却无法拍摄，真有"千古之恨"的感觉。

坐了一阵，我请民工扶我下山。下到山腰，听见老吴"哦呵呵"的号子声，这是我们约定的"口令"，我也回了一声。我们回到小河边，任老板要请吃饭，我们不敢领情，开车狂奔，下午回到洪雅县城。

拍到的素材已经够了，于是我们打算公开亮相，与他们短兵相接。我们不停地打电话，找各级领导，但谁也找不到，就先找宾馆住下。无意中发现一特大木材仓库，占地几十亩，交易极为红火，大卡车不断进出。我们找着摄像机足足拍了一阵子，还觉得不过瘾，就进了仓库。韦教授和桑塔纳车在远处等着。

进仓库刚5分钟，林场木材销售公司的人就挡镜头。把我们连人带机押到楼上，扣了40分钟，查各种证件。他本无权这样做，但无法与之讲理。韦教授上楼拿出全国政协委员证件，他们仍不买账。

这时我打电话与台里联系，他们也与县里联系，县里认为老扣着我们不行，这才放了我们，但派人一直跟着。

韦教授和老吴将所有录像带转移，到35公里外的丹棱县住下。我们留在洪雅，晚上不断有人来盘问，我们电视台《经济半小时》环保组组长崔国旗也不断打电话与他们交涉。后来他们确定了我们的身份，态度变好，但录像带已转移，两辆车也已开走，扣住我们没用。

9月24日

夜间我与崔国旗通电话商定：韦教授和老吴带着录像带先走，我、陈艳波与周虹冰、谢怀建留下与他们周旋。

上午，某副县长、林场场长等人来了，责怪我们不该偷偷来，如事先打招呼，会全力配合。我趁机提出要去山上看看，要求去高庙镇。因高庙无采伐区，他们欣然同意，又带我们到林场办公室，拿出采伐证等文件给我们看。如此走走停停，到高庙已是中午。

吃饭时我把场长拉到一边说："你们很配合，咱这算不算是朋友了？"他说："当然算。"

我说:"那好。前几天我们都用微型摄像机偷拍,镜头只有针眼大,拍出来效果很差,像是盗伐。还不如带我们去采伐区,好好拍,偷拍的镜头我就一个都不要了。"

他问去哪儿,我要去龙虎荡,他立马带我们去了。这天的情况比我们前天来时更"精彩",砍树工人更多,车也更多,我们从容地拍,所有镜头全都清清楚楚,后来播出了。

我又争取采访党政一把手,答复说外出了,第二天早上9点半至10点可接受采访。但知情人告诉我们:县长就在县里。我打电话给崔国旗,她认为对方在拖延时间,恐怕情况有变,要我们做好准备,如到10点县长不来,立即撤走。

9月25日

县长直到10点20分都没来。两分钟内我们5个人上了车,以最快的速度冲出宾馆。路边有一辆北京2020吉普车,见我们走了,立即向县政府开车。后来听说,县里人5分钟后赶到宾馆,扑了一个空。我们又一次运用"最危险的地方最安全"的原则,向与成都相反方向的雅安开去(要去成都应往丹棱开)。县里的电话不断打到我手机上,说要见我们,问我们在哪里,我说到了丹棱。同时,崔国旗的电话不断打到当地,要求他们不能扣人。

开出20公里后,周虹冰下车,带着录像带和1,000元钱,搭农用车返回洪雅县。然后她女扮男装,乘车返回成都。

我们这边不断接到县里和林场领导的电话,一再说:"求你了,老唐,一定手下留情。"我一直与他们周旋,直到通过最后一道收费站,大家全松了一口气。

进入雅安地界后,我电告崔国旗,她一步跨到楼道里,向《经济半小时》的全体同事宣布:"成功了!"在电话中,我听到欢呼声响彻楼道。

9月26日

为防万一,我们没在成都上飞机,而是绕道重庆,然后飞回北京。傍晚,飞机降落在首都机场。我的两位女同事——万剑英和马英华来接我们,我们带所有素材直接回到中央电视台制片室,一宵接一整天没出屋,把片子编了出来。现在我感到实在累了。

第八章　新闻的深度挖掘

本章要点

第一节　深度报道特有的价值　　　　第二节　记者要致力于为社会"解惑"
第三节　培育学者型记者的发现力

前面我们对新闻采访的基本思维方法做了一番梳理解释。这些思维方法可以帮助记者认识客观事实，深入事实内部去探索。当前，随着自媒体的发展，信息过度拥塞，这导致表层信息泛滥，而受众获得的信息的质量下降，从而人们对深层信息越发渴求，特别是深度报道。对于记者而言，能够完成深度报道，是其能力突出、水平高超的表现，也是记者的价值体现。下面我们对如何开展新闻的深度挖掘做一番分析解读。

第一节　深度报道特有的价值

随着新闻采访业务的发展，报道要求的提高，今天对新闻背景的交代也变得重要了。一个事件经由媒体报道后，人们不禁要追问的是：它是从什么时候发生的？发生的原因是什么？如果得不到解答，受众就会对媒体报道不满意。能否对背景做出解答，主要靠记者的深入分析。记者挖掘背景，主要是为了提供深度解读，而这就涉及深度报道。在今天，深度报道不仅并未过时，反而更有价值。

深度报道当然是深度采访的结果，那么它的价值首先在于回答时代重大问题。如前所述，在当前的社会转型期出现了一些矛盾与问题，这些方面都需要积极反映以利于政府决策、公众参与，促进矛盾和问题尽快解决。但出于利益纠葛、关系复杂等原因，许多问题只是暴露了冰山一角，人们仅仅凭着这一点就轻易下结论往往过于草率。如记者采访报道目前愈演愈烈的城市堵车现象，堵车是提供给受众的第一层信息；随之还有第二层，为什么堵车？因为机动车太多，其中私家车猛增是主因；第三层信息，造成私家车猛增以及堵车的其他原因是什么？政府管理与建设滞后，消费主义驱动的挥霍攀比、肆意浪费风导致几乎所有大中城市车辆猛增，人们深受堵车之苦；第四层信息，对此问题的管理引导在哪里……这样看来，采访车多车少的内容只是表层信息，无助于解答人们诸多的疑问，还需要从深层去探究问题。

深度报道也往往体现了记者对社会热点的快速反应，是及时回答人们疑问的一种反应机制。2009 年，杭州飙车案车主胡斌撞死浙大毕业生谭卓，引发舆论强烈反应，富二代的骄纵行为、麻木冷漠的心态激起社会强烈的愤慨，抨击怒潮无法遏止。而在这起事件中，除了传统媒体记者做了深度剖析之外，网络媒体也迅速跟进，如腾讯网专门就"富二代"（指的是我国改革开放以来最早一代民营企业家"富一代"的子女，如今他们继承家产，拥有巨额财富）问题做了一个专题，深入解读了这个群体的"富贵病"，引起了许多人的共鸣。可见，当一个事实发生后，人们更需要深度反映的报道，简单的表层信息（车撞死了人、违章超速等）已不能满足人们的信息渴求，但人们没有时间去自己收集资料做出分析，需要依赖专业机构的解读，这一责任承担者非媒体莫属，那么记者就要担负起这个使命。由此可见，当今时代深度报道对于受众仍然非常重要，受众离不开记者提供的报道，记者以有意义的事实解开受众的疑问。那么本节要分析两个问题，一是采访的深度与思想的深度的关系，二是寻找背景即寻找意义与价值。这都是要解读事实蕴含的深层价值。

一、采访的深度决定思想的深度

新闻采访的任务大致有两个：一是获取信息，了解发生了什么事；二是获取意义，分析这件事有什么值得思考和接受的观点。我们知道，新闻一般是以有形事实，表达无形意见，观点一般隐含于事实之中，记者在采访之中都要选择事实。第一个采访任务对于一般记者不存在什么障碍，这是个很容易完成的任务，但后一个则是有难度、见水平的采访任务。采访事实特别是那些具有重要启示意义的事实，就看记者采访的深度，而这种深度与思想的深度相辅相成，相互促进。采访接触的事实越多，内涵和真相越清晰，越有利于思考的深入，而思想认识不止于表面，不满足于那种浅层信息，则能推动采访继续向深度开掘。需要强调的一点是，这种深度不是停留于简单的了解信息层面，而是层层深入，直至发现一件小事与其背后深广的社会关系和制度等有密切联系，才算触及事实本质了。

观点的重要与否当然也与事实的重要程度有关。事实产生的影响越大，采访报道带来的冲击也就越大。南京"绿丝带"行动值得思考。

> 南京市地铁建设单位，准备对道路两边的法桐树砍伐和移植。在地铁三号线的建设规划书里，由于该市老城区的街道狭窄、绿化密集，将有近1,700棵成年行道树被砍伐以便为地铁的"挺进"让路，消息传出，一下触动了南京市民的"爱树情结"。一些环保人士、普通市民通过微博、论坛，以及约请明星为保留法桐奔走。在施工现场，还有很多人为法桐树系上了绿色布条。经过媒体的报道传播，"绿丝带行动"得到了政府回应，最终确定地铁绕道，法桐不砍。①

再进一步看，具体事实是否具有代表性也很重要，如果事实不典型，从中引出的观点也不够典型。2011年厦门化工事件是一个典型事件：项目有800亿的诱人产值，却又伴有剧毒物质产生，存在长期、巨大的环境健康隐患。厦门曾获得人居环境奖的荣誉，这次却违背承诺上马了有剧毒风险的化工项目，怎不令百姓寒心，而又使其他城市为招商引"污"庆贺：只要有政绩，污染一点算什么！最后记者报道披露了厦门的污染项目，也给上马污染项目的其他地方提出了警告：不应漠视民意，随意破坏地方环境。而且这件事情也是宣传可持续发展、人与自然和谐相处的生动案例，人们因此更充分认识到保护生态环境的重要性。当然，对于已经落下帷幕的厦门事件，可以思考的地方还有很多。记者总是考虑在前面，当他抓取这一事实的时候，就开始酝酿和验证许多重要观点了，并随着调查的逐步展开观点变得清晰，思考更加深刻。思想得之于事实，又不止于事实，而是在此基础上进一步升华，从个别到一般，最终得出普遍意义，而普遍意义又得以进一步指导具体事实，改变人们的认识。

总之，采访的深度直接影响了思想的深度，而思想的深度增加了采访的深度。那么采访所经受的磨炼又是思想经受的磨炼，因为事实不断给思想以刺激，使认识不断深入和获得修正。这样看来，所谓深度是动态变化的，有一个记者的发现、验证、思考、提升的过程，直至落实到新闻报道中又有一个受众接触和接受的过程。经历这样一个过程后，采访的深度也就得以体现出来，否则，所谓深度就会沦为自说自话，即使评了奖也是经不起时间考验的。

---

① 申冉. 绿都南京市民护绿心切 "绿丝带"寄托梧桐深情[EB/OL]（2011-03-16）[2021-07-02]. 中国新闻网 https://www.chinanews.com.cn/sh/2011/03-16/2908486.shtml.

二、采访事实背景即寻找意义和价值

深度报道在很大程度上是一个寻找背景,使事实变得非同寻常的过程。对此,资深记者张建伟曾说过这样一句意味深长的话:"不要试图去寻找什么新闻,而要努力使新闻变得重要起来。"① 为什么不要去试图寻找呢?因为突发性事件往往被众多记者争先恐后地采访了,自己再去凑这个热闹已经没有必要,也没有多大意义了,那么真正需要做的是让新闻变得重要,这其实是强调背景,只有背景才能让它显得非同一般,那么,背景既然如此重要,它的定义是什么呢?它的作用是什么呢?

所谓背景,就是事实所处的环境和条件。在摄影中理解背景就很容易了。拍摄物体,其背后的景象都是背景。那么移此意到新闻采访中,则背景包括事实发生的原因、事实之间的联系等。在新闻五要素中,时间、地点、人物被算作硬要素,而原因、事实(内容)作为两个软要素,简略的可以用几个字概括,或者用一句话概括,复杂的则千言万语也力有不逮。所以,对于深度报道记者,要说清楚并不容易,表达得准确、深刻更需要能力。这就要求记者对于事实采访要深入、详尽,不仅要弄清事件的来龙去脉,还得弄清是哪些因素起着关键作用。任何事实都不是无源之水,它的发生有着诸多推动因素,还有阻碍因素也在起作用。事实的背景里,有导致事实发生的直接因素,如沙尘暴发生的直接诱因是大风、浮土,那么间接因素则是人为破坏导致土地沙化、干旱。导致自然界变动的直接、间接因素比较明了简单一些,那么人类社会中干扰破坏性事实的产生,直接原因虽简单,间接原因则会复杂很多。要不断深入下去追问,背景抓住了,事实也就容易分析了;背景的清晰,也使得对策更容易提出了。

寻找原因主要是为了揭示背景,但揭示了背景并不等于找到了意义与价值,记者要在背景揭示过程中找出事实发生的原因,分析症结,才能够把握意义与价值。记者的深厚功力使其能在对事实的掂量中发现其中蕴含的有意义的东西,然后记者再深度挖掘分析,事实的意义就显现出来了。

《南京的根能否留住》这篇报道的价值受到关注。

> 自2006年起,有"南京之根"称誉的老城南历史街区,因为大面积拆迁,总理两次批示,成为举国关注的公共事件。一时间,居民维护合法权益,学者保护历史街区,一场关于老城南的拆保问题,于两条战线同时出现。3年之后,这里再次成为被关注的焦点。②

2009年7月14日,《南方周末》记者在南京访问了老城南的古民居毁损问题。采访这个事件既有意义,又有代表性:有些地方为了发展,清理老建筑,在保护历史文化遗产这一主题下记者揭示商业利益与文物保护的矛盾。作为六朝古都的南京与其他城市一样,古建筑文化遗产所剩无几。地方占有土地让开发商盖楼,会破坏文化遗产,影响深远,需要媒体发出呼吁,予以合理的纠正。

总之,所谓挖掘新闻背景是记者将事实的发生与其原因联系起来,使事实的内在倾向能够被揭示出来,使主观认识与客观实在达到统一。这里强调不是强扭角度,不是上

---

① 张建伟. 深呼吸 [M]. 北京:经济日报出版社,1998.
② 谢海涛. 南京城南保卫战 [J]. 南都周刊,2009(8).

纲上线，而是由事实及其联系推导出来结论。当然，报道是否深刻又和记者本身的素质直接相关，记者知识广博，勤于思考，再加上深入采访，善于联系和发现才能成就深度报道。

第二节 记者要致力于为社会"解惑"

信息社会的到来，使受众被推入一片信息汪洋之中，时时刻刻都被无穷无尽的信息包围，在这种时候，受众对信息之渴求得到了极大满足。但同时，这个社会转型期又出现了种种不可预料之变，又为人们带来惶惑，公众需要信息判断世界变化，又感觉信息多带来参照的混乱，一时处于困窘境地。这就需要记者致力于解惑，解信息不准之惑，还有不深之惑。

一、受众需要深度信息

进入信息社会令人欢欣鼓舞，也会令人困惑无奈，一方面是信息无比丰富，一个人其他任何事都不做只看信息也难以阅尽国内每天变动的信息；另一方面，信息太多，人被各种各样的信息包围、追逐，由此产生信息焦虑。受众不堪承受各种强制塞入的信息，而希望得到适量的有用内容，但也正因为这个要求不能得到满足而焦虑：信息杂乱无章，各家媒体自说自话，犹如景区商业摊点极力叫卖商品，向受众兜售很多他们并不需要的东西，嘈杂而又令人烦躁。不是受众不需要信息，而是不想要太多垃圾信息，那些八卦、绯闻、专刊（广告）越来越多。受众需要的是意见性信息，是更多致力于消除困惑，帮助受众对重大事件做出有见解的分析，指导受众思考与行动的信息。意见性信息重在解惑，把复杂的事实条理化、简单化。意见性信息来自记者对事实的深入分析和梳理，在意见性信息中，事实体现出本质倾向，记者通过事实表达一种引导性意见，使受众获得启发和引导。

过去，记者在报道中大发议论，表达观点，直接指导人应当怎样，今天的报道尽量用事实说话。那么记者如何在事实中体现意见呢？一是将事实巧妙组合，以对比显示反差，是非优劣非常明显，记者暗含的否定或肯定倾向就在对事实的排列中体现出来；不仅是对比，用数字或有暗示的描述都能让人体会到"意见"。二是借用他人之口表达作者观点。2019年4月，昆明重查孙小果案，深挖背后的违法犯罪人员，《南方周末》以《昆明在呼喊，铲除恶霸》这篇报道，揭露孙小果这个让昆明感到恐怖的黑道老大的严重犯罪事实，这是通过事实体现意见性信息的典型报道。今天，社会更加需要意见性信息，也是在呼唤更有水平的深度报道。

二、"风险社会"需要媒体预告

当代社会信息的空前增多并不意味着有用信息的自动生成，需要信息把关者、信息解读者。每当社会中的一些领域出现巨大变动时，人们发现自己只是变动的危害、后果的承受者，这也体现了媒体预告的缺失。"风险社会"①早已来临，只是近年来随着各类事故频发，人们才开始意识到"风险"的存在。社会学家贝克从"风险"的角度对社会的巨大变迁进行了全新解读，区分了三类风险——前工业时代的灾难、古典工业社会的风险和晚期工业社会的大规模灾难。它分别体现为地震、飓风等外部危险，职业事故风险以及大规模的生态、核、化学以及基因风险。②"风险社会"带来了更多的不确定因素，人们要消除这种不确定，就必然要获取信息，那么人们依赖媒体也就成为势所必然。媒体要靠记者提供信息，事实上也就是受众依赖记者，而记者的使命就是不断收集信息，提供参考信息。那么回过头来再看，"风险社会"中媒体提供的信息是否缺乏、不足？如前所述，虽然今天的社会已经被命名为信息社会，但并不等于信息已经充分满足受众需求了。这个世界变动如此难测，诚如社会学家贝克所言：今天的社会，生活在文明的火山上。"在现代化进程中，生产力的指数式增长，使危险和潜在威胁的释放达到了前所未有的程度。在现代化进程中，也有越来越多的破坏力量被释放出来，即使人类的想象力也为之不知所措。"③社会结构及人与自然复杂的交互网络已经超出了人们的认识和控制范围，一个细小的环节变动就会产生"牵一发而动全身"的效应，社会中可谓时时处处都蕴含着风险。媒体存在的价值就是让人们预知风险，从而规避风险、化解风险，渡过危机。

记者如何做才能满足受众需求呢？记者就要如普利策一样，当好瞭望者，也就是要如雷达一样敏感，时时关注社会的细微变动，并注意联系分析，将事实置于社会发展态势中考察，看事实会预告什么。当事实发生变动时，还要追踪溯源，个别事实在大的背景下可能会显示不同寻常的问题。如一些地方出现"癌症村"，记者们对此也予以了极大关注，多次采访，多家媒体披露，但效果并不理想，究其原因，一是这种单纯的信息传播出去后，很快就被其他媒体信息所湮没，不能被太多人注意到（当然，此类信息一条条叠加起来集合成重要信息，每条信息都发挥了作用），二是信息厚度不够，具有局限性。如《死亡笼罩的"癌症村"》，④记者采访报道了山东宁阳肖家店的因癌症形成的长长的非正常死亡名单，记者查访到由于上游建起了众多化工厂，高毒性污水沿着汶河向下游流淌，直接导致该村土地被严重污染，庄稼、蔬菜中铅、砷等重金属大大超标。记者还采访了村民的癌症发病治病等情况。虽然披露的这一事实已经够惊人的了，但记者只是局限于披露这一事实，没有揭示这一事实带来的风险扩散后果，如农村被污染蔬菜被运到城市，城市与农村人口都会受灾的后果，以致报道不被高度关注。

由上可知，信息社会里记者的任务是及时提供信息，使受众从中获得有益的引导。记者要改变信息混乱的现状，就需要致力于消除事实的不确定性，为事实做出准确深刻的剖析。社会风险的增加使社会对记者准确预告信息的要求提高了，记者的任务也指向了发现风险、预告风险和指导社会预防风险。总之，为社会"解惑"成为记者的重要任务，而记者要通过深度报道这一体裁来完成。

---

① 贝克.风险社会[M].何博闻，译.南京：译林出版社，2004：165.
② 贝克.风险社会[M].何博闻，译.南京：译林出版社，2004：221.
③ 贝克.风险社会[M].何博闻，译.南京：译林出版社，2004：321.
④ 资料来源：中央电视台《经济半小时》栏目2007年6月23日报道的《死亡笼罩的"癌症村"》（作者邓清波）。

第三节　培育学者型记者的发现力

当今时代，记者数量众多，队伍庞大，这使得采访、报道形式也日益丰富起来。新闻往往只有一天的生命，这既因为媒体上的新闻每天都在更新，又因为社会变动快速而广泛。现在记者采访报道已经忙碌不堪，难以有工夫深入调查事实，然后在十天半个月之后推出报道。当今，都市类媒体已将快餐式新闻演绎得淋漓尽致，似乎这已经是个只求快速传递信息就满足的时代。其实这是一种误解，社会不仅需要快餐式新闻，更需要耐读耐嚼的深度报道。而今天众多媒体的深度报道如此之少，主要原因在于能深入调查和深入思考的优秀记者太少，以至于制作出的新闻显得平庸和低俗。那么这就涉及一个问题：当今时代需要什么样的记者？社会的急需解惑需求已经给出了答案，社会需要学者型记者。这不是为了好看好听而冠以一个高雅的称呼，而是社会需要使然。

一、学者型记者的优势

面对复杂多变的社会，记者必须"专"，"必须具备某一方面的专业知识"。[1] 这一类记者具有学者的特点，知识广博，善于分析，而"学者型记者，说到底就是对某一领域有研究和独到见解的记者"。学者型记者能在他熟知的领域里很快发现新闻，并能见解独到地做一些专题报道、深度报道、解释性报道，使新闻信息的"质"有更大增值。媒体报道有深度，才能有影响力，这是需要一批学者型记者队伍支撑的。[2] 具体看，学者型记者的优势在于以下几个方面。

首先，知识丰富。作为这一类记者，最大的优势就是占有的知识很多。那么知识多算不算优势呢？显然知识就是力量，就是智慧，当然占有优势。今天学者的知识是经世致用的，可以起到指导性作用的。现在知识更新的速度大大加快，仅仅在一个专业领域里能够跟上这种更新步伐就不容易了，不断掌握新知识，追赶知识变化的脚步也是很需要勤劳和毅力的。浮躁的社会心态成为知识积累的大敌，记者又恰恰是少数最令人浮躁的职业之一，有些记者提供的信息缺少知识，空虚肤浅，受众也许能从中得到片刻放松，但于文化涵养增进颇无益处。而学者型记者的优势，在于以自己丰富的知识透视事实，并准确把握事实，迅速抓住事实核心，告诉受众更为深层的东西，不仅仅是真相，还有可以启发思考的内容。由此，新闻不再仅是一次性消费品，它化作了提升人生智慧的养料，使人增进见识，改进思想。还有，丰富的知识来自现实生活，记者或吸收或改造或深化它们再回馈给受众，记者在此过程中也丰富了知识和思想。

其次，识见高远。学者型记者知识丰富，学识过人，不囿于现实环境，在任何条件下都致力于报道出好新闻，有超出一般人的执着和定力。美国记者索尔兹伯里就是这样一个出众的新闻采访人，他人过中年还在报社不得重用，一度被安排到不起眼的位置，但他不抱怨懈怠，凭着刻苦认真的钻研精神，努力积累专业知识，勤于到社会生活中学习，最终成为一个学识广博的记者。他采访报道的《访问垃圾》获得了普利策新闻奖。识见高远在

---

[1] 赵晓军. 论新世纪的记者素质 [J]. 新闻知识，2001(1).
[2] 梁国典. 今天我们怎样当记者 [J]. 青年记者，2003(7).

学者型记者那里还表现为运用丰富学识对事实进行透彻分析。艾丰作为从事经济报道的记者，对宏观经济有过深入研究。他采访广东的深化改革，写出了《改到深处是产权》这样一篇颇具洞见的述评报道，文章题目就道出了中国改革的核心：改来改去，本质就是改产权问题。此报道高屋建瓴，显示了一名学者型记者的远见卓识。与报社相比，电视台、网络媒体更缺少这种具有宏观和深刻思想的记者。

再次，思维缜密，富有逻辑。与注重经验感觉的记者相比，学者型记者善于组织材料，把事实按照层层深入的关系予以处理，显示出较强的逻辑思维。当前一些青年记者见什么可写，就匆匆忙忙采访，了解情况粗枝大叶，只注重情节的可读性而不顾及事实之间的递进深化，这样完成一个简单的报道可以，但要驾驭一个庞杂事实则可能力不从心。而学者型记者善于把握事实的要害，采访事实从表层、一般入手，然后围绕核心展开，层层推进，并从多侧面、多层次访问中逼近事实真相、核心。这样的采访从大致思路看就是：发生了什么？为什么发生？后果如何？采用什么对策？如此确定事实展开的框架。这些采访中的思考被有序组织到报道中，使传播内容体现出了事实的完整性、叙述的条理性、结论的启发性。

二、全面、深刻地"发现"社会问题

与一般跑口（行业部门）记者、挣工分的记者不一样的地方，就是学者型记者能够全面、深刻地看事实，"发现"问题。大家都生活在这片天地，怎么只有这类记者做到了，别的记者就做不到呢？这就是他们的优势，知识拥有的多寡必然带来发现能力的高下。学者型记者善于钻研问题，平时非常留心社会热点，他们将大多数热点与别的知识相结合、碰撞，使问题的价值得以凸显。

有些学者（尤其社会学研究者）不是记者但在发现问题研究问题方面胜过记者，他们发表的成果引起强烈的社会反响，一纸风行，他们的调查和钻研问题的能力恰恰是学者型记者努力的方向。如梁鸿出版了《中国在梁庄》，这是一部她于2015年在河南家乡深入调查，最终写成的引起社会巨大反响的著作。

更有深度的是曹锦清 2005 年出版的《黄河边的中国》，这是一部引起极大轰动的研究三农的著作。他对河南几个县的农村做了三次访谈，深入了解了"三农"问题形成的根源，农村工业化发展的困境，以及农村畸形的人情关系。从中他发现了落后的生产关系如何束缚了生产力的发展，农村变革面临着人才匮乏、小农保守、教育落后等不利因素。事实上，"三农"的发展一直是中央关注的问题，政策文件也下发了不少，但效果仍然不理想。"三农"问题得到中央的关注并不等于地方也同样那么关心，"三农"欠账太多，地方缺乏资金。媒体也不关心，因为采访了农村，投入大量精力做了报道却反响极小。概因农村看报者太少，基本是放了空炮。正是由于政府与媒体的原因，"三农"成了快被遗忘的角落。但也正因为被冷落，"三农"问题越积越多，其中蕴含的新闻价值越来越大，这种社会问题等待被"发现"。当然，也应当看到该书作者只是花了一点时间考察了农村几个点，也没有长期深入农村，这方面还不如多年跑农业口的记者。但比较起来，学者的研究引起了轰动，这里面的差距令人深思。看来不在于关注"三农"时间的长短，也不在于发表作品多少，关键在于对问题有没有发现。学者由于学识积累深厚，思考深刻，也由于其考察自外而内相对超然，其发现的水平明显高于一般记者。

总之，学者型记者是社会所需要的记者。社会转型期问题非常多，而发现者又非常少，以至于近年来大学教师和专业作家不断介入社会热点研究，他们的问题发现成果已经走在记者前面，这需要当今年轻记者知耻而后勇，奋起直追，要补充知识，关注变动，倾听民声，不忘民本；同时还要深入下去，多花时间和精力去研究一两个问题，也要吸收前人的成果，增加知识积累。在这方面，记者要丢掉浮躁心态，培养坚毅精神，持久地钻研社会主要问题，逐步把自己培养成学者型记者。

三、突破专业分工，走向融合

采访要突破专业分工的局限。今天，随着社会分工的细化和精密化，不少人越来越固守于仅属于自己的一方小天地，与大的方向越来越远。专业分工有其合理性，主要在于任务明确，但是害处在于使人颇有局限，视野狭窄。今天的记者也有这样的问题，在采访分工方面，还是有一种按行业来分的倾向，如工业、农业、文教、政法等，当然都市类媒体又增加了机动记者，以应付突发事件；还有专题记者，为那些专刊进行采访。分工虽避免了记者之间的矛盾冲突，却又使得记者的采访范围变小，采访能力受到削弱。采访农业的面对工业发展就无法逾越，而专跑文教的对政法案件就无法涉足。但与之相对，目前社会还有一股走向融合的趋势，即打破专业局限，使得采访面更广。因为社会中事实不是孤立存在的，事实的变动是与其他事实相联系的，所以记者需要综合各种角度去抓住事实，深入探索事实背后的原因，这需要记者有宽广的视野。要当一个学者型记者就必须突破种种限制，努力使采访向交叉融合方向发展，这也有利于还事实以本来面目，揭示观点，启迪受众。采访走向融合是一个必然趋势，在这里需要注意几个问题。

1. **力求弄通自己的专业**

记者不是大学和研究机构专职人员，不需要去做艰深的学术研究，但是需要吸收对方的研究方法和研究成果。自己平时要积累资料，这包括每次的采访记录，专家的学术成果及其最新的研究进展。记者的长处是既可以到一线去访问，又可以向专家求教，有理论与实践两方面的知识吸收优势。现在不少记者很注意吸收专家学者的观点，这是一个很好的现象。另外，要弄清自己的专业还要多读书刊，多吸收前人成果，开卷有益这个道理是永远都不会过时的。

2. **在专业精的基础上广泛涉猎**

虽然今天弄通一个专业不容易，但不等于兼收并蓄做不到。记者杂学多看，不固定于一门专业，培养多专业的兴趣，这样将多方面的知识作为库存存放在大脑中，它们堆积、碰撞、发酵，产生化学反应，就会使记者产生新的思想认识。今天网络发达，为广泛涉猎提供了便利条件，记者需要广泛浏览吸收，借鉴别人的成果，消化吸收成为自己的东西，由此提高自己的采访水平。而且记者本身具有这个优势，即到处奔波，有机会接触新鲜事物，能得到比校园教学者更多的新知识。

3. **触类旁通，善于跨专业学习**

记者采访事实，要弄清事实的发生经过也许不难，除非采访对象设置障碍。但是当事实了解清楚了如何认识又是一回事了，因为事实发生的背景不是那么清楚明晰的，它会隐藏得很深。这里有怎么把握的问题，就需要借助别的知识了。例如，表面看报道房产市场动态不需要多学科知识，但作为学者型记者肯定不能停留于这么一个观察水平上，而是要综合运用学科知识，力求透视其中的问题，梳理原因，提出自己的见解。在提供对策方面更加需要记者的见识，不是那么随便拍脑袋就可以提出解决办法的，要有内行的眼光，内行的话语，内行的办法，让内行人认同。这是说到非常专业的领域，如果换作娱乐报道又如何？应当说道理还是一样的，只不过有所区别的是，娱乐报道一般情况下更追求感官刺激。记者采访需要掌握多学科知识，文化学、心理学、社会学等专业知识都很重要，另外对于市场管理等专业均应有所涉猎，否则就难以深入了解一些事件背后的真相，记者弄不清事实之间复杂的背景，报道的内容就无法令人明白。

总之，在结束本章之际，回顾深度报道对背景的梳理还是必要而且重要的。深度报道主要依靠背景突出它的意义，事实的背景足以反映事实的本质，而事实发生的背景需要记者去寻找。另外，当今社会信息太过丰富，使人们无所适从，因而记者提供意见性信息就极为重要了。伴随"风险社会"的是深度信息的匮乏，为了预防风险，记者也亟须对足以引发社会动荡的细微变动予以报道。当今社会专家走红，反映出人们对专业知识的渴求，因此对于媒体来说，学者型记者的发现力极为重要。信息社会不仅知识重要，而且知识带给人的启发思考更加重要。社会中问题太多了，人们难以应付，不得不求助媒体，而媒体又仰仗记者。发现问题、解答问题要由记者来完成，普通记者难以胜任，只有学者型记者可以胜任。在社会急需学者型记者的形势下，记者要不断加强训练和提高认识能力。

思考题

1. 简述深度报道在今天的意义。
2. 深度报道如何体现其思想性？
3. 怎样理解学者型记者的发现力？
4. 采访中如何突破专业分工，走向融合？

阅读材料

| 破碎的绿[①] |

这不是城里人所熟悉的种树——在植树节或是某个纪念日到某地，挖几个坑，插上几棵树苗，填上土后扬长而去。这些树今后是死是活，种树人通常不再关心。

他种树的方式极其类似母亲孕育孩子——在深山野外一粒粒拾起树种，播撒、浇灌，待它们长成树苗，再将树苗一棵棵栽在荒山秃岭上，然后几乎一日不离地守护在旁边，纤细的树苗在他眼前一天天长高、长壮、结果……树，不是1棵、2棵，而是几万棵；在旁守护的日子，不是1天、2天，是整整19年。上千亩的荒山，绿了——无论我们怎样展开想象，也无法体会种树人对这大片山林的无限深情。

---

① 沙林. 破碎的绿[N]. 中国青年报，1995-09-24(5).

他竟得到这样的回报：短短几年里，他像亲生儿子一样呵护的山林被盗伐一空！

这是个十几年来现实生活中最震我心的悲剧英雄。

悲剧在于一个生气勃勃、曾10多次得到省市表彰的劳动模范的绿化梦，在悲怆的血泪中破灭。他的乡亲像群狼一样地抢掠，无视这个有着珍珠一样心地的"圣人"，哀告无助地倒在干燥的南阳大地上。

"墙上挂满奖状，照片都叫我爱人砸了撕了"

坐了一天一夜火车，又转乘两次汽车，来到河南方城县一条坑洼如旧河道的公路上。我坐在车内柴油桶上望着被砍得稀如癞痢的路边树，忽然身旁起了纠纷：

赤膊汉："老子偏坐上头，咋啦？"

仔服汉："这是炸药！炸了你负责？"

赤膊汉："你吓唬谁？你打听打听，四里店的新民……"

四里店乡？这里我竟不顾忌身边一大箱炸药，问起赤膊新民。这新民问："你到老景庄村找谁？""李绍申。""谁？就是那个包荒山种树，后来全叫砍了去的李绍申？红旗吧？俺都叫他李红旗，绍申是他的官名。"

大山里天黑得早。下车还要走10里山路，新民招呼路边开店的用摩托送我到"李红旗"家。

冲凉者默不作声。后来知道他是原村党支部书记，8个月前下台了。

山冈上的四间土房不见一块砖，烛光中巨大的影子移动，李绍申走出来。"喝汤吧（吃晚饭）。"他低头轻松语。

一副英雄气短的样子。他几乎相信人们所说，他在树被砍光后得了忧郁症。

"爱人正跟他闹离婚，已经起诉了，乡里村里做工作也不管用。"

夜已深，问起以往，这个沉默的汉子突然带着口腔道："她确实跟我吃了不少苦头，一开始就跟我上山。现在走到这败落地步。"

第二天曙光初照时我才得以看到这伏牛山的样子，我不顾李绍申的沉重，硬拉着他重上他伤心之地——包荒种树的那座山。

这是我所有登山经历中最累的一次。骄阳似火，山气如蒸。李绍申说："如果有树，就不是这样子。当年满山是树，还没到山前，就感觉凉气逼人。"

他和哥哥李绍珊给我描述当年情景："满山花树，果实累累，莺鸟欢歌，山泉汩汩……可现在我一眼望去，漫山遍野几千亩没有一株高过人腰的植物，全是裸露的山岩和尚存的枝蔓灌丛。没有人，十几里山路不见人迹，树都砍光了，他们也心满意足了，不上山骚扰了。"

"夏走山梁冬走谷，咱沿山梁走吧。这谷底热死过一个老太婆。"绍申他哥带我们走下这令人畏怖的荒山。

"猫朵山"怎样变成花果山

他把19年的山上生涯仅仅归为喜欢树。乡民说换了别人很可能说出许多高调子以致当官。

他是使人一看就相信的人。他的专注而有些木然的神情使我知道这是一个诚实而有远大理想的人的心里话。这使我更加关注他的行为与当地人文的关系。机智活络的南阳人中简直找不出他这样的人,而干枯的中州大地又急需这样的人。

"父亲年轻时就喜欢在山上。1979年,我17岁,可喜上山。我们就是喜欢种树,大队让我们栽2,000棵,我们栽了上万棵。得到了公社的表彰,团地委书记亲自上山来了,我成了'绿化中州突击手',到省里开会。"

那山叫猫朵山,清末民初时还有密林,"大跃进"后砍成了秃山。1982年,李绍申承包猫朵山1,000亩,从此和父亲抛弃山下四间茅草房,在山上搭了个小草庵住了下来。

乡民惊怪:"你在山上囚着有什么出息?能寻下人吗?"他抛弃了一个年轻人当时一辈子最大的梦想:娶亲——当地青年很小就为能娶一个媳妇而奋斗——攒钱攒料攒房子,买洋车(自行车),拾掇庭院,存一笔钱以便见面和迎娶时用。

当地民情视山区为末流之地,山民是蠢、穷、木讷的代名词。李绍申本来就在山区,又上更高之处不下来,家园荒废,无田无产,整个南阳几百万女子怕是没有一个愿跟他。

这父子选择的是最苦的活路,种树被推为苦活中第一,超过到平顶山下煤窑:"冬天要挖树坑,用洋镐砸冻土,虎口震得都是血道道。晾一冬春天种,成活率才高。春上要寻捡树苗,北到太行山里辉县寻红树苗,南到伏牛山深处捡毛栗子。自己寻省钱又好活。春夏要挑水浇树,逢山泉干涸,要到五六里远的山下挑。"山路陡峭险狭,当地山民空手上来一趟尚且喘息半天,何况挑着大水桶一天上下无数回。我坐在山腰,心脏像是要蹦出来,着实体会了这活儿的艰巨。

李绍申的神经类型很特别,他对人温和而苛求自己。他恨自己对人、对山、对自然不能有更大的贡献。他惩罚自己的一个方式就是到无人之处猛扇自己的脸。一次挑水快到山顶,有岩石逼他侧身,不小心水桶碰到石壁上,两桶水全部倾洒。他心痛得哭了起来,继而狠扇自己耳光,哭罢打完,又挑着水桶下山了。

他不言不语,能看着一棵树半个小时不动弹。十几年泡在山林里,他成了这里第一号果木专家。选种、育苗、嫁接、剪枝、防虫……样样精。南阳这地方有上千年的栽种史,他汲取积累下来的栽种技术的精华,并与现代果木栽种技术结合。

杜仲和红果的嫁接最难。一开始一年年从辉县搭坐铁板货车,啃着硬馍捡来枝条,嫁接不活都枯干了。后来访山中老叟学来古代的劈接法,再结合新办法,结果嫁接又快成活又多。

深山里有野毛栗树,果多树旺,但不好吃,他用新法嫁接后,一树能结近百斤又香又大的栗子。野柿子嫁接后,苦涩尽去,满山满树黄黄点点,成为秋天一景。

嫁接成了他点石成金的法术,什么野枝乱树他都要嫁接一番,使其焕然一新。计有酸枣成大枣、山梨成鸭梨、涩果成红果、毛桃成甜桃、野樱桃成红樱桃……

"我原想种成个花果山,啥果子都种了。"

为这山,李绍申和妻子付出了什么?

一个当年肯定是很秀丽的女子为没东西招待我而烦恼。她去邻人那儿借了鸡蛋、冰糖、菜籽油、酱油……

12年前,她行程数百里,摸到山上找李绍申,自嫁其身,使方城、南召两县,甚至整个南阳县都大吃一惊。最没可能寻媳妇的寻上了。

她叫黄雪云,家是驻马店的富户,读了报上李绍申的事迹,倾心爱慕,不顾家里强烈反对，拿了户口本上了猫朵山。李绍申苦劝，她斩钉截铁说要跟他奋战到底。李烧了上百封姑娘的求爱信，跟她订了终身。

"举办婚礼时，县委书记张德成、县长韩誉军、南阳团地委、团县委、妇联、人大、林业局都来了，南阳电视台也来了，乡里干部全部出动，两班子唢呐奏乐。仪式一了我们就上山挖树坑去了。"

李绍申眼内少有的一亮，后又恢复了沉郁。

黄雪云是想干大事情的女人，出嫁前就在家办养鸡场，跟了李绍申后，累活苦活她都干，还兼烧火做饭。1988年10月，临产前一天还在冷风中挖了20多个树坑。她的双胞胎女儿就是在山上不避风雨的草庵中生下的。

两个女儿从小就与世隔绝，在山顶与风月鸟虫相伴。大女儿一次半夜发高烧，烧得手脚抽搐。黄雪云吓得直哭，一家人急得在山顶上打转没办法，半夜下山好比盲马临渊。结果孩子病被耽误了，智力受了影响，还时常犯惊风。

黄雪云为了十几年前的冲动献出了一切：青春、孩子、富足安宁的生活。

"我娘家就是看不过这山区，我来这儿12年娘家没有一个人来过。娘家住的楼房，每次回去盘缠都是娘家给，回来让带的东西装不了，现在大人小孩的衣裳都是娘家给的，面粉吃了上千斤，没钱过年，娘家寄钱来，得了那头好处真是没法说，可一口水、一丝线没吃过俺们用过俺们的。"

还有两人跟着李绍申拼死绿化，他老父和他三哥。"老父亲70多岁了，就珍爱这林子。三哥心眼儿憨实，没上过学，没娶亲，永跟我们在一起，人说是我的铁石干将。"

他们的安慰是那些年县里乡里的干部隔三岔五爬上山来看他们，带来食物、报刊，还有收音机。"现在败落了，干部也换了好几茬了，谁也不来了。"

一家老实本分的农民身心都献给了这个林子，家财投了进去，还借了1万多元育树苗。他们白天干活儿，夜里巡视。他们经常被雪围困，断炊无食。他们曾摔滚到山下，头破血流。他们累得趴在地上喘气，半天不起……

他们献出两条命给这林子：二哥家最机灵惹人爱的4岁小儿子，在一家人上山无人看管时，误喝农药而亡。而一辈子护林的老父亲发病晕倒，滚到崖下。这时全家在山下收麦，等发现了已经死去3天，惨不忍睹。

对李绍申来说，这是最不能提的一件事。

"人坏了，你算是没防的！"

李绍申一家远离人群，李家的草庵就搭在老虎洞顶上。1958年以前，那里一直出没吊睛猛虎，伐林炼铁的嘈杂声把它们驱走了，不知所终。

老虎遁去豹子住进洞，一直到20世纪90年代初毁灭性的伐林开始，也是缥缈而去。李绍申对豹子颇多赞誉："豹子是通人性的，你不招它，它不招你。有时候你干活，它在远处望着你，像是要跟你说什么，然后悄悄走掉。"

狼是对李家危害最大的动物。"那时，狼极多，天不黑就从大山顶上往下跑，几十个一群，耷拉着舌头，尾巴多粗，拖着地。"

有一次天黑李绍申上山，看到前面有一只狼盯着他，突然发觉后面也有一只悄悄逼近。情况危急，他把随身带的伞一张一合，狼不知什么东西怔住了。他奔向山头狂喊，父兄拿着猎枪跑来……经常夜里，狼扒门哗哗的……他们的狼狗也被狼群围住吃掉了，那夜听得嚎叫声急，第二天看只剩下一些狗毛，连骨头渣都没了。

现在随着李家的山林被砍，这些动物全消失了。

"人是特种动物，比豺狼虎豹还要坏！"李绍申感慨莫名。比起降在他家的人为灾难，毒蛇猛兽算不了什么。

厄运一开始就伴随着把全部献给美好理想的植树人——偷伐与丢树是多年来弥漫在中州大地的雾瘴。

开始附近乡民只是零星上山偷伐几棵盖房子。李绍申丢一补十，林子还是越来越茂盛。1989年以后，随着树木逐渐成材，灾难真正来临。

大宗被盗的树木是用来种蘑菇或用作煤窑柱、棚柱的。其实获利也不巨，比如芊榕树，珍贵药材，可偷去卖做棚柱，一捆五六棵才卖几块钱。长了10年的高大栗树，砍去卖蘑菇底木，一棵也就是10块钱。当地许多乡民是"宁抓眼前1毛，不要将来1块"，反正不是我的，卖1块是1块。

"杜仲树皮好扒，扒起来没声，树木茂密，人藏树上你到眼前也看不到……俺们杜仲树长得好，舍不得扒，心想再长熟点，结果一夜之间丢失了几百棵树皮，热天扒那么狠容易把树扒死！"

猫朵山地处方城、南召两县交界，两县盗贼昼伏夜出，寻捕不易，甚至百里外的鲁山县也有人远途奔袭。三县强人争先恐后涌向这方圆百里最繁茂的"花果山"，使李家身陷险境。

雪天夜雨是盗伐的好机会，歹人们不顾山高路险上山来。经常传来有人夜盗中摔得腿折身残的消息，但还是吓不住偷伐者。记者不明白，这点微利，又如此难得，何以来势汹汹？"可其他还有啥营生，种树多累呀！"李家二哥替他们设想。

李家后期最主要的工作是防盗。这地面上的人向来投机，偷伐手段也狡诈多变，千亩山林防不胜防。

一家3口费一年工，垒土石墙，种荆棘刺，挖明沟暗堑，把山口小路都封住了，可盗贼用钢钎利斧把它们都破坏了。"人坏了，你算是没防的。"

李绍申说："中午吃饭时，晚上喝汤时，歹徒就钻这个空子。后来我们轮流吃饭。他们就变换花招，有一个专门爬到树上观察我们的动向，其他人下手。我们在明处，他们在暗处，经常是听到砍伐声，待赶去只见白花花一片木渣子。你想想，我自己不小心碰坏两棵树苗都心疼得自己打自己脸，看到他们把树毁成这样真是伤心死了，恨不得跟他们拼了。"

就在李绍申痛心至极之时，坏人们正隐在不远处偷偷发笑。他们不仅仅是为了利，还伴着残忍的作恶心理，以刺激李绍申为乐事。

"果木吃不了，他们就给你砍了……有一次树让他们毁了上百棵，全是从半腰截的。"李绍申痛恨至极，用蹲点的办法等候那帮机变巧滑的坏蛋。他提前就位，兄弟在上，他在下边。手持土造猎枪，里面放很少一点药，以不出人命为准。他们以昔日对准野兽的枪对准坏人。果然候到偷树者，又毁了一片树，仓皇逃窜，李绍申开了枪，铁砂把一个家伙的手打穿了。

第九章 新闻采访资源的开发

本章要点

第一节 新闻采访资源的内涵　　　　第二节 新闻资源开发方法
第三节 新闻开发主客体作用的发挥

网络化时代的信息堆积，使记者拥有了取之不尽用之不竭的资源。今天更加需要对这种资源做好开发工作，记者除了能发现、识别事实之外，还要善于加工事实。

第一节　新闻采访资源的内涵

新闻记者不仅是信息的传播者，更是信息收集者。采集工作离不开对信息的充分挖掘。在大千世界里有无穷多种类的信息等待着人们去发现和挖掘。除了媒体之外，社会中大多数机构都不是专门的信息收集机构，虽然专门的情报、信息中心，调查机构等也在做信息收集工作，但这些机构不会向社会公开发布这些信息，只有媒体才能够这么做。现在信息如此之多，且相当多的内容对受众具有很大的知悉意义（解惑、解闷、解气），但是社会中不是每一个人都是记者，都具有那么强的信息收集意识，即使有这种意识也没有义务去公布信息，即便将信息发布在微博、微信或论坛里，这些信息也很快被淹没。信息太多，而记者太少，这是一对基本矛盾，但记者不能消极等待这一矛盾的自动化解，只能依照现有条件发挥自身能动性去开发信息资源。那么我们需要深入认识信息资源时代以及对信息资源的开发问题。

一、信息资源稀缺时代的到来

当今时代，许多物质和非物质对象都被冠以资源之称。社会也的确进入了一个资源稀缺时代，原来视若无睹的洁净空气、淡水、林木、土地等都成为稀缺物品，因为它们不仅越用越少（空气除外），而且受到严重污染，可用的急剧减少了；石油、煤炭、金属矿石等战略资源也处于告急之中。人口增多，耗费激增，资源也就日益稀少了。这加剧了人与自然的矛盾，更造成了人与人之间的矛盾。与以上资源稀缺情况相反，信息是不断增多的，不断充斥于社会中，但它们出现得越多，人们捕捉到的有用信息就越少，两者不成正比。这主要在于信息增长的速度过快，但人们捕捉信息的能力远远没有跟上，大量信息在民间自生自灭。如偏远山区森林被盗伐，当地人一无所知，过了许久才看到，已经无法追捕盗贼，损失难以挽回；又如西部冰川融化，雪线上升使长江、黄河上游来水大受影响，却没有人把它当作信息。即使在都市也一样存在大量信息无声无息地溜过，或湮没于喧哗的市声中的情况。前者如公交车的安全隐患，后者如城市和郊区出现的拆迁毁田现象，这些信息应该及时披露出来为大众知晓，现在这种信息成了稀缺资源，它的稀缺导致很少人发现严重后果。出现信息资源稀缺的主要原因有哪些呢？

首先，信息稀缺是因为有利益方的操控。有些时候信息该不该发布，怎样发布都由强势集团主导着，而且以发布信息为职责的传统媒体也可能会掩盖信息，堵塞信息渠道。一方面，媒体不敢得罪资本与广告主，以致许多涉及它们的负面信息不能得到传播；另一方面，于媒体自身不利的信息也被刻意掩盖了，这当然也与利益有关。信息的通道总是受到各方堵塞，以致信息出口越来越狭窄。这对媒体很无益处，最后也会伤害到自身。

其次，信息稀缺在于记者的采集能力不足。日常采访中记者只是专注于突发事件的追踪报道，除此之外就无所事事了。不错，新闻是新近发生的事实的报道，除了新近的事，其他就不算新闻了？显然，需要对信息做出加工的时候，很多记者就缺席了。现在大多数媒体追求新闻时效性，有事就报事，还争取当天就报，但是没事就拿一些花边新闻填补（当然，每天发生的事非常多，远超出了媒体的播发能力），比突发事件多的其他事实信息就被冷落了，长此以往，就会形成这样一种固定的可悲的认知模式：有事——记者报道——满足知晓欲，此后再进入下一轮循环。殊不知"千里之堤，溃于蚁穴"，有了"蚁穴"不报，"溃堤"时才格外重视起来，有时候看起来就很不合理。1998年的洪灾是一个典型的事例，这场洪灾成为各家媒体1998年夏季的重头戏，媒体除了报道中央领导的活动外，还报道了当地群众、人民子弟兵的英勇奋战事迹。可是似乎很多人都忘了"蚁穴"在哪里，而这个"蚁穴"就是长江上游滥伐森林，这导致了洪水没有超过1954年水平但灾害程度已经超出了那个时候。洪灾之后才有一个新华社记者奔赴长江上游查访"蚁穴"，发出了《长江上游仍在砍树》这篇报道。

从这一事件可以看出，记者超前采访信息的能力还不足。当然，直接的责任不在记者，责任都在那些玩忽职守、以权谋私者，但记者就没有一点责任吗？平时注意信息的及时发布，并且经常发布，履行好社会守望者责任，也不至于酿成如此大的灾难。当社会需要这些信息的时候，记者没有履行好自己的责任，没有把信息及时采集发布出来，受众就很难知道，尽管网络上也有信息被发布出来，但与传统媒体发布的信息的影响力无法比。这样一来，我们看到消息稀缺也有记者不作为的原因。当然，我们承认媒体对记者有考核任务，记者跟着考核任务走，也跟着指令走，真正有多少"自选动作"又成了问题。这恐怕也是记者缺少发布信息的积极性主动性的一个主要原因。

再次，消息稀缺的现实问题也源于加工环节的缺失。这就涉及信息本身的一个特点：组合性。信息是可以扩充或者压缩的，而信息与信息的组合又可以成为新信息。现在要看信息是对谁而言的，有什么具体作用，信息是因人而异的。但人们往往静止地看待信息，一条信息被传播出去了，人们知晓了，它也就完成了使命，好像它就应该永远不再有用了。其实不是这样的，信息是不会消亡的，信息的存在也遵守物质不灭定律，它会永久地存在，不以人的意志为转移，它只会从一种形式转化成另一种形式，或者与其他信息结合产生新信息。既然信息大量存在，那么出现信息稀缺就说明记者对信息的加工出现了问题。记者就事论事，一事一报，缺乏对信息的深加工，不能去做有机的创造创新，制作出来的信息就处在一个低层次上，受众看到的往往是肤浅的内容，就不会有什么收获。

那么为什么记者容易局限于一事一信息？原因在于记者只是关注了现在（只是现在发生的这一件事），没有成功地联系过去，联系过去则有很多的信息组合发生。过去引出现在，过去与现在联系在一起，就能实现信息与信息的组合了。当然，这里的"过去"指"过去的信息"，它可以扩展到无限多而非仅仅一条。在这里，我们将过去与现在联系在一起就可以进行信息加工，这也是一种最常见的加工方法。还有一种横向的信息加工方法，即把本地的这一事实与外地甚至外国同类情况做一对比。如记者除了对现有问题进行揭示和对善后处理进行及时反映之外，不妨将眼光再放长远一些，引入其他地方的解决问题的经验，将信息进行叠加，一条信息变为多条，这就使信息经过加工之后变得丰富充实了。信息的加工环节其实应该是以现在的事实为一个点，然后将其他方面横向与纵向内容联系组合在一起产生一条条新信息，这种做法常常用于深度报道（含调查性报道）。但目前都市类媒体的量化考核不利于记者进行深度报道，也难以提高其积极性，于是大多数媒体还按照一事一报的惯性模式报道，关注突发事实、动态事实，按照这个路子为受众提供信息，因此信息的琐碎化、快餐化在所难免。

二、新闻资源即信息

新闻资源在今天越来越繁杂了，可以报道的内容太多了，令记者应接不暇。由于社会变动如此剧烈，人与自然之间日益紧张的对立也带来了更多的气候灾变，自然界也处于动荡之中。这些复杂的变动为记者提供了无比丰富的新闻资源。人与人的交往、人与自然之间的互动都会产生新闻，只是记者人数有限、精力有限不能及时反映出来。当然，并不是所有的变动都是信息，都应当被报道出来，只有那些对受众具有知悉意义的变动才应该被报道出来。在此我们对哪些新闻资源应该作为信息传播出来做一个简要分析。

首先，涉及人类长远利益的变动是信息。这方面我们特意强调人与自然之间发生的变动。近年来全球气候变暖加剧，自然灾变频繁发生，强度也在不断加大。记者有一个惯性：只有突发灾变时才予以采访报道。这些显性、动态性强的变动是信息是确定无疑的，那么除此之外还有一种渐变的、不易为人察觉的自然变动也是信息。从价值上看，这一类信息更为重要，但也更难获取，第一，不容易观察对象；第二，变化发生地比较偏远，如冰川融化、雪线上升等；第三，需要花时间去观察才行。但如前所述，若不留心这方面的变动，可能会产生更多隐患并导致更大更现实的危害发生。当然，涉及人类长远利益的变动还有关于人自身表现的。如燃煤等化石原料消耗量激增，机动车数量暴涨，这使得排放到大气中的热量快速增多，大气层受到破坏，全球变暖的后果在所难免。

其次，人对自然施加的影响是信息。除了前面提到的过度消耗能源和增加车辆是信息之外，人类不可遏制的消费欲望导致的巨大破坏性行为也是信息，而同时，自然受到人类压榨而做出的被动反应又是信息。今天我们经常提"人与自然和谐相处""可持续发展""建设资源节约型社会""建设生态文明"等口号，但是在实际落实中却存在很多违背口号的行为。比如城市生活小区里面的垃圾急剧增多，人们应该普遍追求环保，但是日常生活中人们依然滥用塑料袋，普遍地为面子挥霍浪费。这些司空见惯的人们在日常生活中的表现都是新闻资源，作为记者应该去发现和挖掘这些现象背后的深层次问题。

最后，人们之间的交往是信息。人们之间的交往包括物质交往和精神交往。物质交往充分体现为各类交易。而在交易中既有正面的值得肯定的行为，如诚实守信、守法经营等，也有需要纠正和批判的行为，如坑蒙拐骗、掺杂使假、以次充好等。这些方面更是信息，社会非常需要媒体传播此类信息，以惩恶扬善，促进人类文明进步。

人们之间的交往除了物质交往之外，还有精神交往，但精神交往有其特殊性，也就是它不涉及实体的物质材料（这当然也是相对的），如发表作品、联络感情、娱乐休闲、健身旅游等都会涉及精神交往。那么在这些日益增多的行为中，会更多地涉及道德伦理问题，如旅游中的不文明行为成为新闻资源，采访报道之后会引起很大的舆论反响。学术创作中出现了种种学术不端行为，如抄袭、剽窃和侵占他人成果，这些也都是新闻资源，应当向社会公布。

总之，当代社会面临的是信息资源稀缺问题。造成这种稀缺的原因有很多，如某些利益集团出于利益考虑压制信息传播，记者过于偏重突发动态而忽视平时的细微事实的变动，以及记者忽视信息加工环节等。虽然今天信息资源日益丰富，但是由于开发力度有限，而人们的需求高涨，信息资源稀缺问题突出。毫无疑问，新闻资源就是信息，包括了涉及人类长远利益的内容，人们对环境施加影响的内容，以及人们之间交往的信息等，对于这些资源应当充分利用，以满足人们的需要。而这方面既是媒体经营的主要方向（内容为主），又是记者业务上的主攻目标。

第二节　新闻资源开发方法

社会中存在丰富的新闻资源有待开发，而开发需要以媒体为主导，现在的问题不是信息过少或信息过多，而是媒体对信息的开掘不足。大多数记者只是媒体中的一线信息采集员，他们的工作任务由媒体安排，业绩由媒体考核，在信息开发中不占主导地位。但记者在了解社会变动与捕捉信息上，无疑具有优势，也最具发言权，因此记者应成为资源开发的主力。那么，既然新闻资源存在待开发的空间，就需要研究以记者为主体怎样进行开发，这应包括怎样看待作为产业的信息，它的意义何在，以及新闻资源开发在新闻媒体的运用等问题。

一、信息产业的开发

市场经济时代，除了有形的物质交易走向产业化之外，新闻媒体内容产品也在走向产业化。媒体是以经营内容为主的，是经营新闻信息的专业机构，它们把内容作为商品来经营并逐步走向产业化，而这种产业化使信息不断升值，具体来看，有这么几点内容值得注意。

第一，信息作为产业也作为可交易的产品存在，但不同于其他商品，新闻信息交易是一种精神产品交易，你出钱我提供信息。如报纸采用零售方式交易，电视、广播则是通过付费收看内容和收取广告费进行交易，网络则是通过广告商投广告，网络为广告商宣传的方式完成交易。信息的可交易性还在于它满足了人们知悉的需求，消除了他们不确定的状态。那么记者依托媒体做了什么呢？记者不仅收集信息，还加工信息，使信息增值，满足受众信息需求。

第二，信息采自社会，有动态信息和静态信息之分。当前媒体在动态信息开发方面下了很大力气，一有突发事件，记者就前往采访报道，而且各媒体的记者纷纷争抢时效，以让信息尽早与受众见面。对于这种性质的信息，记者除了可以把突发事件动态以连续报道形式刊发出来外，还可以去做深度挖掘，各媒体因视角不同挖掘的深度也有所不同。此时所谓的开发就是集中于受众的关注点，加大采访力度，五要素之中原因与结果恐怕是受众最为关心的内容，那么，记者应当瞄准这种需求有针对性地采访。除了这种动态信息之外，还有静态信息，对这类信息，记者较多关注的是事实的稳态变动，或者深度开掘热点问题，或者长期追踪严峻后果。这些采访最终多以深度报道形式呈现出来。

第三，媒体占据信息开发优势。今天在信息开发方面，没有比媒体更占优势的机构了，因为媒体本身就是信息汇集中心，要收集各方面的信息再予以发布，要安排各部门记者每天采访带回各种各样的信息，有可采用的就及时制作发布，无法采用的就予以淘汰。

这样的工作流程使得媒体自己经年累月储备了丰富的信息资源，它们在信息开发方面不存在困难，也具有人才优势，但是媒体每月忙于发布动态信息使其在专门的开发工作上显得力量不足。

第四，其他专业调查公司的启示。当媒体拥有信息优势还没有什么作为时，社会上一些专业调查公司就捷足先登了。国内已经有了专业的收视率调查公司央视索福瑞，另外还有零点调查公司等专业的调查公司兴起，而且业务发展之快令人惊奇。今天这些专业调查公司是在利用独家信息向社会提供有偿服务：客户需要什么信息，它就安排人员进行调查提供相应信息。这对媒体来说是个机会，因为媒体自身本来就具有这个优势，知识、信息、人才的储量都很可观，专业调查公司的调查工作，媒体也能够做，而且以其强大的公信力会做得更好。但现在媒体则还停留在日常信息的采集发布层次，还无暇他顾。媒体的诸多社会服务功能还远远没有发挥出来，信息开发潜能不足。

信息产业已经在社会中兴起，除了专业调查，还有专业咨询公司、专业侦探公司、图书馆信息服务平台、网上付费查询下载平台，甚至许多中介机构如房产中介、婚恋中介、二手商品中介等都进行了信息产业化开发。它们在社会中已经占据了一定的经营位置。在研发机构里做信息产业也逐渐成了潮流，这些原来纯研究单位也利用自身知识、技术优势或直接开发新产品，或有偿提供技术信息，或收集专业信息用于市场交易，取得了很好的效益。在这方面一些网站也乘势而起，既提供商品，又提供信息，例如非常有名的淘宝网、小红书。媒体在信息产业化方面延伸可做的内容也有很多，需要我们进一步探索。

二、新闻资源开发在媒体的运用

在新闻资源开发方面，媒体应该安排记者开展多项工作。而现在，媒体走向市场时间很短，用信息产品去换取经济效益的能力非常弱，而且单一的经营模式暴露出媒体生存的脆弱。具体来说，就是对广告依赖太强使其效益容易跟随经济形式而出现大的波动，当2008年至2009年企业投放广告量明显下降后，又因成本上升（新闻纸价格抬高、广电设备费用增加等因素），媒体出现经营利润急剧下滑，亏损面扩大，记者、编辑收入大受影响等问题。这种单一化经营模式是媒体缺少冒险、创新精神所致，已使它们尝到了苦头。依照媒体自身条件，抓住内容开展信息的多层次利用，千方百计去从事新闻资源开发工作，这是一条挖潜之路，具有巨大潜力。

第一个层次，将过去的新闻报道打包整理出版。这一点南方传媒集团做得非常成功。南方传媒集团选择经典采访案例集结成书，这一创意既使集团获得了经济效益，又提升了该集团品牌的知名度。与此相仿，《南方周末》近年来也相继推出了系列采访札记与背景透视等书，获得了很高的市场认可度。按照同一思路操作的还有《新京报》《北京青年报》等报刊，把过去一年、十年不等期限内的优秀文章精心选取出来之后结集出版。这个层面的操作实际是"炒剩饭"，就是将过去的内容重新组合之后再推向市场，由此获得经济与文化双重效益。这种做法虽然原创性差，但是是对新闻资源的再次开发与利用。以新闻内容为依托，媒体还可以做无穷无尽的创新。例如选取一个角度，将英雄人物报道从不同媒体中搜集出来结集出版，每逢建国、建党几十周年，抗战胜利几十周年就出版专著，发表文章等。媒体的材料都是现成的，编辑只是收集材料把它们进行一番编辑，即使记者采访获得的未被采用的素材也会得到利用，工作难度并不大，不过需要确立新鲜的出版主题。现在一些报业集团建立了以待编稿库为核心的采编数据库平台，像南方报业传媒集团的"南方数码港"、浙江日报报业集团的"内网共享稿"平台。报业集团内所有报刊记者采写的稿子，按不同类别，分别被存入待编稿库，形成一个大编辑部。编辑按一定规则进行新闻选择，从待编稿库选编稿件签发到不同介质的传播稿库（比如纸质报、网络、手机报、数字视屏等）；未被采用的新闻素材，还可以作为刊物素材补充和图书选题及素材应用，从而实现了新闻资源一次开发多次利用。①

第二个层次，将信息深度加工使其升值。在这方面已经有媒体和记者做了尝试，有这么几点能够做到：一是搜集不同时期名记者人选，然后介绍个人业绩，介绍代表作品，集纳个人感悟等；二是集结年度最高级别中国新闻奖作品一并给予点评；三是记者个人将自己的代表性作品结集出版，并配发感悟，体现出浓郁的个人色彩；四是将一个热点或事件进行深度挖掘，突出事件背后的细节与真相。如20世纪90年代中后期有一个被封为神医的江湖医生胡万林，使用芒硝医死一百多人，最终在上海被抓获。有的记者将采访胡万林的事情写成了一本书，很快名闻全国。

还有一个方面是找到理由开展信息集纳报道。2018年是伟大的民族英雄戚继光诞辰490周年暨辞世430周年。对这位百战百胜的天才军事家，媒体发表系列文章纪念是响应时代呼唤的行为，但应该以各种纪念活动的开展，专家访谈节目的播出，电影电视剧的放映等为契机和由头，做出报道，要结合提振民族自信、应对挑衅的主题，大力弘扬英雄精神。

第三个层次，与其他单位联合开展资源开发工作。如媒体联合一些调查公司做好专项调查和信息发布工作；或者进行一项就业情况尤其是大学生就业情况的调查，媒体可以选择的内容分工就是个案采访，安排记者采访一些典型，既可以发表有关个例情况的报道，又可以将所收集到的案例交由专业调查公司处理，它们汇总处理之后的结果又可以在媒体发表。媒体具有与党政机关联系密切，获取相关数据更方便的优势，因此可以与其他专业信息开发公司联合做一些资源开发工作，应在宣传纪律允许的范围内，挖掘一些社会急需的信息。比如房地产投资信息，媒体安排记者采访获得重要信息，然后将信息交由专业公司，专业公司集纳多个地方的房产投资信息进行数据处理，并对数据加以利用，而媒体借助这些专业机构的分析发布更有深度的报道。这就实现了信息的多重价值。

第四个层次，接受外来信息开发业务。对不少企业来说，获得及时、准确的市场信息至关重要，但它们在市场调研获取高质量信息方面力不从心，那么这对媒体来说就是很好的机会，媒体有一批专司经济的记者，而且能够便利地采访这方面的信息，包括宏观和微观方面的信息都可以提供给公司作为市场决策的依据。在这方面，企业得到了良好的市场效益，媒体也得到了物质回馈，并实现了信息的多重价值，也是一举多得。可见，媒体可以在满足主业需要的同时兼顾外部专业信息开发，使信息产生多重效益。

第五个层次，对新闻线索和报料的深加工，这是就业务而言的。现在很多媒体的线人为记者、编辑提供大量新闻线索，这比原来媒体依赖通讯员获得的线索和新闻的数量明显要多，虽然现在党报党台还有通讯员制，但都市类媒体的线人队伍正在从无到有，由少到

---

① 吴长伟. 数字化时代的报业集团资源整合 [J]. 中国记者，2009(3).

多地发展着，这为媒体开发新闻资源提供了很大便利。那么具体看记者、编辑尤其是前者如何进行资源开发很值得研究。其他还有大数据的开发业务，暂且不论。

三、具体的新闻资源开发方法

（一）掌握静态知识，把握现实

静态知识是等待开发的资源。开发这类资源特别需要强调的是"新加旧"，即"以新带旧"的资源开发形式。任何知识都是在时间的维度里保存的，只要第一次使用之后，就属于旧的知识资料。但是知识不会失去生命力，而会因为人类需要一次次地焕发生机与活力。例如，关于甲午战争的新闻资源的开发，每逢50、60、70等十倍数周年，都是媒体进行新闻报道的契机，都应该将历史资料重新发掘出来。这就是运用静态知识的一种方法，而静态知识在需要的时候拿出来使用，就永远不会过时。

（二）捕捉动态资源，及时开发利用

这包括上头和下头的动态资源。上头的动态资源主要是党和国家的政策、会议内容、领导人讲话，下头的动态资源主要是广阔的社会生活。就上头来说，可以利用的资源很多，例如国家重视的沙尘暴治理。沙尘暴是2000年以来比较严重的灾害，经过国家十多年的治理，已经大有好转，作为媒体应该针对国家封山育林政策，去寻找落实政策的典型。媒体在报道了陕北典型、高西沟典型之后，又报道了2015年以来全国关注的"塞罕坝"绿化典型。这是媒体善于开发事实资源的案例。下头的资源更是无穷无尽，每天都会出现不计其数的新鲜事。所谓的开发其实就是观察、体会和发现而已。目前，在国家极力鼓励生育二胎但民间响应不够积极的背景下，去下头挖掘资源，会发现有很多丰富多彩的事实。如媒体开发出"老大嫌弃老二""妈妈陪做作业气出了脑梗住院""一个暑假给娃报补习班花去10多万"等事实资源。

（三）充分联想的资源开发方法

这种方法主要是起到激发系统思维的作用。这方面有的网友比较大胆，一是将屠呦呦获得诺贝尔生物学奖与黄晓明大婚对比，二是对网络直播资源进行开发，对娱乐化深入思考，验证"娱乐至死"的结论。有些媒体抓住社会痛点，选择很具有看点的主人公报道，再辅以"理想、情怀"之类的佐料，确实能够戳中社会痛点，引发强烈的共鸣。

此外还有很多资源开发的方法，就不一一列举了。值得注意的是，在新闻资源开发方面需要做个有心人，时时处处留心，不断积累，不断提高悟性，资源开发的结果是采访不完的线索，写不完的新闻稿件。

新闻资源开发还涉及另外一个重要问题，即选题方向应更多地转向公共领域，发掘公共问题，使媒体更直接更好地服务于社会需要。而新闻资源开发问题与深度报道有一定重合，但也不完全一样，因为涉及的角度不同。今天新闻资源开发不是太多，而是太少，尤其是作为社会公器的大众媒体，对此忽视太多太久，提供的资源远不能满足社会需要。那么下面有必要分别分析几个问题：何谓公共问题？当前主要有哪些公共问题需要媒体介

入？媒体怎样开掘这一资源？

首先，何谓公共问题？它是指涉及大多数人利益，影响公共生活的问题。显然公共问题具有公共性，也即具有公开性、可见性、参与性。公共问题因涉及大多数人的利益而被置于公共品的位置。公共问题产生于人类社会出现之际，随着人类各类组织的发展而深化。人类进入现代文明社会，公共问题诸如资源、环境、人口、道德、民族利益、卫生、安全等没有减少，反而大量增加了，全人类陷入了"囚徒困境"。对此，解决的对策有发展公共组织，所以国家（政府）和市场都是为此而设立的有形和无形的组织，但现实中存在着政府与市场双重失灵的缺陷，需要再引入公共动力机制。那么大众媒体无疑是一个理想的公共动力机制，媒体积极揭露那些公共问题，促进问题解决，媒体也由此提升了公信力。

其次，当前的公共问题亟待解决。从全球范围看，生态环境问题是最典型的公共问题，另外还有战争、卫生、能源等问题，这需要多国的协商解决。从一国如中国当前的视域看，则有生态环境、人口、资源、粮食、交通、道德、消费等问题，这些问题无一例外涉及大多数人的利益。

再次，媒体怎样开掘这一资源？现状是公共问题大量滋生，以及公共危机加剧都急切呼唤媒体介入以维护公共利益，而这对媒体有益无害。媒体要以记者为行动主体去做许多工作。第一步是界定公共问题，确定哪些公共问题要纳入采访报道范围，有一个清晰的目标记者才能确定采访报道对象。第二步是为公共问题排序，即哪些问题要置于第一位，尽快采访报道，哪些问题应先行采访再缓一缓等待报道时机，哪些问题要先行了解情况写成报告交由领导决策。第三步是深入调查，甚至长期跟踪，公共问题不像一般的突发事件那么简单，它的背后有复杂的利益纠葛、深广的背景，都需要予以揭示，这是记者的核心业务。2021年7月中旬发生的上海房东殴打记者的事件引起人们关注。

> 日前，有上海市民投诉称，长宁区海逸公寓小区地下室存在群租现象。而在7月13日上午，两名记者前往采访时，遭遇了房东章某某的辱骂、殴打，采访器材被破坏，该事件被进一步推向公众视野。据澎湃新闻此前报道，7月13日晚，章某某因涉嫌寻衅滋事罪被依法刑事拘留。7月14日，澎湃新闻记者从长宁区获悉，涉嫌群租的公寓系2004年交房，地下室出租给保洁公司作为员工宿舍是前两年的事情，屋内共有9名保洁人员租住。截至目前，海逸公寓小区所在的新泾镇已对涉事业主开出限期整改通知书。[1]

除了上述途径之外，媒体开掘公共资源还应延伸到对其他媒体内容的利用上。现在媒体本身就在提供丰富的资源，有些记者学到聪明的办法，就是多多从别人那里拿来新闻信息再予以加工，在原来基础上进一步深化，做出自己的特色，使新闻资源得到充分合理的运用。即使是同一类型的事件，记者也能够从不同侧面挖掘到有价值的东西。现在一个不良的风气是，在采访之中就有记者"资源共享"，别人写的再随便修修补补，就成自己的了，在媒体发布的信息都大同小异，这显然不是对新闻资源的合理开发，而是对它的浪费，这是一种懒汉做法，这会诱发记者的急功近利与投机取巧心理，也不利

---

[1] 资料来源：邹佳雯和郑浩在澎湃新闻报道的《上海群租房东打记者后续：限期整改，将安置9名租房保洁人员》。

于优秀记者的成长成才。值得注意的是，媒体记者除了可以利用本地媒体资源之外，还应充分挖掘外地信息资源，随时关注外地的变动，然后考虑可以利用的信息，主要是寻找对本地有参照意义的事实。例如外地出现了房价上涨现象，就对照本地情况寻找变动；外地出现了疫情，也要注意本地此时的变化。不仅今天的新闻可以利用，昨天甚至更早时间的新闻也可以作为可开发资源加以利用，而且还可以采取与外地媒体记者联手的方式共同开发新闻资源，彼此分工合作，能进一步深化问题，挖掘出更多资源，也能使新闻价值得到更大提升。

总之，新闻作为信息应当强化产业开发，社会中已经出现了众多的信息产业实战案例，并且已经有不少专业公司在市场中获得了份额，这就充分说明信息产业的前景广阔，而媒体本身占据有利位置，自然也能够利用自身优势去开掘信息内容，推出更多更有价值的新闻满足受众需要。从社会产业经营中媒体应当受到启发，媒体利用线人、旧信息、外地信息、网络等可以做许多创造性工作，而记者在媒体的安排下要发挥积极性以创造辉煌的业绩。

第三节　新闻开发主客体作用的发挥

新闻资源开发问题在前面已经涉及了很多，尤其是媒体与记者开发资源的方法，也是结合实际来分析的。那么在当前也不能不看到制约资源开发的因素，特别是主体方面的人力与设施资源，客体方面的受众资源，都对媒体的新闻资源开发产生了巨大而不可忽视的影响。我们下面重点分析主客体因素的影响，而且重点探究其中的症结。

一、媒体内部资源的利用

在开掘利用资源过程中，媒体主要是面向外面社会去开发新闻资源，然后再利用自身资源去完成这项开发工作。因此，媒体就不得不重视自身资源开发问题，因为这些资源直接决定着外部资源开发的好坏。但事实上，在对待内部资源方面，媒体还存在很多不尽如人意的地方，以至于产生了很多不应有的消极因素，使媒体的成功报道受到阻碍。那么在此有必要专门对两个资源做出分析：一是人力资源，二是技术设备资源。

（一）关于人力资源

人力资源是媒体最宝贵的资源，最应该受到重视。按照蔡雯的界定："媒介的人力资源指可能投入报道的采、编（技术）等人力资源，包括参与者的人数、素质、才能、报道经验、社会关系等。"[①] 这些因素中应当说记者是主体，几乎所有的采访都是由记者完成的。既然记者是采访主力，那么记者这一主体的主观因素对传播活动的制约作用不可忽视，因为每一个报道选题都对报道者（记者）的素养和能力有特殊要求。如突发事件的追踪报道要求记者善于发现问题，讲求采访策略，有胆有识；重大报道要求各方面人员团结合作，

---

① 蔡雯. 新闻报道策划与新闻资源开发 [M]. 北京：中国人民大学出版社，2004.

优势互补。在进行采访安排时，媒体编辑部要对从事报道的人力资源有全面了解，使采访报道中能够人尽其才。

但是，现在媒体存在的问题是大多不识人、不会用人。记者的采访要求和愿望得不到了解和尊重，自己的好意见得不到采纳，其积极性受到打击，对采访失去了激情，采访效率大大降低，采访成效也大打折扣。人力资源有着可开掘的空间，媒体应给予记者充分的尊重与爱护，要采取措施让每一名记者能够找到发挥自己一技之长的地方，使其对新闻报道始终充满激情。

另外，当今有些媒体不能使记者充分发挥潜能的原因还在于没有营造一个爱才、惜才的氛围，不能创造一个事业留人、感情留人的小气候。一味以每月发稿数量、分值这样冷冰冰的指标考核人的能力，却不给人以关怀与温情，这会使人寒心。虽然今天不提倡"士为知己者死"，但今天有些媒体领导不关心人、不爱惜人才，使记者普遍难以产生向心力和归属感，因此离心离德在所难免，记者也就难以产生工作热情了。而媒体又不体谅记者采访报道的难处，有时候因为失误对他们加重惩罚，以致形成恶性循环。因此，要想做好外部资源开发，首先基础工作就是做好内部资源开发，对记者多关心多爱护，使他们产生归属感，这样他们才会齐心协力凝聚众多智慧多多开发社会资源，更好地满足受众需求。

（二）技术设备资源

记者是媒体内部最宝贵的资源，媒体应该倍加珍惜。除此之外，媒体内部资源还包括设施设备等技术资源。它们作用的发挥都由人操纵，在采访中会起到关键作用。今天，媒体在开发新闻资源过程中必须依赖这些硬件资源，利用它们采写、拍摄那些最深刻、最富有冲击力的现场细节与图景。那么，媒体要想获得更多更好的资源，就必须提高装备水平。从历史角度看，自从有了照相机，图片的吸引力就超过了文字；接着当电视放映出可动画面，直接再现生活活动时，受众就更加惊奇继而迷恋不已，就转而更喜欢这种视频节目，所以今天视频受众增长最快。由此，今天在新闻资源开发方面就要求记者尽量多地使用高科技装备，文字记者与摄影记者、摄像记者之间的界限应当缩小，不一定彼此身份区别鲜明，三者可以融合互补，甚至记者在采访中还应有DV摄像机，拥有一个兼容文字、声音、图像的多媒体设备，遇到突发事件时可以快速反应，及时拍摄录制，把精彩画面留住。另外，记者利用多媒体设备还可以实现新闻资源的多方面开掘，一条新闻可以有文字形态、图片形态，受众从中能够各取所需。今天技术升级换代很快，媒体的设施更新也要跟上，媒体要把记者的硬件装备好，保证记者快速采访，及时捕捉精彩内容。

另外，现在已经进入融媒体时代，媒体面临着变革。实际上今天媒体被分割为报纸、电视、广播、网络，各有各的经营内容，各有各的队伍，彼此资源共享不多，各自使用自己的行业手段采访，而要走向媒体融合，矛盾就来了。因为利益不同，各自人员包袱重，导致谁也不愿意放弃本来属于自己的利益，倒是情愿减人甩包袱。但是融媒体时代要求不同形式的媒体走向一体化，清除彼此之间的界限，这将使媒体产生革命性的变化：大而全，上规模。人民日报社利用"中央厨房"实现了多媒体资源的整合，其他媒体要跟进从现实情况看难度还不小，需要逐步实现突破，但是改进记者的采访装备是肯定可以的。文字记者与摄影摄像记者之间业务要互通，记者要达到一专多能，以备不虞。报社有网站，文字记者拍的视频可以放在自己单位的网站上面，也可以递交给大的门户网站供其采用或交电视台播放。总之，今天记者多装备自己是必须的，是对受众需求的一个回应，仅仅会写稿，仅仅会摄像或录制都不够了，要增加专业技能。

二、媒体外部资源的利用

如果说以上所述针对的是媒体内部资源的话，那么下面则要探索媒体的外部资源，包括社会关系与受众资源，这里分别做出阐述。

（一）社会关系资源

从整体上看，媒体长期积累起的社会关系资源，包括记者、编辑因公建立的业务关系资源，媒体领导人拥有的广泛的关系资源，以及媒体单位因公产生的关系资源这样三个层次的关系资源。第一层次关系资源又可分为两个方面，即外出采访的记者的关系资源与负责出版的编辑的关系资源。记者拥有的关系资源主要是在采访中与采访对象联络交往形成的关系，也可以是个人所属的公司与对方单位的关系，也可以是私人关系。这种关系在采访中要利用起来，以便挖掘内部的、一般人得不到的材料。记者与采访对象的私人关系越深，那么获取独家新闻资料的可能性就越大。但是记者与采访对象也是一种相互的取予关系，不是单纯的索取关系，记者可以给予对方的主要是上稿、上镜和署名的便利。在坚持质量过关的前提下，在这三方面上给予对方帮助也是一种感情投资。很多时候，记者需要采访热点问题、敏感问题、重大事件，这种任务对于记者来说非常艰巨，需要有经验有水平的记者动用社会关系去完成采访，这也是老记者与新记者采访的一个区别，卓越记者与平庸记者之间的差异。从实际要求看，记者没有一定的人脉资源，则往往导致采访困难重重，在重大问题探访中会寸步难行。记者的优势很多时候是利用关系得到重要材料，出色完成任务。

除了记者的关系资源外，编辑也拥有独具优势的人脉资源。编辑的优势在于其拥有发布权。记者只是有一点发布新闻的便利，不具有直接决定权，有些时候发稿者可以不经记者而直接找编辑实现发稿目的。因为编辑能决定稿件的取舍，编辑对这些人来说是不可多得的资源，同时，记者们对于编辑来说也是可利用的资源。编辑可以让记者（也包括通讯员）直接提供材料，或者为记者采访提供便利，让其协助采访等。当然，有些时候，某些采访对象的内心也是矛盾和不安的，因为所在单位对外宣传报道有纪律，私下对媒体透露消息是违反纪律的，尤其是公检法部门、行政机关莫不如此。应当树立一个不能突破的原则：公共利益。只有为了公共利益的目的记者才可以运用这种不得已手段，其他情况下不要轻易使用这种非常规手段达到目的。编辑也不能利用这种权力从事以私害公的交易，以防腐化。

第二层次关系资源是媒体领导人掌握的资源。手中的权力特别是重要地位带来的影响力使这些领导人更容易建立人脉资源，他们也多与行政机关、强势行业、企业领导人产生了密切联系。今天媒体的发行、广告、资金、政策等需求就得靠媒体负责人通过社会关系获得。利用这种资源取得的效果要比记者单枪匹马联系取得的大多了。

第三层次关系资源是媒体本身在与外部的公事交往中获得的关系资源。媒体与外部会有多种多样的公事往来，这往往包括中层机构如行政办、党委办、后勤部、广告部、发行部、热线室与外部机构的往来，这同样有助于媒体对外部资源的开发，为其经营业务、采访报道业务提供便利。在交往中媒体要建立良好的信誉，使交往单位对之信赖，彼此形成依存关系，这会为媒体顺利开掘新闻资源打开方便之门。媒体要在平时加大投资力度，以换取在开掘信息资源时的良好回报。这种交往关系也尽量不要轻易使用，非要使用之时也要用在关键之处，因为这是有交换代价的。

其实，媒体的社会资源不仅仅指记者、编辑、媒体负责人、中层机构拥有的资源，媒体机构不论整体还是个别人都时时在与外部发生着联系，都有正常的业务交往，还有很多资源可以开发。而新闻资源开发是额外的向交往一方提出的新要求，在等价交换的关系中，还要媒体付出更多以换取这种收益。任何收益都不可能不讲成本，媒体要为之做好准备，投资在平时，收益在一时，不能只讲索取，不讲投入，一厢情愿，单方面索取是行不通的。

（二）媒体的受众资源利用

媒体面对着一个庞大的受众群体，这是很重要的资源，因为媒体内容需要得到受众关注，同时受众又会为媒体提供无穷无尽的资源。受众具有分散性、隐匿性、流动性特点，受众的分散性是指受众分散于各个地区、各个领域、年龄层也不同，他们彼此不通信息；隐匿性主要指媒体不知道具体受众是谁，分布在哪儿，他们对媒体来说是隐去了身份的人，他们也不会主动要求媒体知道他们；流动性是指受众具有不固定的身份地位、心情、爱好等，现在是一个流动社会，人的流动性很大，对媒体的选择也有流动性，不同时期人们有不同的媒体选择。那么下面具体分析受众对于媒体来说有哪两方面资源：一是受众本身是可提供信息的资源，即他们作为受访者具有资源性；二是受众的愿望与要求是媒体的线索资源。

第一，受众本身是可提供信息的资源。与数量有限的媒体、记者相比，受众分布广泛，人数众多，对媒体而言是巨大的资源。所有直接或间接接触媒体的人都是媒体可利用的资源，这种资源性主要体现在他们能够作为媒体、记者可采访、提供信息资源的对象。这时候受众既是媒体的信息资源掌握者，又是媒体的使用者。媒体要善于把握受众特点，进行有针对性的开发，科学合理地达到目的。因为是索取方，媒体记者要掌握灵活性与原则性，先做好沟通与接近，再让受众愉快地配合。

第二，受众的愿望与要求是线索资源。对于大众媒体（不含网络媒体）来说，受众是有不少愿望和要求的，另外，因为每个人的情况千差万别，其愿望和要求也有各种各样的内容，由此，媒体要想满足所有受众的愿望和要求是不可能的。但除去这些具体不同的愿望和要求之外，受众还有一些共同的需求，比如接近性、趣味性、显著性、时效性等，这些需要媒体可以予以满足。那么这些需求也恰恰是媒体的线索，是媒体记者采访的指向，应该去关注这些方面，去采访这些方面的东西满足受众需要。比如接近性，受众更多地倾向于地理接近，本地人关心本地事，本地人爱看本地事，对于全国性和国外新闻关注度较低，因此媒体应妥善安排内容比例，地方新闻占大头，其次是国内新闻，最末是国际新闻。

今天，受众的要求除了接近性之外，还有更多更高的新要求。因为社会的快速发展，受众面对纷繁复杂的生活变化，有很多的困惑不知如何应对，有很多的困难难以独立解决，更多的不易预测的事情出现了，人们的知识、经验与能力已经不足以应付不测事件了，这时就需要增加新的组织，新的组织又会使人们增加很多成本，而大众媒体不使人们增加太多成本。媒体由此产生新的功能，有组织的功能、娱乐的功能等。面对众多的社会问题，媒体提出问题，组织受众讨论，才会有更多更好的解决办法产生，才能纠正那些存在的缺陷与不足；才会改变市场中的盲目行为，引导市场良性健康发展；才会促使受众起来自我修正，弃恶从善，把那些见利忘义、是非不分的言行逐渐清除。此外，今天受众闲暇时间的增多也使他们有机会有精力更自由地做一些关系公众利益的事情，受到媒体的召唤，就有条件行动起来，凝聚起来做大事。

如著名调查记者邓飞的行为就具有启发性。①

> 邓飞不做调查记者了，却变得更难约，约了几次都不成。直到某天下午他发来一个地址，说明天一早"北京见"。第二天，他背着双肩包，拖着一个巨大的黑色行李箱匆匆而来，说下午3点的飞机去长沙，仍是为了"免费午餐"这个公益项目。
>
> **十年前报道的事情，今天仍在发生**
> **不做记者，我选择做一个"行动者"**
>
> 邓飞，33岁，湖南沅江人，《凤凰周刊》编委、记者部主任，做了10年调查记者，被认为是中国最重要的调查记者之一。只是现在，我不知这样介绍他，是否仍然合适，因为今年起，他的身份有了些许变化。
>
> "你觉得怎么说合适？"邓飞说，他自己也讲不清现在到底是什么身份。或许他的朋友，《南方周末》专栏评论员笑蜀对他的定义比较靠谱——公益事业拓荒者，公益项目创始人。
>
> 2011年大概不是一个"慈善"年。红十字会因郭美美事件陷入信任危机，捐款额急降；"中非希望工程"又遭遇"是买卖还是慈善"的口水仗；杨澜、刘永好、陈光标……一个个公众人物先后受到质疑，牵出背后复杂的人际关系网。
>
> 今年大概是一个"公益"年。民间公益的红火不同以往，比如王克勤发起的"大爱清尘"，比如邓飞发起的"免费午餐"。"我从不为筹集善款担心，我的工作只是告诉大家，我们将帮助什么人，为什么帮助他们，以及由谁去做、如何去做，请愿意帮忙的人参与，也请他们监督。"信息的透明度越高，进展就越顺利，邓飞说，有时候一个小规模的公益活动，从发起到完成募集都用不了一个小时。"然后我们将善款交给具体的执行人或团体，进行具体操作，并公布每一个进展，接受捐款人和公众的监督。"
>
> 说起正在做的事情，邓飞眉飞色舞，完全不像一个只睡了不到6小时的人。直到我问他，为什么决定不做调查记者，转型做公益？他突然沉默。
>
> 与许多正当年的记者一样，邓飞的大学时代，正是《南方周末》的全盛时期，他曾是《南方周末》的粉丝，受其影响颇深。做调查记者，啃硬骨头，是他的理想，他更一度视之为终身职业，一写10年。"直到我发现，10年前我报道过的事情，直到今天仍在不断发生，通过文字去影响读者进而影响社会，不如通过行动去直接谋求改变。"他说，中国不缺少写字的人，缺少行动者，于是，他选择做一个"行动者"。
>
> "免费午餐"不是第一个，更不是最后一个。

---

① 詹丽华. 调查记者邓飞从免费午餐项目转型：做一个行动者[N]. 钱江晚报，2015-08-29(3).

从爱和善良出发，去改变社会

"免费午餐"并不是邓飞的第一个公益项目，第一个是"微博打拐"。这个活动最早从微博上开始，始于一场论战。今年年初，著名学者于建嵘在新浪微博上发起"随手拍解救流浪乞讨儿童"，号召网友用手机拍下有被拐卖嫌疑的街头乞儿，上传到微博上，以利解救。这项活动迅速铺开，引起极大关注。几乎是同时，邓飞亦发起了"微博打拐"，两个行动殊途同归，分兵并进，他以一个调查记者的姿态介入并推动着整个事件的进程。

因为"微博打拐"的特殊性，其最终被公安部接手，但它却无意中为一个调查记者推开了一扇窗，最终改变了他的人生方向。"在我用微博打拐的时候，极意外的，一个我们找了3年的被拐卖的孩子通过微博找到了。"邓飞说，没有一篇调查报道曾经给过他那一刻的感动。

那个孩子，彭文乐，邓飞在《国家的孩子》一文中写的小男孩。2008年3月25日19时许，一个黑夹克男子趁彭家夫妻不注意，强行抱走3岁多的彭文乐。自此，彭家夫妻走上了寻子路，而邓飞则一直帮助这个家庭找孩子，他相信总有一天能够找到。今年2月8日下午，孩子终于被找到。"我气喘吁吁，瘫坐在地上，发了一条微博：太牛了，孩子是我们的！"

这个一直致力于以舆论监督推动社会发展的调查记者，突然发现了"把建设性监督变为建设性建设"的力量。"从爱和善良出发，陌生人之间很容易达成共识，实现改变，我们付出爱和善良，也收获着这些美好的东西，我想这是一种良好的改变社会的方式。"邓飞说，他是资深调查记者，公益"菜鸟"，"微博打拐"让他发现了一条新的路，而"免费午餐"的成功则让他信心满满。"我得到了太多帮助，有来自同行的，也有来自陌生人的。"

《国家的孩子》最终发表在《凤凰周刊》上，或许以后会成为他书中的某一个章节。是的，他或许不再是调查记者，但并未放弃用文字来记录和表达，以传播那些正面的力量。

做自己真正感兴趣的事
从中获得与之前10年完全不同的满足感

据报道，国家决定从2011年秋季学期启动民族县、贫困县农村免费午餐试点工作，宁夏回族自治区成为首批试点省区，宁夏南部山区9县区26万名小学生将在新学期开学后全部吃上免费午餐。

邓飞发起的"免费午餐"项目成为政府与民间协同共治的范例。而在他最新的计划里，下一个公益项目是农村儿童、贫困儿童的大病医疗，已经在进行筹划。

他踌躇满志："孩子是我们的未来，但我们还没有照顾好他们，特别是贫困地区的孩子，他们甚至缺乏基本的生活保障，从我们开始做起，我相信有一天，这个公益项目会像'免费午餐'一样得到社会的认可，国家的支持。"

邓飞完成了他的职业转型，从一个资深调查记者，转为笑蜀口中的那个"公益事业拓荒者"，成为公益项目创始人。也有人认为，这不只是一次职业转型，更是一次人生转型，邓飞本人其实并不在乎如何被定义，他每天的行程排得满满当当，做着他真正感兴趣的事情，从中获得与之前10年完全不同的满足感。

> 我离开的时候,邓飞开始与联合国青年年主题活动的一位执行人接触,他希望让更多年轻人关注公益,不仅是国内的,也包括国外的,他希望通过影响年轻人进而影响这个国家的未来。
>
> 他已经不再是一个调查记者,但调查记者的价值观仍在他身上起着作用——为公益谋,为更好的中国,更好的未来,只是换一种方式。

总之,今天媒体还有内、外部两种资源可以利用。内部资源中最重要最根本的是人力资源,尤以一线记者为重。媒体采访全由记者完成,他们是媒体生存发展的支柱,因此媒体要做到育才、爱才、惜才,让青年人有归属感,从而自愿地把青春热血奉献给所在媒体和新闻事业。至于媒体负责人与中层机构的对外业务联系,是在开发外部资源,媒体负责人要多为媒体发展服务,而不应以私害公、以权谋私。除了内部资源,还有媒体的外部资源,这些资源主要是媒体从局部到整体的公私资源,它们都是可以为媒体提供丰富信息的对象。除此之外,外部资源还包括广大的受众资源。受众分布广泛,他们可以为媒体记者直接提供所见所闻,又能在媒体的号召下积极参与行动,因此,他们不再是被动的信息接收者,还是信息的感应者和行动的参与者。

最后,当结束本章之际,应当看到,新闻资源的开发主体从大的方面分为媒体产业化部门和记者采访发布部门,针对前者媒体可通过自身优势,搜集加工信息,努力使知识、信息形成产业化,向社会提供多方面的产品,形成以新闻报道为依托的出版产业;记者要充分挖掘社会资源以满足受众深入了解事实的需要。随着信息资料保存能力大大提升,信息的数量也成倍增长,这虽然给人带来了信息焦虑,也给媒体重新组合信息提供了良机,受众需要推动媒体进行信息组合与资源整合,而这又推动了资源产业化。对有形的资源如淡水、矿产、油汽的开发,现在采用的是梯级开发方式,对无形的资源如知识、信息的开发,也可以按照梯级开发思路向前推进,如一部电影、一首歌曲在赚取票房、发行收入之后又可以图书、杂志等形式投放市场,赚取更多利润,这是对一种资源的多种形式开发,可以实现多重价值,实现多方面的效益。

思考题

1. 如何理解资源稀缺时代的信息需求?
2. 采访中开发信息资源的潜力体现在哪些方面?
3. 采访中信息资源开发的主客体制约因素有哪些?

阅读材料

南方报业传媒集团董事长范以锦:数字时代的报业变革与创新(节选)[①]

组织结构:从报业集团到传媒集团。随着一些门户网站的崛起,报业自办网络生存能

---

① 范以锦 2014 年 2 月 3 日在全国报业会议上介绍南方传媒集团转型经验的讲话内容。

力日益显得羸弱，报业集团就开始简单地利用起外部的强势新兴媒体增强影响力。比如《南方周末》的海外读者买不到报纸但能在网上读到文章，他们记住的往往不是哪个网站而是《南方周末》本身。这对报纸品牌影响力的贡献，是传统的发行手段达不到、创造不来的。在利用外部力量的同时，报业也在培育自己的新媒体项目，主要是为提升报纸竞争力服务。报业集团以报纸媒体为主，拥有多个报刊媒体的平面媒体组团，其利用新媒体、新技术主要是为自身报刊提升价值，赢得竞争。

传媒集团就不一样，不管是脱胎于报业还是广电，传媒集团都同时拥有多种形态的媒体，使用多种先进的传播技术参与移动传播，以更丰富的内容，更全面更立体化地影响着不同的受众，创造着比单一形态媒体组团更强大的传媒影响力。

从结构上说，网站和手机报等新兴媒体，已从报纸附属机构或支撑机构，变成了与报纸同一层次的媒体机构。结构的创新也就意味着职能的变革，传媒集团的新兴媒体项目的功能，已经从单一服务于报纸，提升报纸竞争力，变成了分享整个新兴媒体行业更丰厚回报的盈利中心。正因为看到了这一点，我们将南方日报报业集团更名为南方报业传媒集团。

把报业集团发展成为传媒集团，可以为报刊等传统媒体与新兴媒体互动整合提供更好的平台。但是，从利用到运用、从参与到掌握，都需要一个过程。关键是要能够实现自己的多元化媒体发展，使跨媒体互动整合成为集团内部变革创新的主题。

南方报业前几年就有"南方网""南方报业网"，南方日报报业集团2005年7月18日更名为南方报业传媒集团以来，我们在新媒体和新技术方面做了探索。一是开发网络杂志，二是推出手机报，三是打造第二代门户网站——奥一网。目前南方报业传媒集团还是以报业为主的多媒体集团，与新兴媒体互动整合，我们还要为赢得整个集团在报业市场的占有率目标服务。对于新的媒体项目、新的传播技术和新的盈利模式，我们还将不断尝试和探索。

核心业务：从报纸出版到内容创造。从报业集团到传媒集团，既是形式上的变革，又是经营范围的扩展。然而，要真正赢得媒体竞争优势，报业就要把核心业务从版面的制作、报纸的出版，提升到适时、互动、个性化的新闻和相关信息内容的创造上来。报业如果把核心业务放到新闻内容和新闻相关信息的创造上，那么网络和移动传播就不是报纸的替代品，而是新闻传播价值链的下游。

从报纸出版到内容创造。具有震撼性的重大新闻和最具贴近性的新闻，是现代社会人群关注的焦点，关键是我们用什么形式、什么载体将侧重点各有不同的内容提供给不同的受众。针对同一新闻事件做出不同形式、不同侧重点的内容，就是内容创造。我们现在给广电的读报节目、给网络移动提供的内容，都是报纸上已经采用的新闻信息，这些内容是否完全适合在网络和手机上传播，只有观众、网民和手机用户才知道。我个人认为，没有专业创造的内容，是没有竞争力的。

报业传媒集团要获得内容创造的优势，就必须构建统一的新闻信息数字化处理平台，将优势的内容资源进行整合，将原来仅供报纸版面的新闻内容编辑成拥有多种传播形态的新闻产品。这个平台国外有的叫"超级编辑部"，在南方报业可以把它称为"南方新闻数码港"。

从报纸出版到内容创造。报纸的采编、出版机构转变为专业的新闻和相关信息内容的提供机构，我们就不再单纯为报纸的版面采集、编制新闻信息。报业传媒功能的扩大，使其除了能更好地满足自己的需要增强自身的竞争力之外，还能为别的网络和移动传播平台提供更多、更丰富的新闻内容，在讨价还价中获得更高回报。

拥有丰富内容的最好说明，就是我们的稿件库里那些大量的未见报新闻、未见报图片。在新闻信息内容创造流程再造和数字平台的支持下，编辑根据不同形态媒体的特点选取内容，分别编辑成为平面（印刷品）传播版、广电传播版、网络版和移动传播（手机）版等，还有专业的数据分析增值服务版。这些有价值的内容创造，才能够满足适时、互动和个性化的要求。在整合和创新中，在为同行的有偿服务中，内容创造将带来可观的效益。变革焦点：从媒体竞争到战略竞争。报纸的层次，首先是以新闻内容的差异化优势来赢得竞争。一个新闻事件发生后，报社的记者最先到现场，抢到独家新闻，能够引起读者的关注……

第十章　新闻采访策划的运用

本章要点

第一节　新闻采访策划的发展与现状　　　第二节　新闻策划的步骤、类型与原则
第三节　采访策划的"公共利益"标准

有关新闻策划的话题曾经争论得比较激烈。反对者认为新闻是客观发生的事实,人为策划新闻直接违反了新闻真实性,而支持者认为,如果是为了公共利益,为了达到良好的社会效益,应该积极策划事实,然后报道传播事实,向受众提供具有正能量的观念。由此,采访中的策划是必要的,也是一种重要的技能,需要在实践中得到推广。

第一节 新闻采访策划的发展与现状

当今,新闻采访策划不是什么新鲜事物,已经十分普遍。在学界还为此事争论不休的时候,新闻采访策划已经被运用得非常纯熟了,"制造"的事件也引起了社会的广泛关注。但无论媒体记者对策划如何运用和抱有什么心态,都需要注意学界对此的一些批评与剖析,因为毕竟有些问题如过度商业化、滑向恶意炒作的歧途等,使媒体正常的信息告知功能发生扭曲,使受众接触到了不少莫名其妙而又庸俗不堪的东西。这说明策划也有一些值得反思的地方。当然这里不是以学术探讨为主,而是要在新闻采访业务中理解策划,那么就需要看一看采访策划的有关问题,这包括策划的运用与策划的商业化误区两方面内容。

一、采访策划的运用

在新闻媒体中采访策划已经由来已久。当救亡图存的形势紧迫、国事纷扰之时,媒体人激于民族大义实施了一系列新闻策划活动。自晚清以降,国人办报兴起,一大批报馆主笔和记者、访员就为及时应对形势谋划如何推出具有轰动性的事实。于右任办的《民呼报》对日本侵华头目伊藤博文被枪杀一事做出报道和评论;《大江报》发表《大乱者救中国之妙药也》,此乃主编为促动革命形势约请著名学者黄侃写就的一篇奇文,随后不久武昌起义爆发;在五四时期的《每周评论》上,革命先驱李大钊等人编辑刊发了一系列鼓吹革命的文章。至于此后更多的报刊也加强了策划活动,佳作迭出。中华人民共和国成立后,以报纸为重镇,中国聚集了一批最为优秀的记者、编辑(同时还有新华社、中央人民广播电台等媒体),对于形势的呼应更是步步紧跟,新闻策划风行。每一次有宣传文件下发后,媒体马上就行动起来,报社安排编辑,编辑再要求记者去抓哪些方面的稿件。但从20世纪50年代后期开始,媒体策划功能一步步扭曲,报社要什么,记者就找什么,出现了主观扭曲客观现象,事实成了可以被任意摆弄的玩偶,这是完全违反客观性的新闻失实运作。这种遗毒直到市场体制确立之后才有所消除,但直到今天还没有完全根除,一有合适的气候又会冒出来兴风作浪。不过,今天还出现了迎合收视率尤其是点击量的刻意炒作问题,其社会危害性也到了严重地步。

这里我们简略区分党报党台与都市媒体之间策划的不同之处。

党报党台的业务策划。党报党台长期以来肩负着对党的方针政策路线与政府工作的宣传重任,这些媒体(具体说是中央、省、市、县的日报,以及同时存在的中央、省、市、县的电视台、电台)要以完成宣传任务为主,每个时期,甚至每月、每日都有报道不完的中央、省、市、县的会议、活动、精神,工作中也要进行策划。虽然各版、各频道、各栏目承担的报道任务不同,但头版、新闻频道、综合频道、栏目一般要做政治性新闻,这是最重要的一块空间，媒体领导最为重视，也就要经常性地加强策划。那么具体策划什么呢？一般的套路就是中央的会议召开了，省里、市里的会议再接着召开，下边的党报党台就要忙于报道贯彻落实，记者就要策划如何贯彻落实的选题，选哪些面与点反映中央、省、市会议的精神。这些方面党报党台已经很有经验，也推出了很多成功报道。除了会议活动选题之外，还有一个是需提前着手策划的、可以预期的周年庆祝选题。

2019年是中华人民共和国成立70周年，党报、党台更须谋划如何去反映中华人民共和国成立70周年中的巨大变化，主调或者主题就是反映70年的成就。这类回顾式、总结式策划已经太多了，最令媒体记者、编辑和总编们发愁头疼的是如何报道出新，策划的重点也就落到了怎样出新意上面。记者如果去反映过去吃不上饭，现在吃饱了，过去住不好，现在住好了，过去出行不便，现在开轿车，还有生活富足安逸等，就没有新意，因为这些都已经报道过了很多年无数次了，类似征文活动、歌咏活动、大赛活动都已经被策划多次，受众早就产生审美疲劳甚至厌倦心理。但是这一类成功总结式的策划又不能不做，关键是怎么突破前人的报道模式。可以变换角度，从老百姓的角度、文明进步的角度去挖掘事实，从生活中捕捉典型的细节，以小见大巧妙地去反映。比如过去不识字，现在会读报；过去只当愚民，现在当公民；过去不知规范，现在遵纪守法等。当然这也是以个别代表一般，还是意在突出现在比过去好。70年沧桑巨变，时代变了，人们的思想、价值观也变了，有很多值得总结的东西，但需要记者去发现它、采访它、传播它，将这种成果分享给社会，促人取得更大进步。所谓成就策划，目的要给人启发而不是单纯歌颂与炫耀。事实需要时间验证，成就不可总结过头，一切都是今天的好，过去一团糟，今天都进步，过去都落后的策划思想是不对头的，不是什么都体现出今胜于夕。

网络时代出现了基于小事件而策划的现象。这种策划可能不是哪一家网站刻意为之，而是网友的功劳。他们自发披露事件并热烈讨论，点击量暴增就产生了新闻。

2009年4月，杭州飙车案发生后，在杭州及浙江媒体几乎缄口不语的情况下，先是网络，后是大量外地媒体连续报道了肇事者的罪责。许多记者对此精心策划，纷纷跟进，对"富二代"问题紧追不放，使事件影响逐步扩大，而这又给了记者进一步策划采访以扩大舆论影响的机会。当7月份肇事车主、被告胡斌受审时，有网络爆料其人是替身，真是超出了大众的想象，随之有记者对所谓替身的说法进行策划跟踪，迫使法院澄清不存在替身。记者们这样不断采访策划，一路紧逼，直至犯罪嫌疑人付出巨额赔偿、被判刑三年和所谓替身甄别问题落幕该事件才告一段落。可见，记者不做精密策划，做出的报道很难引起受众关注，不盲从于网络，根据社会心理做出科学适度的策划报道才有成效。

此外，对于问题少年的采访报道，现在有些记者也能跳出就事论事的窠臼，不只是简单反映事实过程，还努力去探究事件背后的原因。这当然更需要策划，策划不仅仅是对具体步骤进行安排，更重要的目的是挖掘出启人思考的东西，而不是人云亦云。例如北大学生吴谢宇残忍杀害妈妈谢天琴一案持续至今。在这种背景下，有些记者就不再局限于报道具体过程，而是深入命案背后去寻找更根本性的东西，如家长过度强制学习，剥夺孩子快乐成长，剥夺其劳动权利等都是多年来问题少年出现的原因。记者调查要以事实为基础，以缜密的策划、深刻的思想认识为指导，将一个重要背景揭示出来。

如今都市类媒体都各有各的风格特色，各有各的关注点，因此策划的方向多有不同。有的记者为了满足受众对明星隐私生活的好奇，详细策划采访（或下载转载别的媒体相关内容）明星隐私，推出大容量超常规的报道；有的策划详细采访大案要案，追踪官员腐化细节，犯罪分子行凶过程，以充分满足受众的欣赏快感；也有些媒体每年寒暑假都要开展"资助贫困学子"活动，面向社会募捐。此外，地方的都市类媒体的策划更倾向于"地方性"，不仅在日常的市井新闻中体现策划思想，而且对于突发性事件也加大策划力度，不惜版面与时段地予以反映。报道市井新闻时，记者让民众尽可能多地提供发生在市区、郊区或农村的变动，并予以报道，诸如记者对小区垃圾成堆、道路难行、路灯不亮之类事实及时去策划报道，而且尽量按照市民口味去展示事实原貌，使报道服务于百姓需要；而突发事件会使地区受到影响，因此，要及时进行策划，尽量予以客观全面地反映。如一场大雨之后，道路被淹、居民家进水、树木歪倒、小车受损、庄稼遭殃等情况都会出现，这时媒体派出记者四面八方地去采访，还发动群众提供线索和事实，这样，关于一场大雨的信息就被媒体充分报道出来了。

因此对于媒体来说，策划就是对突发性的、本地的显著变动予以突出关注与反映，使之得以及时与受众见面。这种策划是应对时效、应对竞争的有效方法。地方媒体的策划更多侧重于地方事务有其合理性，这种策划应当坚持下去，并且也应该延伸到对公益事业的关注上，比如策划环保、卫生、资源、能源、慈善等方面新兴的社会急需的内容。

二、采访策划的商业化误区

关于这种商业化误区，在今天的不少都市类媒体、网络中不同程度地存在着，有的还非常严重。那么有必要分析这种商业化策划的表现及问题。如果做一区分，可以看到有这么几个方面的问题：一是新闻与广告不分，二是过度娱乐化，三是刻意炒作。这三个问题还都比较突出，对策划形成了很大的损害，也应了学界批评的策划是商业交易，是捏造新闻的行为，因此需要加以揭示区分。

（一）策划中的新闻与广告不分

新闻媒体一直要刊播广告，自从20世纪80年代起，广告在媒体中占据了越来越突出的位置，主要因为它会带来直接的经济效益，但与之相比，新闻不能，新闻必须靠它的内容吸引读者，再吸引广告。可是现在媒体经营的一个误区是广告比新闻重要，于是很多时候新闻开始为广告让步，让广告占据重要位置。在媒体市场化竞争非常激烈的时候，广告的效益就显得更为重要了，于是挖空心思让广告增多的策划就出现并越来越多了。

今天，越来越多的都市类媒体开展多种经营，也纷纷涉足热门商业，既策划房展、车展之类的活动，又直接采访报道这些活动，以新闻之名行促销之实，这样一来，新闻并不是新闻，只是包装起来的广告，硬塞给受众以蒙混过关，获取更多关注度，产生广告效益，由此新闻的面目就模糊了，新闻的品质也就下降了。同时，受众受到伤害的结果是，受众对媒体信任度下降了。本来受众就容易对广告产生厌烦和逃避，虽然也离不开广告，但广告的喋喋不休、夸张做作让人生厌，以至于有一个调查说："电视剧中一插播广告，全国家庭的马桶用水量就增加。"可是对于人们的厌烦，媒体不但视而不见，还变本加厉地加大播广告频率，这只会造成恶性循环。

（二）过度娱乐化

这是媒体在整体上出现的一种倾向，是媒体为了取悦受众而采取的策略。一些记者认为刻意策划一些娱乐事件，使不重要的事实变得可笑起来，使大众得到所谓的快乐似乎就是成功。那么这里有几个问题要简单剖析一下：为何要迎合受众？怎样策划？关于第一个问题，主要是现在受众成为媒体的衣食父母，决定着媒体的生死存亡，他们喜不喜欢内容关系媒体的市场认可度，如果受众不喜欢，那么媒体的日子就不好过了。仰仗受众口味与爱好的媒体就得迎合他们。但在迎合过程中就容易出现这样致命问题，就是媒体偏向于发掘受众弱点。毕竟人性还是有很多缺陷的，那就是窥私、好奇、享乐等欲望。媒体的迎合得到了受众认可，媒体也得到了回报，这样媒体就会更加肆意地推进娱乐化。

现实中媒体怎样策划娱乐化议题呢？多数情况下娱乐记者抓住一点明星小事情大做文章，大肆渲染。媒体只要听到明星一点变动，就会敏锐地关注，并加以迅速谋划，然后派出记者去采访那些小事，如婚恋、生子、性与暴力、意外等。至今除了明星、名人的绯闻，还有众多的网红、养成系流量明星、小鲜肉等在霸占热搜榜。网络中的娱乐事件策划也拖着传统媒体被动跟进策划。

（三）刻意炒作

刻意炒作就是对一件事情主观过度介入，把事实夸大渲染使其背离本来面目。严重的就是一些记者无中生有，小题大做，以骇人听闻的新闻混淆是非。有些时候，记者主观上把愿望强加于事实，有意策划一种事实，利用人们向善之心以达私人目的。这里有一个典型事件就是2016年春节期间引起轰动的"上海女逃离江西年夜饭"事件。这是一起典型的戳中社会痛点的网络新闻营销事件，该网文利用了城乡差距、拜金女、嫌贫爱富的问题，引爆社会情绪。此外，如果记者不加限制任意安排事实，刻意炒作，越过一定界限就会出现新闻造假问题，酿成不可收拾的后果。

第二节　新闻策划的步骤、类型与原则

当新闻事实出现之后，记者要前去采访，那么在这之前和实施过程中都离不开设想与规划，最重要的是在事前就有一个安排，采访目的是什么？怎么落实？记者对这两个问题有了一个大致思路，采访就能有条不紊地进行。还有，不同情况要做好相应的采访计划，如静态事实与动态事实之间存在不小的区别，那么计划时就应该注意加以区分。下面我们对这些进行详细阐述。

一、新闻采访策划的步骤

凡事预则立，不预则废，任何事在开始做之前都要有个规划。对于媒体记者而言每次采访都需要策划，就是订下一个计划，以帮助自己在现场有效采访，避免遗漏和错失良机。那么这种采访的步骤大致有如下几个。

（一）策划的事实接收阶段

当事实发生的线索传给媒体时，就有一个接收和判断的时间。这里有两种情况：一是一件较小的事情记者个人就能把握的，就不用再和部主任或编辑商讨，直接奔赴现场或直接接收别人发来的报道，然后加以处理。二是事件性质严重，属于大的事故、灾难，那么记者要和部主任、编辑甚至总编辑一同策划，对这个事故从哪里报道较好，怎样报道，要依事实内容而定。例如 2020 年 3 月 7 日，泉州某酒店发生坍塌事故，作为记者就要会同媒体部门一同商量定性：这是一起突发的事件。事情是紧急的，要尽快采访报道。记者在大致知晓事实的基础上，应当对事实深入分析，掌握网络与其他媒体对此的所有报道。

（二）策划的具体安排阶段

接收到了事实消息之后，大家要在一起共同商讨行动方案：怎么去？派谁去？达到什么目的？怎么采访？中途遇到意外怎么办？这些情况都要去考虑，然后设计出一套行动方案，如记者要找哪些人采访？对方不配合怎么办？采访的当事人与知情部门是哪些？在这个过程中采访要控制在多长时间之内？记者怎样与后方编辑保持联系？去采访时记者要检查自己的采访设备是否齐全，行车是否安全，程序是否顺畅，这些细节也安排好才能赶赴现场。记者在采访过程中要把原先设计的具体问题一条条都采访到，问清楚，核实无误后再结束采访。如果中间出现变故，比如受害者家属不愿谈，这就打乱了原有的策划方案了，记者就要及时调整，对其耐心开导，使对方愿意配合；如果不可行就要调整方案，有应变的准备。应当说策划的实施阶段最难，如果记者在现场被粗暴推搡、殴打、堵截等，记者只好回去，虽然没能完成采访任务，但这种被粗暴对待的事又能作为报道的内容得以发出。这就说明一条惯例，"将在外，君命有所不受"，外面实际发生的情况经常与策划有出入，这时候记者就要以现场情况为主，自己稳妥处理。能够顺利采访就按原计划迅速深入了解，不能进行的就将变动的事实作为报道对象，尽管它与真相有距离。

（三）策划的检验阶段

新闻采访按照策划方案要求顺利完成后，余下的环节就是制作、发布和反馈了。当然，记者采访回来如何写、如何编，还有部主任、编辑甚至分管总编的把关，都依赖于客观事实，也更靠记者的准确把握与了解。策划的水平高下，成功的程度如何，都要看新闻发布后受众的反映。如果此报道得到了受众积极回应，有打电话的，发短信的，发邮件的，留言的，议论的，或者最终促使政府职能部门行动起来，去执法，去纠正自身的错误，对违法犯罪行为严厉打击，对当事人严格处理等，那么就可以认为，策划取得成功了，有了社会反响。像《焦点访谈》在 20 世纪 90 年代中后期播出的舆论监督内容，常常会得到落实，收到了明显的策划效果，也深得百姓的喜爱。也有记者策划发布出去的新闻并没有产生期待中的效果，只能说明要么是策划不够水平，要么是时机不到，新闻报道的预见性需要时间。但不论怎么说，要检验策划的最终结果，就要根据发布后的社会效果。

当然，对于采访策划还有另外的步骤划分，如有的就认为策划只是采访之前的行为，因此策划的步骤主要包括事实分析、集体讨论、确定方案这样三个阶段。不过，援引新闻价值概念分析，我们有理由认为策划也是一个动态过程，是一个实现过程。如果策划不落到实处，那么就只是空想而已。另外，可以肯定的是，新闻采访需要策划，而不仅仅是准备，因为准备指向更具体的问题、思路与硬件等方面，而策划要考虑的内容很多，更宏观。

二、新闻采访策划的范围、类型与原则

采访策划的范围即采访策划的事实对象，主要有三个：确定报道范围与重点、确定报道规模与进程、确定报道方式。

采访策划根据事实性质的不同被分为不同的类型。根据事实的动态与静态划分就有突发事件策划与静态事实策划。我们还可以按照蔡雯的划分方法进行划分："以报道客体发生状态作为标准，策划可分为预见性和非预见性两类；以报道对象的运行时态分类，可分为周期性和非周期性策划两类。此外还有独立性与非独立性策划之分。"[①] 对于新闻事实的策划除了有类型上的区分，还要设定原则，以规范采访策划的运作，下面我们深入阐述这几方面内容。

（一）采访策划类型

1. 突发事件策划与静态事实的策划

两种事实一种是紧迫的，一种是迟缓的。分开来说，突发事件策划因时间限制往往要快速行动，容不得拖沓滞后。显然，策划者要集中人力做简短安排，尽快下达采访任务，确定采访路线，进行人员协调，让编辑预留版面或栏目、频道空间，交代自主采访纪律，突发意外的应对等。在这种情况下，一般要有多个记者同时出动，或记者部主任带队采访，编辑留守。记者队伍采访完成之后回去要汇报，大家看怎么处理新闻，记者最后交出新闻稿或录像带给几位留守人员审阅。相比较前一类策划，静态事实策划就从容多了，策划的内容主要有两种，一是记者个人或编辑对当前某个问题、现象有一定思考，认为应该抓一抓了，那么为什么要抓，怎么抓，记者与编辑就要一起策划。2008年以来，酒后驾车酿成的交通事故增多，尤其是开车撞人造成伤亡的恶性事故引起社会强烈不满。从21世纪初至今，长江以北（含江西、湖北等省区）及中西部农村"天价彩礼"成为越来越严重的社会问题，当地百姓被高额债务所困导致返贫，乡村男孩找媳妇困难，社会风气劣化甚至出现恶性案件，这些应该引起媒体关注。记者要善于策划，移风易俗。如濮阳范县的农村姑娘零彩礼出嫁，县委书记亲自登门送祝福；河北两个县300多位乡村姑娘零彩礼出嫁，县委书记主婚和登门祝贺，都是值得策划扩展的题材，同时媒体不仅要及时报道事实，还要约请专家提出倡议，深入调查不良风气的危害，寻求政府和各界的帮助。二是某种不良风气危害严重亟须加以揭露，这主要涉及社会中的难点问题、敏感问题，需要媒体策划报道。例如西南地区疯狂进行水电建设，四川、云南对大江大河截流建坝，导致严重的环境危机、生存危机和官民矛盾，不断发生的洪涝地震等灾害与当地人的贫困化使各种对立加剧，如果任其发展下去

---

① 蔡雯. 新闻报道策划与新闻资源开发[M]. 北京：中国人民大学出版社，2004.

后果不堪设想。这样的批评议题对于当地媒体来说做起来困难重重，只有全国性的外地媒体才有胆量去做。对于这类事实，编辑可以提出这一选题，经由编委会讨论确定后，指定记者去采访，那么这里有三轮策划，第一轮是媒体中高层确定选题，就是从宏观策划，包括能不能做，为什么做，社会效益会怎么样等；第二轮是记者的策划，应当是具体的采访计划，包括怎样采访，找哪些人问哪些问题，准备哪些东西等。记者采访完成后还要回去汇报完稿，交由编辑审核，编辑再修改，定稿后发布，这一环节涉及第三轮策划。可以看出，一个选题特别是重要选题，往往是集体智慧的结晶，是共同把关的结果，策划也不是仅凭一人之力就能完成的。

2. 关于可预见性新闻与不可预见性新闻的策划

可预见性新闻需要策划，这包括庆典、活动、比赛、会议、议程等，这种事实基本有确定的采访对象。由于几十年来做了大量这种策划，媒体做起这类选题是驾轻就熟、得心应手的，也具备较多的优势，如有丰富的资料、成熟的技巧与经验，有一支善于从事成就报道的队伍等。但是可预见性新闻在某种程度上已经为受众所厌弃和疏远，这在前面已经有所涉及，主要问题在于主题只是单一的歌颂，表现方法陈旧（今昔对比），百姓现身说法等报道角度比较单调。这类策划在每年几个重要节日中都要做，也需要尽可能改进。

不可预见性新闻策划。这主要是对突发事件展开的策划。突发事件策划前面已有论述，关于自然灾害有些可以预测，如天气、台风等，但还有些难以精确预测，如地震。在不可预见事件发生之前，记者与编辑不好去提前策划，因为没有方向目标；而一旦事件发生了，策划就有了依据。这类突发事件从性质上看以灾难居多，对于当事人几乎很少是福音，这就决定了策划的对象以事件、危险新闻为主。那么这类事件策划的一个难点就是不论事件直接源于人自身还是源于自然变化，报道的落脚点还在人与自然、人与人之间难免的冲突上。

3. 周期性新闻与非周期性新闻的策划

媒体每日刊印和滚动播出新闻，那么周期性新闻策划不可避免。这是一种常规行为，媒体总要进行常规的策划，相对稳定的议题、安排、节日、季节等影响到媒体的策划，会通过一些例会反映出来，比如报社都有编前会，每周还有全体记者编辑会，已经形成惯例（当然电视台也是如此）。每天的编前会主要就第二天报纸内容做出计划，对待用稿件进行布置；每周全体会则是以回顾为主，既总结上一周工作，又安排下一周任务。这种周期性策划有具体对象，是以制度化、规范化的策划运作来进行报道的，这可以保证媒体做好日常状态下的新闻采访，保证报道质量的稳定。虽然有这样的好处，也不代表周期性采访策划做得非常到位和受到普遍欢迎。这个问题分开来说就是还有不少媒体缺少稳定的周期性采访策划，这使得媒体上只充斥着被动反映的变动事实，显得零碎而不系统；从受众欢迎角度看，媒体的周期性采访策划做了不少但效果不理想，社会反响不大甚至毫无动静，如一些节日，3月5日学雷锋纪念日、3月12日（孙中山先生倡导的）植树节，4月22日世界地球日，6月5日世界环境日等，媒体应当大力改进专题策划方法，跳出活动性报道的常规模式，深入挖掘问题，努力展示事物新貌。

非周期性新闻，在媒体上面呈现的往往是突发和意外事件。对这种事件的策划不仅需要采访者在有限的时间内把握基本的事实要素，如时间、地点、人物、过程等，而且最为重要的是要具有冷静的策划意识，将事件深入开掘呈现出最大的新闻价值。这方面的具体要求有以下几点。①深入现场，善于观察。事件现场集中了几乎所有的事实要素，记者运用耳鼻口舌等感觉器官迅速捕捉对于形成新闻有用的有形无形事实至关重要。②精心选择角度。同样的事件，大家熟知的五要素里面，关于"什么"和"为什么"两个软要素是最难处理的，要在短时间内了解清楚，并赋予其意义对于记者是一个考验，显然策划必不可少。这里主要是角度的策划，应该与众不同，又符合事实的本质属性。③深刻把握背景。非周期性事件虽然不是有规律出现的事实，但是大多具有不可分割的背景因素。这需要采访者不被事实表象所迷惑，应在最短的时间内理解其背景，将事件放在一定的时空、社会发展形势下考虑，例如自然灾难、突发事故等。

4. 独立型与非独立型新闻的采访策划

按照蔡雯的分类，采访策划分为这两种是从新闻业务的范围来讲的，独立型的策划主要指新闻采访由记者一人为主完成。大多数采访都是如此，许多事件、人物采访，都是记者外出采访、报道，编辑参与修改并发出。而非独立型采访策划，策划的则是大型的采访活动，不仅有记者的行动，还有媒体的其他部门的参与。这方面很典型的就是媒体制造的"事件"，如《华西都市报》策划的"解救被拐孩子回家行动"，曾经引起很大社会反响，这是媒体自己参与其中，由公安部门配合做的一件善事，受到社会肯定。今天也有不少媒体推出"爱心助学""帮民工讨工钱""社会救助台"等活动项目，帮助了很多人。这是一种公益行为，但也受到了质疑，就是媒体是否可以这样策划活动，又自己再予以报道。我们认为，只要媒体的出发点是为了社会公益，而不是炒作自己，它的行为就是值得肯定的。

（二）新闻采访策划的原则

采访策划要遵循一些基本原则，否则策划就容易步入歧途。而且采访策划不是随意而为的，而是要根据现实需要来确定，为了保证策划的成效，就需要策划者自觉恪守一些原则，客观、正确、适度地进行采访设计。那么具体来说，需要遵循以下几个原则。

1. 真实性原则

采访策划要尊重客观事实，不能为了主观意图而主观设定框框，或者强扭角度，无中生有。在新闻史上，有一个臭名昭著的违背真实性原则的案例。1898年2月，一艘美国战舰"缅因号"在哈瓦那被炸沉，此时美国正欲为进攻西班牙而寻找借口，就借此渲染战争（报告揭露是美国故意制造事端再嫁祸于西班牙以挑起美西战争的）。如蝇逐臭，赫斯特控制下的《新闻报》对这起事件表现出了异乎寻常的热情，特别是赫斯特竟然授意记者、编辑发出了有违真实性原则的报道，报道意指军舰被西班牙炸沉，并且悬赏5万元征求查明罪犯的证据，以此制造战争气氛。更为可耻的是，赫斯特派遣一位速写画家去哈瓦那搞些战争速写，这位叫芮明顿的画家到了之后致电赫斯特："这里很平静，不会有战争，想回去。"没想到赫斯特回电："请留下，你提供图画，我提供战争。"以致美国学者埃德温·埃默里认为：赫斯特的《新闻报》在煽动战争方面是最卖力的。今天有些记者为了所谓的策划而违背真实性，任意夸大某些事实要素，使报道扭曲变形，这种策划产生了误导作用。如2012年以来，有些媒体报道的所谓"药水西瓜""蛆橘"等食品问题，其实夸大了事实和进行了部分的造谣，给消费者带来了一定恐慌，导致了此类水果销售损失惨重。采访策划是主客观结合的产物，但主观要尊重客观，在此基础上记者才能发挥主观的积极性、创造性，充分挖掘事实背景，做出既实事求是又深刻有力的报道。

2. 创新原则

新闻采访策划要有新意,这里不仅是指事实新颖,更是指角度、思维新鲜。采访策划的目的在于通过精心安排与组织采访活动使最终做出的报道取得良好的社会效益,那么记者从选题策划到方案设计都要追求与众不同,令人耳目一新。这方面需要记者提出好点子,编辑给予良好的把关,精心编排,使报道的标题、内容都不同凡响,这也是现在记者、编辑努力的目标。现在记者采访策划创新很难,主要是主题和角度不易出新。社会中突发事件往往有重复性,像一场灾难如车祸发生,记者所在媒体安排记者去采访,主要采访内容还是伤亡人数、抢救情况、事故原因等,以致现在一些受众对此见怪不怪,顶多关注一眼伤亡人数。记者在创新方面还要做一番努力。

3. 灵活原则

任何一种新闻采访策划都是基于未来而做出的谋划,是对未来的一种设想,但是未来是不确定的,设想只能是基于一种假设提出,肯定与现实之间有差别,编辑安排记者去实施的计划会在迅速变动的现实面前显得落后、不合时宜。所以记者作为实施者,主要依据现场变化做出采访安排的调整,有选择地执行事先的策划,有取舍地完成采访任务。

4. 适度原则

任何策划都要根据现实做出判断,都要适度运作,适可而止,防止过犹不及。要知道,采访策划如落实在具体采访提问与观察细节方面是不存在适度与否的问题的,但有些采访策划不纯粹是为了传递信息,是要传达一种主观的有所图的倾向,甚至利益取向明显,这就要注意通过接触事实,适度策划报道,以实现社会效益的最大化。还有一个需要注意的问题是介入事实要适度。采访策划其实是一种介入,很多时候就是要引导舆论,营造一种氛围,但介入事实要适度,媒体只是一个监督者。

5. 实效原则

新闻采访注重实效,目的是取得最佳的社会效益,使报道思想为受众所接受,所以采访中策划不可过于抽象、过于宏大或夸张,尽量贴近受众的思想与要求,使他们的愿望能够投射到新闻报道中,也同时使受众从中得到切实的引导和启发,而不是看了报道觉得不着边际。对于记者来说,要把策划作为手段,而非目的,要隐蔽策划手段,尽量让事实说话,让受众自己思考观点的对错,让他们自己得出结论。

三、新闻采访策划的方法

新闻采访本来"术"先于"学",是实践的产物。新闻采访策划也是实践在先,总结在后,记者在实际操作中应该积累一些方法。一些新闻采访策划方法最先为电视台倡导实践,随之推广到报纸、杂志等平面媒体和一些网络媒体。记者也在不断实践中回顾和总结策划方法,有一些方法和手段已经成为新闻采访策划实践中记者要具备的必不可少的能力。

(一)以小见大

采访策划是电视台最先打出的旗号。1992年,中国确立了市场经济体制,媒体得风气之先，纷纷开始面向市场受众进行节目创新，特别是面向广大百姓打出贴近、服务的招牌。中央电视台对此做了一系列探索，先后推出了《东方时空》《焦点访谈》等精心策划的栏目。在电视台实行制片人制之后，栏目就邀请大学和研究所等的专家参与策划，一时间策划风行于大多数电视台。而在策划方法上，以《焦点访谈》为代表的栏目注重以小见大。该栏目以舆论监督见长，每一期节目都是精心策划的产物，都是记者报选题，栏目组骨干一起讨论能不能做、为什么做、怎么做。最终他们确定了一个具体的选题标准：领导关心，群众关注，普遍存在。这样他们在进行选题策划时，比如策划监督类节目时都能做到以小见大。留心该栏目的观众会发现：舆论监督节目都是从一个小点切入去做的，从采访一个问题开始的。1999年，云南德钦县为了所谓的解决财政困难决定砍伐一片原始森林，这不仅违反国家封山育林、退耕还林政策，还会直接破坏国家一级保护动物滇金丝猴的栖息地。媒体呼吁之后，国家下拨了财政补贴，没想到德钦县又动手砍伐另一片原始森林。《焦点访谈》栏目组得知这一情况后就共同商讨这一选题，最后认为这一发生在贫困地区的毁林行为性质恶劣，不仅严重违反国家的退耕还林政策，而且社会影响很坏，应该予以揭露，以这一问题来引导中央和地方重视全国存在的严重毁林行为。在做了周密部署后，记者在线人带领下深入毁林现场拍摄，在取得大量资料后，记者很快以《补贴到手，斧锯出手》为题做了报道，引起社会强烈反响，国家林业局会同云南省对责任人进行了严厉惩处，策划取得了成功。

（二）集思广益

采访策划是一项智力劳动，不是单靠一个人的力量就能完成的。有些选题是记者提出又独自采访报道的，但也不能说是一个人的劳动，也离不开他人的帮助和参与，如领导的支持和把关，编辑的修改和编排等。策划要靠集体智慧，是集思广益的结果。在营销管理中有个"头脑风暴"原理（奥斯本于1939年首次提出，1953年正式就此发表文章。"头脑风暴"是指通过小型会议方式，与会者在畅所欲言的气氛中，自由交换想法，并以此激发出灵感，产生创意，并解决问题），大家对一个问题无拘无束地献言献策，正确而完善的意见就会不断被补充进来，最终有利于决策形成。如一个记者提出要采访沙漠治理问题，那么他应和记者部几位同事还有编辑一起商讨：为什么采访这个问题？怎么去采访？达到什么目的？当前焦点是什么？同行都是怎么报道的？有什么突破？当编辑提出这些疑问而记者对此也能清楚回答时，那么选题应该可以确定，接下来还有许多细节要完善，如派谁去采访？采访哪些人？走什么路线？通过这一采访会得出什么结论？舆论效果会怎样？等等。大家不断地提出疑问和意见，一个议题的构想就会越来越清晰，这样形成的方案才能达到无懈可击的地步，然后才可以进入实际执行程序。

以上是从媒体内部对选题讨论的角度来说的，那么集思广益还包括在采访、写作、录制、剪辑等过程，不断地吸收他人的智慧。有的记者在采访中会从采访对象和场景刺激中得到启发，从而完善自己的思路。有时候记者被采访者一句话点拨，"问题应该这么提"，于是思路又发生转变，事实的深度又增加了。采访之后记者要完成作品，作品的结构与选材也需要内部共同商讨以求取得最优效果，当作品出来后还需要编辑的加工，编辑的加工会使策划锦上添花。

（三）有能力预见

采访策划是对未来活动的谋划和安排。策划能否成功，主要看大家能否正确地预见事实的发展状态，恰当地安排好现场采访，使记者圆满顺利地完成任务。事态的发展会有许多不可知的变局，因此在策划中要充分考虑不可知因素，要预见到许多的意外干扰，在这方面要有预见能力。这种预见能力不仅体现在采访之前，策划者周密部署，还体现在采访中或事态变化过程中，策划者指导记者的采访。为了深入全面掌握事实，策划者需要随时根据现场情况制订下一步行动计划，使采访活动有条不紊地进行，保证最终采访报道任务的完成。

（四）灵活机动

策划者除了要有较强的预见能力之外，还要具有灵活机动的应变能力。策划在前，采访在后；策划在内，采访在外；策划固定，采访变动，二者显然形成了矛盾。为了化解这种矛盾，就要求策划者、采访者（有时二者是一人，多数情况是数人）做好事前、事中的沟通，声明在采访中记者应根据情况灵活机动地处理采访事宜。

灵活机动还表现在策划者对记者充分放权或者说记者能较为独立地处理事实。策划不宜过细过死，不宜对记者的采访确定采访细节，而是要在大的策划框架下让记者充分独立地采访，遇到情况自由灵活处理；同时也允许记者根据自己的采访情况，突破原定主题和任务，推出与策划不同的好作品出来。在许多著名的采访案例中这种意外收获可谓俯拾皆是，正应了"无心插柳柳成荫"。1995年获中国新闻奖的《我国中医当心别人赶上》就是记者的意外之作。当时作者去采访另外一件事，但院长却在闲聊中谈起来赴日考察的感受，记者听其介绍之后，意识到这是一条重要信息，于是在对方很想倾诉的情况下进行了深入了解，很快记者据此推出了警示报道，引起巨大轰动。

可见，灵活机动，抓住主要事实，这又是记者在新闻采访中应具备的必不可少的能力。打个比方说，全面情况（概括材料）是新闻报道的轮廓和框架，那么主要事实（主干材料）便是支撑框架的支柱和骨干，在新闻采访中记者要及时调整采访方向，抓住重点，采集主要事实材料，完成临时性的策划采访。

（五）利用显著性

要想使策划有新意，应该考虑多利用有名的人和事物。现在很多商业活动、广告宣传、歌舞晚会的主办方都极力邀请名人出场，就是为了利用"名人效应"。一则"没有买卖就没有杀戮"的公益广告，由姚明作为代言人，就产生了很大反响，教育了很多青少年自觉减少对野生动物的消费，这就是依据显著性进行的策划。因此，利用显著性，就是找到目前的事物与有名的人与物之间的结合点，去开展具体的策划。

（六）以新带旧

这个主要是要求记者善于利用历史和过往做文章。策划的对象不仅仅是未来的事实，更多的会涉及过去的事实，因此要学会运用历史。今天这个样子，就是以往影响的结果。如2017年除夕，退伍兵张扣扣杀死邻居一家四口（2019年7月被执行死刑），就是因为20年前的一场斗殴中，母亲被打死，张扣扣与邻居结下了仇怨。新闻策划在这里就不要重复别人的内容，应该回溯历史，深入揭示一个人扭曲的成长历程。

（七）抓好选题

策划很重要的一点就是判断选题新不新与是否重要。这其实更多地是在判断题材，有好的题材，报道会更加吸引人。静态事实就特别需要抓好题材，应该结合社会热点、难点、焦点进行策划。如农村天价彩礼问题越来越严重，造成了广大农民沉重的经济和精神负担，对此策划应该是具有重要社会意义的。可以从两方面展开策划，一是过度索要高额彩礼的典型，二是"零彩礼"或很少彩礼的移风易俗事实。媒体获得线索后都要精心策划安排，以便对事实做出深刻反映。当前，绝大多数社会热点都是理想的选题，"老三样"（教育、医疗、房产）是长盛不衰的热点议题；此外，环保、交通、资源、安全、老龄化、人口、粮食、道德与伦理等问题都是值得关注和策划的。

策划是一种智慧，采访只是现场的方法运用。掌握好各种策划方法，对采访对象有所了解，对大局有较好的认识，还有具备扎实的历史知识，记者才能从容不迫、有条不紊地开展策划，做好报道。

第三节 采访策划的"公共利益"标准

新闻采访策划要在确定有良好社会效益的基础上进行，以对精神文明建设有良好的促进作用。现在媒体采访策划已成为普遍现象，因此问题的焦点就不再是能不能策划，而是怎样策划上。换句话说，采访策划要有一个度或标准，这就需要引入策划的"公共利益"标准。本节要在符合公共利益标准上肯定策划的合理性与可行性，使越来越多策划的新闻能够在满足媒体和公众需要的基础上实现社会效益最大化。下面我们从"公共利益"需要与采访中有责任维护这一利益两方面予以分析，以指引采访策划的新方向。

一、"公共利益"至上

今天，媒体记者除了采访社会新闻、民生新闻之外，还有公共问题取向，专门关注公共利益。公共利益涉及大多数人当前和长远的利益，一般是指社会和公众共同拥有的利益或福利，如教育、卫生、医疗、社会保障等。公共利益急切需要维护者，因为在这个社会转型期，公共利益处于不断被侵蚀之中。这时候传媒就应责无旁贷地承担起维护的责任，那么在采访策划中记者就要尽量考虑公共利益，以个别事实的深入挖掘，引导舆论形成维护公共利益的氛围，引导社会自觉承担公共利益修复的责任，阻止某些伤害公共利益的行为。

之所以强调这一标准，是因为今天社会思想与利益的多元化带来了价值取向的多样化，媒体在采访报道中容易出现缺乏柔性约束而伤及公共利益的问题。在认定新闻策划作为常规手段之后，传媒会倾向于选择有利于眼前经济回报的报道内容，对新闻进行包装，并传播给受众，提供给他们表面需要却不是真正需要的东西，如这两年对于粉丝团、应援团的渲染就是如此。应该看到，受众有时并不能有效辨别新闻质量，还会强烈要求媒体提供那些娱乐、隐私及刺激性内容，而传媒此时会打着"满足受众需要"的旗号来策划报道此类内容，这使问题呈现出一定的复杂性。

受众的需要不一定天然合理，他们并不总是公共利益的代表，这是受众的局限性所致。第一，受众的需要难免含有人性弱点的扩张。传媒策划的那些暴力展示和娱乐轻松内容是在迎合人的潜在欲望，这种策划不加制止就会导致此类内容的泛滥。第二，受众需要引导而不是迎合。新闻的含义也有这个要求，范长江对新闻下过这样的定义："新闻是群众欲知、应知而未知的事实。"这个定义非常精当而且深刻，其要害在于范长江看到了新闻是受众欲知和应知的内容。那么如前所述，受众想知道的并不一定就是合理、健康的内容，而"应当知道"则是指传媒需要负起责任，用积极、进步的事实来提升受众的素养。所以，今天传媒在迎合受众时更需承担引导责任，而不能以"受众中心"为幌子逃避责任。

至此，我们看到了传媒之所以热衷于策划娱乐新闻、商业新闻的深层原因。受众的感官需求与传媒的盈利冲动是如此完美而又隐秘地结合在一起，共同营造了传媒的软新闻的繁荣。在这样一个表面皆大欢喜的形势下，传媒忽略了公共利益，或者说忽略了受众有关于公共利益的要求，而分散、匿名的受众很难集体发出理性的声音来遏制传媒偏离公共利益的倾向。

如前所述，传媒迎合受众做符合自身短期利益的策划，使炒作、造假、作秀行为蔓延，距离公共利益越来越远，这是应该予以纠正的。新闻策划设立公共利益标准，就是要切断传媒唯利是图而扭曲策划的通道，要树立负责任、追求社会公益的新标尺。传媒本身是社会公器，所从事的新闻传播活动具有公益性质。当然我们不能否认传媒追求利润的合理性，不能将社会效益与经济效益对立起来，但是在实际操作中传媒若总是出于经济利益考虑，容易偏离社会公益轨道，从而危害到社会的长远利益。由此这又涉及传媒的社会功能定位问题。

传媒具有"干预社会"的功能。一直以来，我们认同西方传播学者关于传媒的四功能说：提供信息，守望社会，传承文化遗产，提供娱乐。在中国，传媒的功能经常被表述为"党和人民的耳目喉舌"，具有"上情下达，下情上达"的社会功能。由此可以看出，传媒本身作为社会信息发布机关而存在。但今天它又不只有这一个功能，它还有主动承担公共事务、维护公共利益的责任与义务。它不仅是集体的宣传者，还是集体的组织者。

在今天的转型期，社会矛盾与问题增多，尤其是公共事务大量涌现，出现了"政府失灵"和"市场失灵"现象。生态环境问题就是典型的公共问题。伴随着环境危机加剧，社会要求公众参与治理的呼声高涨，但是由谁来组织这种参与还是个难题。此时，传媒无疑提供了一个参与的平台和渠道，因为它公开发布信息，把分散的具有共同意愿的个人组织起来，讨论具体事件。这就是传媒的主动策划，面对公共问题发挥了应有的作用。

公共利益至上还表现在记者的采访策划要以此观念为标尺去衡量所面对的事实，看其是否符合公共利益，是否有破坏公共利益的行为。如果有破坏行为，采访策划中应以此为基点，设定相关采访问题框架，设定相关采访环节，而不能掉以轻心，马虎从事。

《川西天然林的浩劫》（央视1998年10月20日《经济半小时》播出）是一个基于公共利益维护而开展的采访策划活动。此前央视记者已经得知四川省境内的天然林破坏严重。在国务院当年明确下达了禁伐令之后，四川省西部有些林场依然大肆砍伐天然林，囤积原木以牟取私利。基于这种情况，编辑部做了周密策划，安排记者秘密赶赴川西洪雅林场暗访。在当地线人的带领下，记者进入伐木山林深处，目睹了古老珍稀的林木"成长上千年，伐倒三分钟"的骇人场面。记者的采访经历了许多惊险，这是事先策划不可能想象到的，多亏了记者机智，从容脱身，并将偷拍的资料安全转移到了返回的记者身上。而在采访中伐木行为的猖獗，地方政府的失察，公共利益的破坏，都刺痛着记者的神经。将这种犯罪行为揭露出来，是记者义不容辞的责任。

基于维护公共利益的要求，采访策划不仅要揭露曝光，还要以建设性的态度对破坏行为做出纠正和引导。2001 年中国新闻奖获奖新闻《不吃发菜少穿羊绒行不行》就是这样一篇力作。2000 年 4 月下旬，时任《经济日报》总编辑的武春河敏锐地指出，目前我国的生态环境日趋恶化，沙尘暴大肆入侵，中国大部分地区深受其害，诸如内蒙古草原乱挖发菜现象及山羊啃食草根树皮等问题已经到了不说不行的严重地步，《经济日报》作为国内有影响的报纸，应该也必须加以报道。于是编辑就策划了一个报道，有效呼吁了环保。

今天公众的文化教育水平有了显著提高，闲暇时间大大增多，已经有能力有时间去关心公共问题，从而在媒体报道形成的舆论的引导下去积极参与社会问题的解决，从而维护公共利益。当然，要培养人们的公共意识，媒体处于主导地位，媒体的引导要靠记者，所以记者的采访策划是实现维护公共利益的支柱。著名公益人物崔永元的行动具有启发性，崔永元独立策划了一系列公益行动，先后实施了"重走长征路"、"乡村教师培训计划"、自费赴美调查转基因等活动，这些都可以成为媒体策划的选题。

二、采访策划中维护公共利益的可行性

采访策划中的可行性体现在记者与媒体有能力去维护公共利益，这种能力体现在这么几个方面。一是媒体是社会公器，是信息机关更是舆论机关，许多问题要通过媒体予以反映才会引起社会关注，并形成舆论压力，迫使被公开者、被批评者有所改正。一般而言，媒体的报道都会带来这样一个良好的结果，当然也有一些被批评者依然我行我素。随着社会文明的发展，媒体的影响力越发强大，对公共问题的解决能够发挥一定的干预作用，如 2003 年的怒江建坝争议、2004 年的杨柳湖工程争议、2005 年的圆明园铺膜争议、2006 年的甘肃徽县学生血铅事故、2007 年的厦门 PX 化工事件、2008 年的三鹿奶粉危机、2009 年的盐城和赤峰停水风波、2010 年的长江中下游严重干旱问题、2011 年以来多地出现的 PX 项目风波、2013 年以来出现的毁田开发问题等。媒体设置议题，对此进行专题策划，使公共议题进入公众视野，促使政府和企业及时改正和渡过危机，这体现了媒体的巨大社会干预作用。二是采访策划决定议题的重要性，使社会关注度有所不同。传媒采访策划的内容一般而言都是相对重要的议题，那么它被报道出来后也会相应地引起一定的社会反响。毫无疑问，当今人们需要反映公共利益的选题，这也意味着反映公共利益的议题要优先安排。三是采访策划的背后有受众的期待与党委政府的强力支持。从受众角度看，他们依赖媒体的信息作为行动的参考，还期待媒体帮助解决困难与问题；从党委政府角度看，媒体隶属于某些机构，这些机构对媒体负有管辖和帮助的职责。媒体有了困

难可以依靠上级部门予以解决,在外来媒体冲击下其还受到政策保护。在这棵"大树"下,媒体不会遇到大的难题,也不会遭受大的波折,因此它有牢固的基础。这种上头和下头都支持的背景,是媒体最为强大的力量来源,策划没有根本的难题。四是媒体对采访策划已经积累了丰富的经验,掌握了全面的技巧。中国媒体中报纸发展得最早(还有杂志),在报纸的采访、深度报道领域都已运用了策划这一方式,正式命名为策划则是近几年来的事;电视快速发展,影响力已超过报纸,策划栏目的流行使电视节目越办越丰富多彩(虽然受网络节目冲击明显)。现在报纸、电视的内容运作都已离不开策划,不过就是程度不同而已。综合以上四个优点,可以明确的是媒体完全有能力做好策划,有能力承担维护公共利益的重任。现在主要的问题在于媒体不是不能为之,而是很多时候不愿做,偶尔为之,媒体给受众提供的娱乐休闲内容太多,而有关维护公共利益的内容偏少,媒体需要切实负起责任来。

最后,应该再次强调的是:新闻报道应当有策划,但不能出于策划者私利而使策划陷入商业化误区,而是要为维护公共利益积极策划。目前,公共问题大量增多,社会比较缺乏有为的公共利益维护者,社会呼唤着媒体自觉以公共议题为采访策划主题去积极反映,解决社会难题,增强公信力。中国媒体的策划应该走向维护公共利益的光明大道。

思考题

1. 现在的采访策划与过去有何不同?
2. 采访策划的方法与步骤有哪些?
3. 谈谈对商业化采访策划的看法。
4. 采访策划的标准是什么?

阅读材料

27 岁女子抽出乳白色"牛奶血"!她说:我吃了一年的外卖[1]

27 岁女子一日三餐叫外卖

结果血浆成了这个样子……

喝了一杯冰镇饮料,27 岁的浙江温州永嘉姑娘小萍(化名)突然腹痛剧烈,两天后还出现了呼吸困难、高血压症状,被送到医院确诊为急性胰腺炎。医生为其进行救治时,发现置换出来的血浆竟都是油状、膏状的油脂。

据小萍介绍,发病前一年,她每天都叫外卖,最爱吃的是麻辣烫和水煮鱼。

小萍去年年初在温州永嘉一家公司做文员,由于单位没食堂,父母住得又远,她一日

---

[1] 黄熙灯. 27 岁女子抽出乳白色"牛奶血"!她说:我吃了一年的外卖[N]. 信息时报,2018-01-18(9).

三餐都叫外卖。水煮鱼、麻辣烫、动物内脏等是她最喜欢的食物，水果蔬菜却很少吃。上班时小萍经常一坐就是一整天，下班后也喜欢坐在电脑前，基本上不运动。

1月10日中午，小萍吃完外卖，又喝了一瓶冰镇饮料，突然右上腹剧烈疼痛，并出现恶心呕吐症状。一开始她以为是普通肠胃炎，并不在意，但两天过去了，肚子越来越痛，还出现了呼吸困难的症状。

在永嘉当地医院，医生给小萍做了个腹部CT，怀疑她可能是急性胰腺炎，让她赶紧到市区医院就诊。小萍到医院时，除了腹部疼痛、呼吸费力外，血压达到了160毫米汞柱。

血浆竟是奶白色，像猪油一样

在市中心医院，护士给小萍抽了5毫升的血准备化验。拿着化验血，护士惊讶地发现，血液上方竟然浮着一层白花花的油脂。"可能是高脂血症引起的急性胰腺炎。"该院ICU主治医师说，如果不马上治疗，一旦转为重症胰腺炎，死亡概率会加大。

常吃高脂高糖食物，血管易被堵塞

为什么小萍的血液里会有那么多油？医生称，这跟她平时爱吃油腻食物、不爱运动的生活习惯有关。水煮鱼、麻辣烫都是一些高油高盐的食物，动物内脏也是甘油三酯的主要来源。加上小萍平时久坐不运动，代谢就会变慢，油脂、糖分等囤积在脂肪组织和血液里，引起高脂血症。

医生说，一般的高脂血症不会马上引起身体不适，最多只是让人感觉疲累、头晕等。但长期伴有高脂血症，则对血管产生很不利的影响，比如血管失去弹性，油脂附着在血管壁上，造成动脉硬化、血管堵塞，并引起心脑血管疾病，如冠心病、脑梗死等。"这都是代谢紊乱引起的。"医生说，胰腺这个器官有很丰富的血管，如果被油脂堵住，会引起胰腺水肿，本应排到十二指肠、用于消化食物的胰液回流，从而引发胰腺炎。

据介绍，温州市中心医院每年救治的几十例高脂血症性急性胰腺炎患者，以年轻人居多。这类患者有个共同特点，就是爱吃油腻食物，特别是外卖。

医生：宁可吃肉也不吃蛋糕奶茶

中国烹饪协会日前发布《2017年度美食消费报告》称，80后和90后越来越喜欢吃蛋糕甜品。对此，温州市中心医院重症监护室主治医师林莉认为，蛋糕、饼干、奶茶、咖啡等都属于高糖高能量的食物和饮品，含有大量黄油和糖，长期食用或饮用容易让血管堆积油水。

"如果是我，宁可吃肉也不吃蛋糕奶茶。要知道，跑步半小时消耗的能量才200千卡。"林莉说。一份100克蛋糕的能量为300千卡，一杯奶茶的能量也在300千卡左右；而一份同样重量的牛肉的能量为125千卡。"现在不少年轻人都喜欢喝奶茶，其实也是非常不健康的。"

中国烹饪协会的这份报告数据显示，六成消费者每周至少吃1到2次夜宵，其中温州一用户点外卖的数量达到1,639单，成为外卖"最强王者"。此人也是点夜宵最多的用户，一年635单。

"外卖点得多，并不代表他的生活方式不健康。"林莉分析，主要看他点的食物种类，如果点的都是蔬菜、水果、沙拉，那么他的饮食还是比较健康的。如果像小萍这样吃的都是油腻高热量食物，那就要注意了。大多数青年人喜欢点高油高盐和辛辣的食物，结果因熬夜不运动导致健康受损严重。

"吃夜宵是一种不健康的生活方式。"林莉称，胃在晚餐之后需要休息，而夜宵加重了胃肠道的负担。在夜宵后进入睡眠，刚吃进去的食物能量就会囤积在身体内，得不到代谢和分解，长此以往就会引起肥胖、高脂血症等问题和疾病。

林莉提醒，大家饮食要清淡，少吃高油高糖的食物，如水煮鱼、麻辣烫、动物内脏、红肉、蛋糕、饼干，少喝加奶油和高糖的咖啡、奶茶等，应该多吃新鲜蔬菜、水果，注意适度运动。

下编
融媒体时代的网络采访

第十一章　网络采访的含义、特征与内容

本章要点

第一节　网络采访的含义　　　　　　第二节　网络采访的特征
第三节　网络采访的主要内容与要求

网络时代是一个传统媒体记者影响力下降、新闻衰微的时代。随着新媒体技术的发展，人人都有了发布新闻的自由和权利，新闻采访、写作已经出现了泛化趋势。由此，网络采访可分为传统媒体记者从事的专业性工作与自媒体环境下个人或者组织的自由采访这样两类，但无论如何，借助于网络、新媒体完成采访行为是两者的共同特征。

第一节 网络采访的含义

今天已经进入了一个网络时代，信息传播空前发达，随之而来的是各种采访活动的兴起。互联网技术则为采访提供了支撑，人人可以上网，进而人人可以通过网络采访并发布信息，因而网络采访以不可遏制之势出现并飞速发展（每天的热搜榜是一个标志）。网络记者也成为社会中的活跃力量，其不仅包括体制内的职业新闻从业者，还包括大量民间自发的采访者、传播者，这当然丰富了今天的采访形式，丰富了信息内容。我们接下来从网络采访的含义、特征与内容等方面加以分析，从而深入把握网络采访。

一、网络技术的发展

网络采访的出现是网络技术进步的结果。网络技术是外因，人是内因，外因通过内因起作用。在漫长的历史长河中，人类在接触自然以及进行各种社会交往过程中学会了观察和记录，这实际上就是采访活动。起初，信息的采集传播主要依靠口耳相传，也借助于外物，如石头、树木、龟甲、金属……直至借助纸张、毛笔等。从原始社会过渡到封建社会，人类采集信息的能力也在不断提升，越来越懂得利用自然中的媒介采集和发布信息。人类发明文字、书写工具等也是为了满足采访之需，即为了更方便地获取信息，并且及时记录它们，传播它们，其中很多内容成为文化精神传之久远。当然，我们看到，在封建社会以及在此之前的社会形态中，虽然没有职业采访人，但是人们普遍的获取信息行为就是一种采访行为。与今天做一对比，值得注意的是，古人更多依赖自身的感官去获取信息，利用身边的存在之物去达到目的。纸与笔是自然产物的简单合成，技术含量低，却有神奇的书写绘画与表达功效。利用这两种最基本的信息传播工具，古人创造了光辉灿烂的文化，其中让文学界、史学界和新闻学界都认同和推崇备至的就是司马迁依靠实地走访和查阅资料，利用纸与笔创作了《史记》这部不朽著作。近代受传教士影响而出现了国人自办报纸，由此催生了近现代中国新闻业，但当时基本的采访模式没有太大变化：一个本子一支笔，记录事实，将访问得来的事实材料转化为新闻。之后摄影与广播技术传入中国。大约在20世纪30年代，采访和发布新闻的形式开始增多了，摄影技术可以让人或物的形象留在纸上，逼真的形象受到人们的欢迎。当电视传入中国之后，这种与电影类似的新技术受到青睐，20世纪80年代迎来了它的黄金发展期，当然，整个20世纪80年代是报纸、广播、电视共同繁荣的时期。采访除了用纸和笔之外还用到了话筒、录音录像机。进入21世纪后，采访手段和设备更为先进。当此之时，对这三大媒体形成颠覆性威胁的媒体——网络囊括的"四微一端"出现并被迅速普及。正如麦克卢汉所言：媒介即人体的延伸。这一预言在互联网时代被表现得淋漓尽致。互联网能够帮助人们克服固有缺陷，从而实现无障碍采访，不仅空间障碍被消除了，而且不见面、不认识的陌生隔阂也被突破，采访实现了很大的自由。

通过这样一个简单回顾，我们可以看到技术作为一条主线隐于其中，同时也应认识到网络采访是技术发展的产物。以前的采访都有这样那样的局限，采访面临着重重困难，比如职业记者很难克服空间距离的约束，采访千万里之外发生的事实，今天跨地区、跨国界采访可以很轻易实现。那么，从技术进步的角度看，网络采访在21世纪的出现和勃兴有助于扩大采访区域，丰富新闻信息来源，也打破了官方媒介与民间媒介、主流媒介与边缘媒介之间的界限，开创了新闻采访的一个新纪元。

二、个人拥有的自媒体

随着网络的普及和平民化，个人拥有媒体的时代到来了，那么个人利用媒体采访的机会就增多了。所谓个人拥有的自媒体，就是指一个能够为个人提供自由使用、采集和发布信息机会的媒体形式。在网络采访中以下几种信息收集方式是比较常见的。

1. 电子邮件

从一般意义上看，电子邮件是超越物质实在性的虚拟通信工具，也是人们日常生活中用于思想感情交流的一种工具。作为一种新型采访方式，它是可以被广泛利用的。采访对象如果非常遥远，甚至素不相识，就可以利用电子邮件进行采访；有急迫情况的采访，记者也可以不必赶赴采访对象那里，可利用电子邮件达到采访目的。它作为最先发展起来的一种新型采访方式至今仍然存在，很多情况下它还在发挥重要作用。许多传统媒体记者在对国外人物采访时还倾向于选择这种方式。

2. BBS（百度、知乎等）

类似于公告板，很多情况下它被用来发布信息，但也有不少的采访依靠它完成。它不像电子邮件那样纯属私人空间，它是公共的、开放的领域，采访者提出一个问题，无法预料会有多少人看到，也无法预知有多少人愿意回答。它是公共论坛，也是一个鱼龙混杂的地方，在它上面能够展示各种各样的问题，也会出现千奇百怪的解答。作为颇有人气的公共论坛，它也曾风光一时，如今很多时候它被论坛取代。

3. 聊天室

这是一个类似于BBS的公共空间，它汇聚了形形色色的人物，人群里有怀着各种各样目的的人，会对社会热点问题做出讨论。它是采访者发现新闻线索并随时进行访问的公共空间。它还打破了采访必须相互认识或事先约定的局限，使得陌生人之间的交流变得平常。

4. 论坛（天涯、猫扑等）

随着网上公共空间的不断扩大，新的交往形式被开辟出来。大的门户网站设立的论坛就是这么一个良好的空间形式。各种人都可以通过注册在上面发帖，展示自己所知的事实，事实发表之后都有跟帖的可参与空间，这为采访提供了良好机会。不同于一般的倾诉和求助，采访者可以"悬赏"问题，可以抛出问题，吸引论坛访客解答。得到了解答之后，如果要进一步采访，还可以继续询问，把采访引向深入。

5. 腾讯QQ

作为一种聊天工具，腾讯网开发的QQ为青少年甚至中年人所喜爱，因为可以满足他们即时聊天的需求。今天腾讯还发展出语音聊天、视频聊天，吸引了越来越多的人参与进来。那么这种聊天工具也很快被用来作为采访工具了。它比起以上几种形式更自由和便捷，采访者与被采访者在线（不在线又可留言）即时交流，使采访难度大大降低，这种形式还方便记者采访不愿露面的采访对象。在QQ里面还可以进一步建立QQ群更方便交流访问。它还有一个优势是传送文件、图片、视频等容量较大的东西比微信更加方便。

6. 博客、微博

博客最先发展起来，原来作为一种纯粹的个人日志，后来发展成为带有公共性质的虚拟空间。博客虽是用于个人写作的，但也一样可以作为采访工具。微博与之相比，具有公共性、开放性，很多话题都通过微博激起了舆论浪潮；同时微博也具有私人性，可用于个人之间的交流互动。

7. 微信

微信（WeChat）是腾讯公司于2011年1月21日推出的一个为智能终端提供即时通信服务的免费应用程序。微信支持跨通信运营商、跨操作系统平台通过网络快速发送免费（需消耗少量网络流量）语音短信、视频、图片和文字，同时，在微信上也可以使用"摇一摇""漂流瓶""朋友圈""公众平台""语音记事本"等服务插件。微信提供公众平台、朋友圈、消息推送等功能，用户可以通过"摇一摇""搜一搜"功能或通过扫二维码等方式添加好友，同时微信支持用户将内容分享给好友以及将看到的精彩内容分享到朋友圈。①

8. 个人公众号

微信公众号是用户在微信公众平台上申请的应用账号，该账号与QQ账号互通，通过公众号，商家可在微信平台上实现和特定群体的文字、图片、语音、视频的全方位沟通、互动，这就形成了一种主流的线上线下微信互动营销方式。②

其他的还有个人网站。如果说以上几种采访渠道都因门户网站的审查还有一些不自由的话，那么个人网站就是更多彰显个人创造力的自由天地了。在这种专属私人空间里，设置的个人专项栏目体现了个人的创意，同时这也为采访提供了巨大便利，访问者可以与主人展开讨论，也可以向其提供新闻线索，或接受主人的采访。主人能够在这个空间里发布采访记录和作品，由此进一步引出更多线索。著名的揭黑记者石野创办了"石野关注"网站，他就是充分利用访客的新闻线索，筛选出典型事实，完成一次次揭露性报道的。

此外，还有群、专门圈子等都有可开发的空间。网络采访方兴未艾，网络为记者提供了无限广阔的空间，这种网络上不可穷尽的空间为采访的深化和延伸提供了前所未有的便利，无论是体制内还是体制外的采访者，都应善于利用这样的平台来更好地了解事实。在网络采访兴起之后，实际上存在两个世界，一个是实际的看得见摸得着的采访世界，一个是虚拟的世界，而后者潜力更大。传统媒体记者更多依赖实际世界，现在也看到了虚拟世界的信息来源，也在充分利用这个来源；而现在虚拟世界更多地被非职业采访者所利用，不断地传输着新闻信息。

---

① 资料来源：https://baike.baidu.com/item/%E5%BE%AE%E4%BF%A1/3905974?fr=aladdin。

② 资料来源：https://baike.baidu.com/item/%E5%BE%AE%E4%BF%A1%E5%85%AC%E4%BC%97%E5%8F%B7/4916400?-fr=aladdin。

三、网络采访的含义

网络采访是指主要以网络作为新闻素材采集渠道，通过各种网上采集形式进行的新闻采访活动。由此可知，网络采访的核心要素是网络，没有网络也就不存在这种采访形式，那么利用网络进行非实在性采访应当是网络采访的特点所在。传统的新闻采访的定义是：新闻工作者为收集新闻素材所进行的活动。这里一个关键要素即主体是新闻工作者，是指供职于传统媒体的记者、编辑。显然，网络采访的实施主体就不一定是新闻工作者了，实际上更多的是非专业人士，例如网民。主体不同其实还反映出网络采访作为一种新兴样式还在发展之中，影响力在不断增强。

网络采访的内涵反映出这是一种利用网络所进行的采访活动，那么其外延就是它反映了一种社会行为。这么说在于新闻采访由传统媒体控制、专有逐步演变为一种普遍性的大众行为，没有职业特许的采访群体出现了。可以这么认为：网络采访既是职业行为，也是非职业行为，既是记者的特权，也是网民的公权，两者既有交叉也有融合，既有前者向后者的渗透，也有后者向前者的扩张，当然，网络采访的影响力目前还主要通过网络体现出来，并没有超越传统采访行为的影响力。

第二节 网络采访的特征

一、网络采访内容形式的多样化

网络采访作为新的采访形式，它必然具有一些不同于传统采访形式的特征，认清这些特征，既有助于深入把握网络采访的实质，又可以更好地应用网络采访。虽然作为新兴的可资利用的形式，网络采访还有很多不够成熟的地方，但是着眼于其快速发展，探究其积极影响，则使我们看到这是一个有待深入开掘的崭新空间，网络也在吸引越来越多的普通人参与。关于网络采访的特征，孔军强归纳出以下几个方面。

1. 采访内容的多媒体性

网络新闻采访是以多媒体新闻素材为其采集对象的，其采集的素材涵盖和融合了三大传统媒介采集的内容，既有对静态的文字和图片的采集，又有对声音和动态视频的采集和摄录，是一种全方位采集新闻素材的活动。如威海日报社网络电视台的记者都是复合型的多媒体记者，他们采用数字摄像机和数码相机拍摄下当时的场景，然后用文字处理系统、图像处理系统、非线性编辑系统等软件立即投入视频报道和声音报道的制作以及图片新闻的写作中。从传统的新闻采访来看，这些新媒体记者都是身兼数职，既写文字报道，又要录音、拍照、摄像，做后期编辑，还要上网传输数据。

2. 采访工具的全数字化

网络新闻采访所采用的采访工具主要是全数字化的计算机网络，以及可以与这一网络匹配的一系列全数字化的新闻采访和传输工具。目前，通过数据宽带，记者可以方便地远程登录报社的采编系统，运用一整套功能强大且全齐的数字化网络新闻采访工具，快捷而高质量地完成新闻采访任务。目前，网络记者所使用的数字采访设备在不断升级，如手机、高性能无线上网笔记本电脑、专业迷你摄像机、挂在手臂上的微型键盘、话筒、挂在腰间的微型显示器、数码影像传输设备等。用这套异常轻便的设备，不仅可以采集一般的文字和图像新闻，还可以独立完成现场直播。

3. 采访范围的全球性和速度的快捷性

因为网络具有全球性，因而网络采访的范围也具有全球性的特点。对于一些不能、不宜或因距离太远而无法进行现场采访或调研的新闻事件，记者就可通过互联网进行全国性或全球性实时采访。另外，在网络中进行的采访是一种实时快速采访。因距离阻隔等原因，传统采访需要数天或数月才能完成甚至无法完成的工作，借助网络记者数秒或几分钟之内就可以完成。

4. 新闻资源的丰富性及利用的方便性

网络是可供新闻工作者开掘利用的巨大信息资源库。运用百度、谷歌等搜索引擎，记者可方便地检索到某一事实的背景资料，快速获得所要的新闻素材；可对数据进行更深入的挖掘。目前，新闻从业人员中，上网获取新闻线索、展开新闻采访工作的人逐渐增多。在信息时代，计算机和网络等资源对于新闻报道的作用至关重要，它使记者看得更远，听得更清，想得更深，写得更快。

5. 记者选择资料的自主性和思维方式的独特性

网络是全新的开放式媒体，上网的任何个人都可以在网上发布消息，检索资料，寻找新闻线索，且一般无人能够阻止和控制。网络中成千上万的资料库和各种不同的网站、线索资料等，为记者提供了丰富的可供选择的新闻资源。随着计算机网络和通信技术的迅猛发展，以及网络受众要求的提高，新媒体记者被要求要有满足网络传播需要的独特创新思维。目前，这种创新的重要标志是，在网络中媒体对动态新闻的采访和报道突破了截稿时间和采写篇数的限制。例如，在"非典"和甲型H1N1流感报道中，媒体进行实时报道和滚动报道。

6. 记者采写编能力的合一性

传统的新闻传播一般是采编分离的，即记者主外，他们一般按照编辑部的意图外出或从网上采集新闻素材，写作新闻报道；编辑主内，他们一般不外出采访，而是在编辑部修改记者和社外人员来稿，担负着"把关人"的角色。随着网络新闻对时效性和现场感的要求的进一步提高，记者需要独立完成新闻采编及发布任务，此时记者同时担任着编辑的职能。采写编合一成为网络新闻传播实务的一大特色。①

从以上几个特征可以看出，技术支持成为未来采访最为核心的物质基础，是先进的技术装备让这些特征得以体现出来的，否则，这些特征无法被体现出来。传统媒体的采访之所以显得落伍就在于硬件上的差距，这当然也印证了"科学技术是第一生产力"的正确性。同时还有一个突出的特征隐含于关于技术进步的这些表述中，这就是自由，换句话说就是高度的采访自由。网络采访的采访权不一定由传统媒体记者所独享。采访行为已经平民化、普遍化，几乎每个能够上网者都拥有了网上采访的自由、便利。这种自由虽有被滥用的危险，但它也在实际上丰富了采访内容，具有更积极的意义。

---

① 孔军强. 网络记者：网络时代的新闻传播者 [J]. 青年记者，2009(7).

二、网络采访主体多样化

承上所述，采访本身就是社会行为，但以往仅仅是传统媒体的记者、编辑的行为，属于职业行为。由于网络普及、网民激增，网络采访也就演变为个人行为、社会行为，不再有体制的局限了。那么随之而来的一个问题是：网络采访主体多样化是如何体现出来的？这个问题还要在以后的章节中具体展开，这里只是做一简略描述，以大致勾勒出一个多样化的群体形象。

网络采访主体多样化首先体现为身份职业多样化，其中以自由职业者居多。在今天的社会转型期，社会流动加快，职业变换较快，但同时有不少人被甩出正常的社会轨道，成为无固定职业者，这在过去容易变为流民，而在今天，由于有了互联网则出现了另外的情况，这些人可以利用网络，寻找属于自己的发展机会（在另一个世界即虚拟空间里可以创业）。在网上，他们发现自己原来不具有的社会中的话语权在这里轻易就可实现；个人的潜力也得以开掘。他们在其中游历、开拓，并很快就能找到一个自由发言、发布事实的便利渠道。自由职业者热衷于使用网络使自己成为网络采访的主力军。同时还有为数不少的青年学生，在大学的自由空间里他们敢说敢做，对社会急于表达自己的见解，因而他们是网络采访的积极参与者，也是勇于实践者。除了这些自由人之外，还有一个群体是记者、编辑，他们在网上公开或者隐去身份，也在开辟着新的采访空间，以便获取更多更重要的事实真相。除了他们，还有知识分子，也在利用网络做着类似的工作。

由上可以看出，网络采访主体的多样化，具有积极意义，有助于培育多种采访力量，丰富采访内容，壮大采访队伍。从这个意义上看，网络采访主体促进了传统采访工作的开展，对新闻事业的推动作用是巨大的。

第三节 网络采访的主要内容与要求

在每天大量传播的新闻中，有太多是新闻媒体记者和网民采集发布的。如前所述，新闻采访和发布的权利已经从传统媒体那里扩散到普通网民，也就是任何人都可以采访和发布新闻。但是我们对网络采访也不能不做出一定的分析和提示，没有规矩不成方圆，网络采访的内容包括哪些，有什么要求，都需要做出解释分析。

一、网络采访的主要内容

网络采访大体分为三类。第一类是传统媒体记者利用网络进行的采访，第二类是网民通过网络采集发布新闻，第三类是网络记者的采访。这里主要分析的是第一类的采访。目前大多数的采访还是传统媒体的记者和编辑围绕新近发生的事实进行的采访和收集资料活动，有些时候记者不方便和无法到达现场，找不到当事人，只能通过网络查询获得，还有些时候借助网络采访容易获得事实材料，这时记者也得采取这种方式。至于网民的自主采访、发布新闻行为，其实还不够多，而网络记者目前很少有获得正式采访权的，只有人民网、新华网、央视网三家网站获得了采访资格。这三家网站的采访主要是针对时政、财经、社会新闻开展的，类似于传统媒体记者的采访。

那么网络采访的主要内容包括哪些呢？一般来说，主要有这些：（1）采集新闻线索（通过网络新闻、自媒体、论坛、微博、微信等）；（2）搜集背景资料（注意资料的权威性）；（3）即时采、写、传（事故现场的采访视频等）；（4）网上访谈（匿名状态下要保证新闻线索来源的真实性）和寻找知情者，要求记者增强鉴别新闻真实性的能力，防止假新闻或新闻失实；（5）开展网上问卷调查统计；（6）通过网上搜集报道意见。目前，网络空间内容繁杂，要采访的内容种类也是非常繁多，并不局限于前边几种，如有些是网络视频对话，有些是邮件往来，还有些是匿名提供信息内幕等。网络采访能帮助采访者获取过去难以通过正常渠道获得的信息，所以传统媒体记者非常喜欢利用网络获取新闻线索。

二、网络采访的要求

1. 掌握网络采访技术

采访者应该是复合型记者，能掌握多种新媒体技术，能够进行正常的文字采访、图像拍摄、编辑、制作和播出等工作。

2. 提高信息处理能力

这主要要求记者善于识别信息的真伪，善于辨别信息质量的高低，善于提取对受众有用有益的信息。要学会筛选，在浩如烟海的信息中寻找和识别自己需要的东西，不是一般化的、信息含量低的内容，要根据对受众具有知悉意义的标准来寻找信息，并确定信息是否可用，是否经得起时间检验。还有，要学会沙里淘金，以一当十，选择重要的有意义的事实。

3. 提高新闻敏感

这是和传统媒体要求一致的地方，要求网络记者及时发现网络中有价值的新闻线索，如在阅读浏览中，善于分析理解事实在当前的意义与价值，根据"领导关心、群众关注、普遍存在"的热点、焦点、难点的标准去衡量事实，不断追寻探索，直至达到发现有价值新闻的目的。

4. 加强把关，提高新闻价值的挖掘能力也很重要

如何在浩如烟海的网络中找到需要的新闻信息，发掘其中的新闻价值，这对网络记者的信息处理能力提出了要求。网络中各种各样的新闻与信息过度传播，不少虚假信息甚至谣言泛滥，在这种情况下，记者需要坚守新闻传播的真实性原则，要在开展网络信息搜集与访问中，耐心核实事实的准确性。要克服浮躁的心理，认真细致地搜集和辨别事实，不要轻易相信事实，要善于验证。这需要记者在平时做好基础工作：一是要坚持阅读文史哲经法社等多方面的知识，打好常识基础，二是要勤学好问，积累丰富知识，三是敢于质疑，不放过疑点。记者在临时采访时面对事实特别是那些重要事实的时候要保持警惕，不要怕麻烦，应积极主动求证，以免出现常识性差错。[1]

5. 增强版权意识，严禁抄袭和剽窃

网上采集新闻不等于网上抄袭新闻，必须加强版权意识，杜绝抄袭和剽窃现象的发生。

---

[1] 资料来源：杨明的《网络采访的应用及其对记者的要求》，文章网址为：http://blog.sina.com.cn/s/blog_487d902d0100ibit.html。

这要求记者自觉遵守知识产权保护法,不随意抄袭别人的东西,不随意把别人的东西据为己有,凡引必注,有根有据;同时,要学会保护自己的原创性内容,以防止别人随意抄袭,或者别人随意使用。

思考题

1. 网络采访的含义是什么?
2. 现在个人拥有的新型采访样式有哪些?
3. 网络采访的特征是什么?
4. 网络采访的内容和要求是什么?

阅读材料

众筹新闻[①]

众筹新闻,亦称新闻众筹,是指个人或机构向公众募集资金,实现特定的新闻报道计划。2013年11月29日,众筹网开通国内第一个众筹新闻平台,该平台从产生到下线,存在了不足一个月。一度被看好的"新闻众筹网站"——Spot.us,也已停止了新项目的发起和运营。

众筹新闻的发起者主要为记者、自由撰稿人、新闻机构及其他机构。作为发起者的记者和自由撰稿人可归为一类,是国内发起众筹新闻项目的主力军。在国外,新闻众筹发起较早,这种方式已经受到新闻机构和其他机构的重视并被加以运用。以Spot.us为例,目前57.14%的发起者是机构,包括新闻媒体机构、环保机构、社工机构等。

众筹项目的资助者主要有个人和机构两类,个人资助者大多是匿名捐助。资助者的需求可以归纳为三种:一是成就共同的新闻理想;二是希望看到优质内容;三是希望得到优质内容。

随着自媒体的发展,各种新闻和分析文章严重泛滥,很多新闻失去了阅读价值,而有些主流媒体的内容倾向性严重,精英主义色彩过于浓厚,这种情况下,真正优质的内容资源变得更加稀缺。众筹新闻的垂直化选题,恰好满足了资助者个性化、精细化、创意化、差异化的需求。

尽管种类繁多的新闻众筹平台都在不同程度地宣称自己的慈善、公益或非营利性质,但从目前后两类平台的发展来看,众筹新闻大多已有清晰的盈利模式,主要有佣金和广告两种。也就是说新闻众筹平台的需求仍然是盈利,只是程度不同而已。

众筹新闻在具有如此高需求的背景下,还没有发展起来,有外部环境的限制,最主要的还是由于众筹新闻自身的不确定性因素太多,如缺乏有效的商业模式、众筹新闻理念尚未深入人心、管理规则尚不成熟等。作为一个发展方向,众筹新闻应该具有良好的生存空间,这还有赖于互联网环境的改善。

---

① 资料来源:翠妮的《众筹新闻有多少生命力》,文章网址为,https://www.tmtpost.com/110403.html。

第十二章　网络采访

本章要点

第一节　道德要求　　　　　　第二节　把关要求
第三节　业务要求

在这个人人都是记者的时代，网络采访和发布的自由空前扩大了。但采访者和传播者要为自己的言行负责。基于网络中的各种乱象，有必要重申网络采访者和传播者的素质要求，以此明确各种网络行为产生不能只为了满足自己，网络采访者和传播者还要自觉遵守法律法规、公序良俗，遵从基本的新闻规范。这其中，网络采访素质是不能不着重强调的问题，这主要包括道德要求、采访的事实真实性要求、尊重个人隐私的要求、对传播的后果负责的要求等。

第一节 道德要求

网络采访更加需要强调道德要求，主要是基于个人自律。在网络时代的采访传播中，由于匿名化的行为较为普遍，因此会出现道德放任的问题，如随意编造新闻、污蔑他人、虚构事实、冒充采访等。在新闻信息传播中记者要有良好的道德自律意识，要自觉为自己采访和传播的每一条信息负责，对于从网络上得来的信息要保持清醒、冷静的态度，对有疑问的信息要核实，保证准确无误，保证传播的内容是有益健康的。专业记者要敢于善于把关，杜绝那些不良信息，制止虚假信息的肆意扩散。具体来说专业记者要符合以下要求。

一、要有良好的道德修养

要将自觉遵守网络道德放在第一位。遵守网络道德主要是自觉遵纪守法、维护公序良俗，捍卫社会主义核心价值观，弘扬真善美、抨击假恶丑。传播者要具有良好的品质，言行要给人正能量。在采访中，要通过正常的、法律道德允许的方式，去挖掘真相，获取事实，不可采取伤害他人和社会风气的方式挖取新闻材料；采访中不可自认为高人一等，要平等谦虚，温和待人；采访中不可麻木冷漠只当旁观者，要积极帮助需要救助的他人，或者是呼吁社会资助；要积极参与社会管理，社会治理，帮助解决难题。

二、杜绝暴力、色情、低俗内容

自觉克制不良信息的采集传播，特别是那些涉及色情、暴力、低俗的内容。今天，网络的自由发达导致了这些含低级趣味的内容更加有了生存空间，为了增加可读性、可看性，采访者、传播者倾向于借助这些东西吸引人，但从道德层面来看，不能任由低级趣味泛滥，需要把好关，更加需要当事人自己自律，树立起良好的道德风范。

这就要求采访者、传播者提高自身道德修养，凡是符合道德的内容就采访发布，不符合的则避免接触，更不能传播开来；在网络中发现黄赌毒和低俗的内容，要努力抵制；要树立采集优质新闻的信念，把具有良好道德示范作用的人和事及时传播出去，影响更多的人跟进学习；针对那些散布不良信息，转发低俗黄色笑话段子的行为，要敢于抵制，消除不良影响，教育引导网友追求积极健康的精神世界。

三、参与维护真善美的行动

要在网络中自觉维护真善美,主要是针对一些偏狭、刻薄、有不良言论和挑事的个人,要有理有据、有礼有节地劝服和斗争,纠正不正确的说法和行为,引导网友走上自觉遵守道德习俗的正路。

弘扬传统文化、倡导积极健康的娱乐是重要的一环。传统文化中蕴含着博大精深的先进文化,需要挖掘,借助于具体事实展现。孝心、爱心、关心都需要通过网络来宣扬,带动更多人去追求和落实。针对网友存在的仇富、仇官、仇商等不良情绪,需要采访者、传播者发布正确客观的事实予以纠正,避免这些错误言论混淆视听,带歪了社会风气。维护真善美还表现为对社会中弱势群体的困难看在眼里,及时呼吁,帮助解决,如呼吁帮助家庭困难学子、贫困家庭的病人,呼吁保护野生动物、自然资源、文化建筑等,这都是彰显道德水准的行为,有助于维护社会和谐与美好。

捍卫社会主义核心价值观的行为表现为净化网络,使丑陋、丑恶行为没有藏身之地。近年来网络诈骗、黄赌毒出现,致使一些青年和未成年人误入歧途、深陷其中,其中网络沉迷问题也比较严重。采访者、传播者要及时揭露这些不法不良行为,遏制它们的蔓延,借助于网友的力量,清除网络毒瘤,这需要勇气和担当。

第二节 把关要求

一、商业网站要做好新闻和信息把关

目前,中国五大门户网站每天发布大量的新闻,对社会产生了很大影响,这要求五大门户网站不能不提高把关能力,防止消极影响。对于商业网站来说,它们大多是二次"把关人"。为此,商业新闻网站应该增强社会责任感,杜绝虚假、低俗内容。当然它们主要是以盈利为目的,需要大量有价值的消息来填充版面,吸引受众眼球并赢得点击率,这是可以理解的,也是在活跃新闻传播氛围。但目前商业新闻网站除了转载传统媒体的新闻资源外,还积极地从微博、朋友圈、论坛、空间等地寻找新闻,然后加工编辑再传播,在加工、转载过程中,如果对源头的把关不严格,就会导致新闻的真实性难以保证,因此,商业新闻网站需要把好关,提高新闻识别能力。2018年8月出现了由梨视频播放的德阳女医生自杀视频,后来发现视频有误,这是急于播发缺乏核实和不够谨慎造成的一个失误,这也使得新闻的真实性受到了损害。

二、网民要做到自我把关

近年来网络使用门槛的降低使每个网民在网络使用中成为"把关人",既在采集事实中涉及把关,又在制作传播中需要自我约束。网民人数已经超过10亿,作为"把关人",比其他类型的"把关人"在数量上占绝对优势,网民集合起来的传播影响力空前巨大,因此各地都在加强网络监督,一系列法律和规定相继出台。网民自己也要学会把关,防止采访和传播中出现问题。做一名合格的"把关人"可以从两方面做起,一方面,当网民进行

信息的生产时要做到不捏造、传播虚假消息，情绪化言论，从源头上保证消息的真实性；另一方面，当网民在微博、论坛里同步完成信息的消费和传播时，要力争做到不转发、传播未经证实及非理性的消息，避免造成社会秩序的混乱。

第三节 业务要求

一、进行技术创新

记者要在传统的新闻传播媒介基础上建立自身的网络平台以及客户端等，让受众可以随时随地掌握到最新的新闻内容。记者可以将报道上传至互联网、App、微信、微博以及论坛等平台进行传播；在报道的过程中，也可以通过二维码、摇一摇等功能与受众进行互动。大胆运用新媒体技术手段，将网络流行方式融入新闻采访与报道中，可最大化地提高新闻报道的人群触达率。同时，"记者可以与管理人员在现有的传统媒介基础上建立起属于自己的客户端，从而做到与新媒体的高度融合，这不仅可以维持传统媒体在采访报道工作中的优势，还可以有效迎合受众对于新媒体的个人偏好，进而实现新媒体以及传统媒体的优势互补。此外，记者还可以通过开通微博，促进自己信息网的构建，在与受众的信息互动过程中，更为全面以及详细地获取相关的信息材料，不断提升信息采集能力"[①]。

二、推动报道内容的创新

要善于发现新闻，在内容方面积极创新。要具备较强的新闻敏感和较高的新闻素养，还要紧跟形势不断优化自身的新媒体创新思维。记者在选取新闻内容上要更加注重新闻事件的广度和深度，这就要求记者要选择真实、客观的事件，通过自己的新媒体创新思维，对新闻事件进行多角度、全方位的挖掘和解读。在采访过程中需要新闻记者不断用心去感受、去挖掘新的新闻素材和内容，做到与时俱进，从而从根本上满足受众对新闻内容的需求。

三、创新网络思维与语言

网络思维要求的是融媒体思维，是整合思维。事实获取过程，是受众知悉意义的过程，是全面、深刻、客观认识事实的过程，新闻采访者要立体采访、全面把握，多角度多侧面地理解事实。在语言使用方面，要使用活泼生动、尽量符合网络受众口味的语言，做到通俗易懂又具有幽默感。

四、提高信息处理能力

面对浩如烟海的新闻信息，新闻采访者需要提高识别能力。网络上缺乏"把关人"和

---

① 吴红霞. 新媒体时代如何做好新闻采访工作[J]. 科技创新，2016(12).

法律法规不健全，这导致了虚假信息的泛滥和大量不实报道出现，要提高警惕。真实始终是新闻的生命，在进行网络采访时，要求记者核实细节的真实性。对于这些问题，国外学者提出了标准：准确性、追寻消息来源、多源求证、公正性、完整性、时效性、原创性。他们还提供了一些建议：

（1）不要想当然地相信网上信息的权威性和质量；

（2）花足够的时间去熟悉在网上得到的基本信息；

（3）围绕你想要查询的短语来选择关键词，在每次搜索中都使用尽可能多的短语查询；

（4）经常使用高级查询功能。①

这些建议都是具有良好的引领作用的。记者要对采访的事实负责，其中也包括了所采用的网络信息，不能因为引用就完全免责。越是容易得到的信息材料，越要认真负责，提高鉴别能力，通过不懈核实得到真实可靠的新闻材料，才是负责任的体现。

思考题

1. 网络采访传播要有哪些基本素质？
2. 为什么要对网络新闻把关？
3. 如何防止网络虚假新闻？

阅读材料

"生命力"网站创新简介

2014年5月中旬，作者对辅仁大学大众传播系副教授陈顺孝做了专题访问。

关于"生命力新闻"网站，当初的社会救助与具体运作情况是怎样的？

陈顺孝说："1997年出现的这个网络媒体，是我一手操办起来的。我带领学生一起做新闻为主打的栏目，虽然开始不知道做什么，怎么做，学生在3个月之后感到失望，要放弃，但是我坚持要做下去，并且说服他们，即使失败，也是难得的经验。于是坚持了半年，终于做出成效了。我有一门课是"网络实务"，我让学生参与进来，有30多人。我只是出选题，他们去采访、编辑、发布，每个人一学期完成8篇采访。我安排他们去采访弱势群体，关注他们的命运，于是披露了很多人的困难，引起了社会捐助。这里有几个典型例子：一个是山东省一个农民，生了一个女儿，发现是兔唇，家里又拿不出巨额费用治疗，在网上求助搜索，无意中找到了我们。我们就帮助联系救治单位。过后半年，山东那个家长打电话过来说，孩子得到了免费救治，而且已经长好了，邮寄了照片。第二个是台中有一家工厂想资助困难群体，每个员工每个月捐出200元，一个月就有30多万，然后希望捐出去，

---

① 杨明. 网络采访的应用及其对记者的要求 [J]. 新视点，2018(10).

让我们联系需要救助的名单，我们学生经常采访这样的事情，就把名单提供给他们了。这样几年下来，我们觉得确实救助了一批人，很有成就感。但是后来又觉得这样虽然救了一些人，但是更多的人还是没有看到，不能解决社会问题。第三个就是我们自己的发展突破，我们需要转型，转到公共新闻学，因为公共新闻学关注事情的原因、对策，告诉人们该怎么做。这个更有价值，学生到了大三就能够参与一学期。2009年我们做了莫拉克新闻，安排学生跑灾区。2010年我们又转型了，关心创新创业，即谁在解决问题，他们是怎么解决的，我们重点报道他们的做法。

  这个网站完全是学生媒体，我画出采访路线，他们去采访完成。如果有不同看法，和我讨论，也可以主动定选题跑什么新闻。比如有学生希望增加体育新闻，我认为报道涉及公共性的体育更好。现在我看到学生流动太快，就让大二的先进来，看看上一届怎么做的，直接学习更有效果。现在我要求学生出去采访两个人一组，因为我要求的不仅仅有文字稿，还要有图片和视频，比如做动漫，做有动感的新闻，和大众媒体一样，那么制作任务就加重了。

第十三章　网络采访的平民路径

本章要点

第一节　体验式采访　　　　　第二节　聚合式采访
第三节　融媒体采访

网络时代人人都成了记者，网络时代也带来了人人都能够采访的便利条件，人们利用新媒体手段完成采访和传播，已经变得稀松平常。因此，当今除了传统媒体记者采访得来的信息之外，人们接触到的还有网民提供给自媒体的信息。那么即使是个人的采访也需要注意，由于是自己把关，不能不对事实认真观察，细致了解，然后才是整理和传播。这其中需要注意的细节还是很多的。在采访方式、采访方法与指导思想等方面都有需要遵守和提高的地方。

第一节　体验式采访

前面分析了网络采访的各式各样形式与主体表现，也充分肯定了这些做法的合理性。网络有它便利的一面，就是在记者不能及时到达现场之际，在场的目击者看到了事件的发生过程，可以直接发帖，或者为媒体记者提供新闻素材。而目击者身临现场的观察，就是一种无意识的体验式采访。

一、现场观察

现场观察要先有体验。网民的观察往往是依靠本能的观察，这是一种好奇心紧张感驱使的认知活动，会帮助人细致认识外部事物。如一场婚礼、一起交通事故、一次斗殴等，人们对具有强烈动感的事实的发生过程有一个观察认识。还有的作家对于动态性不强的事物有细致入微的观察，如刘亮程的《一个人的村庄》散文集里面有大量对细微事物的描绘，包括对蚂蚁、老鼠、虫子、风、家畜、猫、狗、庄稼、泥土等，进行了细致入微的长期观察，并从细部描绘，出神入化，生动形象，打动了很多读者。

那么，作为有采访传播意识的网民，观察就需要一份细心耐心。生活中时时处处都有新闻，都需要用心留意。因此，就要带着一份责任和好奇去观察，以便在用得着的时候及时反应过来，对事实捕捉到位。例如在车站，除了准备好自己的事情之外，还要留意附近的环境，一旦看到有些特殊之处，马上集中注意力去观察。此时，还是多依靠眼睛，而少依赖手机。观察一般是自上而下，先动后静，先大后小，抓住最核心最精彩的部分，看得真真切切、明明白白。这将为观察式采访打下扎实基础，有助于后期的细致描述。

还需要注意的是观察的持续性。不论是动态性还是静稳式的外部事物，凡值得深入了解的事物记得跟踪观察，以便对事物的发展过程有个清晰的了解。假如一场车祸发生，传播者有机会观察到了现场，观察到了伤者被送到医院，还跟进观察了治疗，这就是一个完整的观察过程。网络采访弱化了传统媒体的层层把关，但是在观察方面的业务要求并没有降低，反而是强化了，因为传播者要独立负责事实的真实性、准确性了，因此不能不更为仔细认真。

二、借助媒体的观察

不同于传统媒体记者的采访，网络时代个人的采访最大程度上利用了手机、相机（DV）

等设备，个人认为仅仅利用机器拍摄记录就完成了所谓的采访，只要拍到了内容就认为其是该传播的内容，这导致了新闻的泛化。少数个人捕捉到的事实，经由微博、微信、公众号走出了封闭圈，成为点击量较高的新闻。这种自媒体的观察所得产生的效果确实超出了传统媒体，但需要注意以下几点。

首先是选择好观察点。对于具有动态性的事实，要学会观察，学会找到合适的观察点。这个点的确定在开始是随机的无心的，但是及早确定了有价值的事情，就应该马上做出调整，学会寻找合适的地点，以方便看清楚事实的外在形态与变动过程。显然，按照新闻采访的规则，是距离越近越有利于观察，方便看得清楚准确；同时还要注意寻找一个安全可靠的地点，防止出现意外。一个值得警示的例子是：2018年7月3日，海航集团有限公司联合创始人、董事长王健在法国公务考察时意外跌落导致重伤，经抢救无效去世。据报道，王健一行约10人出国考察，他是在法国普罗旺斯的一处风景胜地参观时出事的，王健被媒体猜测当时正爬上一面墙，希望拍摄一片优美的树林，但他第一次没有登上就后退助跑，跑上墙后站立不稳，不慎跌落，摔成重伤，后抢救无效去世。[①]可见选择合适的地点，还需要注意地点的安全性、稳固性，立足稳固才能有助于深入细致观察。

其次，选择好观察的时机。这是需要事先做好准备的。个人不一定都要和职业记者那样训练有素，时刻绷紧神经，但也要注意把握时机，待机而动。如具有季节性和纪念性的活动，可以提前做好采访准备，提前进入状态，等待时机成熟再观察。

最后，观察要把握好主题节奏。事实层出不穷，不能面面俱到、事无巨细地观察传播，要清醒理智地观察有价值有意义的事实，然后再考虑传播的问题。个人行为一样受到法律、道德的制约，采访者要自我把关，观察那些具有启发意义、警示价值的大事小事，要依照一定的主体框架去获取资料，然后再好好组织事实，传播正能量。例如公交车里面的座位纠纷问题，需要注意的是，让座与不让座或者争抢座位的行为要及时准确地观察反映，不能不加区分地抱有偏见，认为老年人都爱抢座位，蛮不讲理。要明白，事实需要我们去认识，客观准确地认识，不是硬扭角度，要主观符合客观地认识反映。

三、参与体验式观察

参与体验式观察就是生活在其中，并能超脱于外，能经常性体验反思，从中找到有意义的事实提取出价值。这方面应该学习作家的蹲点和专家的调研。韩少功回到湖南老家，建设了一个农家院子，自己种菜养鸡，和乡邻不间断交流，了解农村实际生活状态，获得了真切的认识；于建嵘到贵州一个行政村挂职，担任村副主任，和农民一样劳作，也是获得了实际的感受，这都是一种扎根于现实生活的体验式观察，入乎其中，又超乎其外，自然能获得新的认识。

参与其中的观察重要的是身入心入，能够沉下心来去生活，触摸现实，发现新奇之处、有意思的地方。2017年春节期间，一位重庆女孩跟着男友回到河北老家过年，结果三天

---

① 李兴华.海航董事长王健法国意外身亡，疑拍照时出事，跌落地点曝光[EB/OL].（2018-07-04）[2021-07-10]. https://finance.ifeng.com/a/20180704/16367027_0.shtml.

就逃离了男友家,三天里,她不帮助家人做饭做家务,睡懒觉,不说话,也不走动,对农村看不惯,种种行为表现,使得男友一家不大接受,而她更不适应,最后是忍受不了而提前回去。这里反映的是很多人在城市生活,不能也不愿意观察农村,隔膜加上偏见,导致双方难以沟通融洽。这种心态习惯是不能用于网络观察的,而是应该反着来朝着正确的方向走才对。

还需要注意,参与式观察有职业、行业、地区的差异,应该区别处理。熟悉是观察的大敌,主要在于熟悉了就缺乏激情,观察就容易懈怠,应该极力捕捉快速的变动,以及细部的变化发展。生活在其中,就要注意从中找到有价值的事情,挖掘意义,提供启示,以好奇的眼光打量了解清楚才有利于报道传播。

总之,网络采访的平民化趋势不可避免,科技发展到今天,社会的急剧变动释放出了人们隐藏于心底的表达欲望。直接采集事实是一种采访,亲身经历并记述下来也是。不过网络采访既不同于传统的那种直接访问的形式,也不止于利用经历的各种形式,还包括了对事实的转述和意见的表达。关键是人人皆为记者,采访在此已经淡化为借助于网络的形式多样的个人活动,既可以是实在的,又可以是虚拟的;既可以是直接的,又可以是间接的。网络采访打破了固有的垄断,人们普遍能够利用新形式来反映自己,表达自己。这对于个人来说是个福音,许多事实被不加掩盖地公开,人们之间的交流也越发便利,网络采访的大众化时代已经开启。

第二节　聚合式采访

目前,在网络中有些采访不是一个人独立完成的,不是专业记者的个人行为,而是一群人共同参与完成的。这些采访是由不知名的网友的群策群力才得以实施和推进的,事实不断朝着前方发展,直到他们的期待有了结果才算告一段落。这种新颖的采访可以称为聚合式采访。

一、参与评论式采访

这是自从网络出现以来就有的一种形式,记者参与评论并在补充事实提供观点过程中完成采访。从留言板、社区到各种跟帖、微博等,每天都有无数的意见被生产出来,可谓浩如烟海,无穷无尽又无始无终。

那么在采访中需要注意的是,尽量在了解事实的基础上,客观发表意见。意见包括对事实的补充,对事实的评价。要学会克制情绪,学会引导网友,先了解事实再发表意见,发表意见与表达情绪做好区分,意见尽量客观公正,情绪尽量和缓,有理有据。

采访者要会沙里淘金,淘汰不合理不正确的观点与低质量的事实,吸收合理事实与观点为我所用,其实也是为公众所用。所以观察网络上的众说纷纭,从中快速识别出有用的内容,是很重要的。采访者需要细心和耐心,注意在坚持正确价值观的基础上辨别事实,提供有益的事实与观点给公众,促进聚合式采访的完成。

二、正确利用网友爆料

网络的采访传播自由带来了一种网友主动参与的情况，就是网友爆料。网友爆料是对新闻事实的有力补充，能帮助完善事实，促进事态发展，也能起到解疑释惑的作用。网友爆料是广大网民积极行动的产物，值得肯定，同时采访者要善于利用爆料，善于疏导，远离违法背德的事实。因此，采访者需要注意的有以下几个方面。

第一，及时捕捉具有警示价值的事实。网友爆料是采访者的重要信息源，要敢于传播，也要学会识别，不要被有些人炫耀式的作秀传播迷惑。

2007年发生了震惊海内外教育界的辱师门事件。2007年5月25日下午4点，网络上出现了一段4分55秒的视频录像，视频中的课堂上20多名学生乱作一团，浑然不顾讲解地理知识的孙老师还不算，竟然有学生不断用肮脏的话侮辱头发花白的孙老师，甚至还有人两度跑到讲台上对老师动手扯帽子推搡。这段视频被一个学生传到了博客上，之后被迅速传播到了天涯、猫扑、西祠等知名社区。网络上一些鸣不平的网友还围堵学校要教训他们，随后纸媒等传统媒体介入调查，最后学生在舆论的压力下向公众、老师认错道歉，这件事情才得以解决。

第二，鼓励出于公意或维护公共利益的爆料。如有环保公益人士发起了"中国水污染独立调查"活动，号召回家过年的网友拿起手机和相机，将回乡所见污染情况拍照发布到微博上曝光。① 这种维护公共利益的行为应该予以鼓励奖励。

第三，针对扑朔迷离的事实及时补充线索或者内容。2015年5月3日的"成都女司机被打"的纠纷轰动一时，引起围观，并最后主要靠网友的努力才还原了真相。网络传出的视频显示女司机被后车逼停，下来的男司机暴打女司机，这引起网友的愤怒抨击。在普遍的愤怒情绪还未完全消散后的第二天，热心网友又爆出是女司机有错在先，是她三次别了男司机的车，导致车内孩子受到惊吓，男司机愤怒出手打人，这个爆料出来之后，又出现了女司机该打的舆论。这是典型的反转新闻，如果没有网友的正确展示，恐怕事实真实性就遭到了破坏。

三、借助合理的搜索工具

人肉搜索是指集中许多网民的力量去搜索信息和资源的一种方式，它包括利用互联网的机器搜索引擎（如百度等），还有利用各网民在日常生活中掌握的信息进行信息收集。如果想了解一个人，可以通过在论坛发帖的形式发起人肉搜索，也许正好有个网友认识你想要了解的那个人，那么他就可以用在网上发帖的形式把该人的信息公布于网上。在2018年8月27日的昆山宝马反杀案中，于海明被追打而反击的行为被网友叫好。对于文身开宝马的刘海龙，网友主动开展了大量的人肉搜索，结果爆出他是黑社会组织成员，早年是案犯。其实，发生纠纷的两个人都是外来打工者，平时并不认识，发生的纠纷微不足道，但因为宝马车主拿刀砍人，导致性质发生了转变，使得人们展开了人肉搜索。人肉搜

---

① 范传贵. 网民掀"随手拍家乡污染"浪潮 政府部门无回应 [EB/OL].（2013-02-19）[2020-03-10]. http://news.sohu.com/20130219/n366394904.shtml.

索在这里发挥了巨大的揭示事实的作用。

但是，人肉搜索应有界限，需要谨慎使用，此类行为容易侵犯个人隐私。人肉搜索经常和个人隐私相关联，也非常容易涉及法律和道德问题。所以，我们在互联网上不应该轻易公布他人的隐私，除非这个人有违法失德言行，一旦公布将是覆水难收，有可能对他人造成无法挽回的伤害，这是对他人隐私的不尊重，同时也会使自己陷入法律困境。

四、甄别网络签名

作为一种试图影响舆论的手段，网络集合民意曾经发挥过作用。针对一些事件网民自发组织起来的行为是值得注意的，应该予以引导，这是网络采访应该把握的度。2011年春季，南京法桐事件引起强烈关注也是值得深思的。南京市地铁建设单位为了修建地铁准备砍伐南京市图书馆附近600多株老法桐，引起市民关注，部分保护法桐的网友组织了"绿丝带"行动，现场播报，很多网友签名支持，行动由线上转入线下，舆论反响巨大，最终政府批示，不准再砍伐道路两边的法桐，这就成功阻止了滥伐行为。此后类似的地方建设垃圾处理厂、PX项目等也有网友网络签名反对的行动。不过，随着21世纪20年代来临，网友的网络签名集合民意势头趋缓，网友的参与热情有所下降。传播者也需要根据网友的兴趣点做出一定的调整和改进。

第三节　融媒体采访

通信技术与网络技术的快速推进，促使采访者的采访能力有了质的提高，采访范围扩大。这是一个新时代，出现了媒介融合，即使不带个人电脑，在采访中，采访者也可以通过个人手机直接通过网络发送新闻到接收终端，使采访与写作、制作、播出都在采访者手中快速完成，节约了时间和资源。那么对这个问题结合实际做具体分析，探索融媒体采访业务带来的变化也成为现实需要。

一、融媒体采访态势

显然，融媒体是要使多种媒体的优势集中，可视、可听、可传。"融媒体"是充分利用互联网这个载体，把广播、电视、报纸这些既有共同点，又存在互补性的不同媒体，在人力、内容、宣传等方面进行全面整合，实现"资源通融、内容兼容、宣传互融、利益共融"。"融媒体"不是一个独立的实体媒体，而是一个把广播、电视、互联网的优势整合在一起，互为利用，使其功能、手段、价值得以全面提升的一种运作模式，是一种实实在在的科学方法，是看得见摸得着的具体行为。[①] 融媒体时代也标志着新的传播态势的发展，采访变得更加便利和快捷。那么，既然技术上的突破不成问题，就需要再进一步分析这么三个问题：一是传统媒体记者如何使用这种技术来完善采访工作；二是

---

① 资料来源：庄勇的《从"融媒体"中寻求生机》，网址为，http://www.people.com.cn/。

作为普通网民该不该使用它，如果应该，那么就涉及如何使用的问题；三是目前技术快速推进背后的行业矛盾。

1. 传统媒体采用融媒体技术尤其对记者而言有何意义呢？

首先传统媒体中很多采访发布环节可以省略了，这样可以明显提高效率。例如融媒体技术的运用可使报纸出版周期缩短很多，记者奔赴现场采访之际，可以边访问边传送，由后方编辑直接加工改写，不必等着回去汇报再写再传，甚至可以直接传到值班编辑那里上网组版，让值班副总编看大样定稿，这样环节少了，出版效率大大提高了。对于记者而言，很多时候所做的工作主要是准备好问题，准备好采访设备，以及在现场访问清楚。采访即将结束时记者可以直接将采访内容传送到编辑部，但是也可能会出现这两种情况：一种是采访中苦于受访者暂时找不到，一种是事实发展才只是到这个阶段，作为记者只能按照目前这种发展态势进行反映。虽然报纸出版周期很短，新闻往往只有一天的生命，但是事实发展有一个过程，记者可以先行报道一部分事实，保证新闻时效性，或者是不断地深入了解事实，掌握充足的资料，等到对事实了解差不多时再深入挖掘主题，做成深度报道。

记者采访中还要考虑回去汇报和写作，这占用了本该详尽了解事实的时间，让新闻质量打了折扣。现在有了各种新媒体工具的支持，记者可以多花些时间在采访上，深入了解事实以求报道更有力度，也更能体现平面媒体的优势。平面媒体记者的劣势现在无非是用笔记或是用键盘敲击占用了一定的时间，不如电视记者直接扫描拍摄，直接传送快。当然，即使是电视记者也在节省时间，他们现场拍摄之后直接将内容发送给编辑部由值班责任编辑剪辑新闻，省去了自己再赶回去加工制作的麻烦。相比较而言，电台记者只需要声音，那么主要靠受访者的语言来表现新闻，只要得到了对方的对事实的声音介绍，电台记者就可以直接向电台传送声音了，剪辑工作也能由编辑处理。

2. 普通网民是否该使用这种融媒体呢？

如果从先进技术带来的产品归于个人属性看，那就是任何人都无权干涉别人使用通信工具的自由，只要他不是将其用来从事违法犯罪活动。那么由这显然可以看出，只要个人愿意又能付得起这笔费用，那么个人可以购买使用。从个人产权角度来看，拥有、使用先进通信设备没有问题，然而一旦超出一定限度，如个人拍摄了，又将拍摄的内容放置于公共性的网络之中，问题就来了，问题在于会不会触犯他人隐私，会不会违背道德伦理（成都公交车燃烧事件中有人拍下了乘客逃生的视频却没有上前施救遭到谴责），会不会有破坏公共利益和以私害公的行为呢？这些疑问是无法绕开的现实难题。

无论是从消极影响还是从积极效果来看，先进通信设备掌握在个人手中会造成各种不同后果，让人欢喜让人忧。忧的一面需要纠正改进，喜的一面则发挥了积极作用。任何个人拥有了这种所谓的自媒体就可以随心所欲地拍摄记录，值得注意的是，在大家积极使用过程中可以产生相互监督相互制约的力量，这就使得乱象逐渐会被遏制，而自媒体会越来越多地发挥积极作用。这是不断冲破禁令的结果，即使在外出采访中遇到阻碍，也有办法解决。一般除了特殊场合只准许记者进入外，公共场所都应允许个人采访，那么公民记录行为就不违法。他们拍摄的内容虽然用于个人欣赏，却也会放到网上与人分享，这就扩大了传播。因此从积极意义上看，我们应当鼓励更多的人拿起设备多多记录，以供自娱和共享，并且也补充了新闻源，扩大了舆论监督的范围，促进了社会问题的解决。当然，鉴于目前网民个人素质的良莠不齐，现实中暴露出的各种问题，需要传统媒体帮助改进，或者开办专业培训班指导他们如何更加专业地采访，或者吸收其中的优秀人才为我所用，借用民间无穷的力量和智慧来促进媒介事业发展。

3. 媒体融合步伐放缓

媒体融合曙光在前，广大用户也为此欢欣鼓舞，但很快大家就看到了严峻的现实难题，这其中不是技术突破，而是利益分割带来的障碍。媒体融合触及电信、电子、信息、通信等多个不同行业的而且是垄断行业的利益。

这些垄断行业在推进融媒体进程中明争暗斗，都要独吞融媒体的果实而排斥其他行业进入。对于目前这种不合理不正常的现象，需要引入强有力的制约力量，因为不受制约的权力总会产生腐败，从而伤害大众正当的利益。那么应由民意形成舆论，通过网络力量、媒体报道等形成合力推动立法，制约垄断行业的一味谋取私利，引导它们更好地为公共利益服务。

融媒体时代还需要各利益方的协调以求动态平衡。不同的利益方从事职业不同，追求的目标不同，它们之间会出现错综复杂的利益纠葛，每个行业都不应只算自己的小账，而置大局或公共利益于不顾。而在实际协调过程中，传统媒体应充当积极的带头人角色。因为大众传媒天然地作为社会公器，是公共利益的代表，能够反映最大多数人目前的和长远的利益。其他垄断行业除了逐利冲动，它们很难自律，也自认为没有义务去放弃垄断利益而去维护公共利益或让利于民。那么媒体应当选择事实，策划事实，报道事实，让垄断行业自觉让利于民，加快研发步伐以尽早和更好地服务社会。对于其依仗强势地位破坏公共利益而不思悔改的行径，媒体可以动用监督的权力予以曝光，而且还应发动公民个人利用网络空间形成舆论监督力量，这样从现实到虚拟空间的舆论都会对其产生巨大的压力，迫使其有所改进。

二、聚合式信息集中

如今，技术的进步使综合了文字、视频等多功能的采访硬件、软件得以面世，并已经在不少记者那里得到应用。这是令人欣喜的现象。在硬件方面，就有相机、手机，以及更先进的佳能c200电影机、索尼N280摄录一体机、适马150–600焦段镜头、V66直播机、V68 5G直播机等；还有一些微型设备如VR眼镜、谷歌眼镜、直播眼镜等。相比之下，另外如翻译笔、运动相机（Go Pro）、全景相机（Insta 360）、无线对讲机类的装备在特殊场合更有用处。不过媒体与个人在拥有了先进采访设备基础上，还应该善于合作。

1. 传统媒体层面的"资金激励"

面对社会的急剧变化，媒体组织仅靠自身捕捉新闻越发显得力不从心了，这就更加需要吸收社会力量来补充新闻，采取有偿付费的方式不失为一种好方法。这方面可以借鉴B站、抖音、快手吸引网友拍视频在上面播出的做法，吸收那些优秀的报道者为媒体提供新闻素材。在现实层面既然有了非专业网友的新闻生产参与，媒体就应该积极寻找无处不在的热心人提供新闻素材。媒体只要出一些资金作为犒赏，就会有源源不断的网民合作者，智慧就在民间，愿意拍摄的人很多，会有很多奇思妙想。在媒体日益依赖社会信息资源的形势下，媒体人更应当顺应潮流，充分开掘这一重要资源，以丰富媒体新闻。

2. 在采访层面的合作

媒体记者与民间采访人的合作，实际上就是业务上相互支持。对于记者而言，自己有正规的采访渠道，有正式的组织，有采访证件，有丰富的物资，采访遇到的困难要少得多，但依然有困难：困难在于现场采访尤其外出采访很可能人地两生，采访难以进行，还有诸如方言难懂、风俗不熟悉等困难。相较而言，民间采访者尤其是当地网友则有这些记者不具备的优势，他们在地方活动，了解人情世故，知道各种各样记者所不知道的情况，带领外人寻访轻松便捷。可见，这样一批民间采访者的先天优势很突出。虽然民间采访者能更加自由更加灵活地进行访问，但没有合法的采访行业身份。两者可以在互补的基础上合作，民间采访者可以成为媒体记者的向导和翻译，记者约见线人，安排食宿等细节需要后者提供帮助。很多时候媒体记者作为局外人难以进入当地事发的场域，因为外来的陌生人会让当地人戒备，有了前者的帮助，媒体记者的难题就可以很好地解决了。媒体记者难以采访的内幕可以委托他们完成，然后他们再提供给记者发表播出，这弥补了民间采访者采集的信息无法公开在大众传媒播放的遗憾，而且一般情况下，媒体记者还应给予对方相应的劳动报酬，或者给予署名权使其有扬名机会。

3. 竞争关系的发展与确立

很多时候传统媒体自我设限，专门任用自己的记者完成采访。离开社会资源，记者采访可能会遇到一些阻力，尤其在外地会困难重重。采访设施的方便并不能保证内容的准确、丰富、深入。在许多突发事件或重要事实发生之后，记者的采访反而落后于民间采访者，后者有在场的便利可以随机记录并将内容立即传至网上。而媒体记者按照固定程序采访完，经过编辑审查后再刊播新闻就晚了很多。所以媒体与记者应放下架子，多想办法利用活跃的民间力量为自己服务，因为"民心可用"。媒体记者与民间力量特别是网友应该建立起充分合作的关系，相互交流协调、互通有无。对记者来说，网友资源是一笔难得的宝贵财富，而且"取之不尽，用之不竭"，双方应该积极配合，以求双赢。

三、融媒体采访的要求

1. 树立服务者角色

在融媒体时代，记者必须突破在传统新闻报道中形成的工作惯性和认知障碍，从生产者转型为服务者角色，弱化固有的作为"传者"的主体性地位，增强服务意识，将受众作为服务对象，将为受众提供最优质的信息服务作为目标，通过新颖的新闻报道策略，提供贴近用户接受偏好的作品，满足受众多样化、个性化的信息需求。

2. 在网友发言中寻找新闻线索

记者需要积极寻找高效、新型的采访模式，充分利用多种信息渠道。有学者指出：每个人都可将自己听到、看到、想到的东西通过新媒体形式发布出去，这些新闻也可能成为重要的新闻线索。

3. 掌握融媒体传播技能

要掌握不同媒体平台的传播规律，熟悉全媒体采编技能，以满足不同媒体平台的不同需求，提供多样化的新闻作品。

总之，进入5G网络时代，平民的采访具有更多可用的条件，能够采访发布很多新闻。

在技术设备方面，个人和媒体机构虽有业务要求的区别，但是核心的采访设备的差距不大，这使得后者的先天优势不再，但是个人的采访技能、范围、素质等方面还需要提升。传统媒体记者也需要和个人合作，与网络采访者建立起良好的互利关系，既由对方提供采访便利，也要指导对方如何发现和采访事实，制作合格的新闻。采访设备的进步是没有止境的，但是双方都需要在保证新闻真实性的基础上，继续合作，做出网络时代更为精彩的新闻。

思考题

1. 如何理解网络采访的平民化？
2. 怎样评价刻意揭露他人隐私问题？
3. 简述融媒体时代的采访变化。
4. 谈谈如何利用手机进行采访。

阅读材料

从大数据中找寻蛛丝马迹[①]

"原来记者 95% 的工作都是在与人打交道。但随着数据新闻技术的成熟，可能 30% 的工作量会转移到人与文本数据的打通之中。"武汉大学信息管理学院教授沈阳的这一判断，得到了与会专家学者和调查记者的认同。

的确，大数据正在改变着记者固有的新闻调查模式，也对当下做好深度报道有着重要的意义。但客观来讲，大数据其实并非如很多人想象的那般神秘。那么，记者在深度报道中究竟该如何看待和利用大数据？

从哪里寻找数据

谈到"数据从哪里来"这个问题，张志安教授指出，政府公开的信息数据是一个重要的数据来源。对于这一点，美国彭博新闻社执行主编、彭博社亚太区总编辑李米勒（Lee Miller）也持相同观点。在他看来，绝大部分记者在进行数据挖掘时都是基于已经公开了的数据。比如，政府部门公布的统计数据，公司在官网上发布的公司财报。"作为一个记者，你的工作并不是要从那些秘密的信息或者数据里面去发掘。记者有必要从公开的信息中发掘对自己有用的数据，这也是所在媒体在市场竞争中能够超越其他媒体的关键。"

"可是，中国有多少深度报道记者能够看懂政府、公司公开的报表？政府公开的年度预算和决算到底有没有记者仔细去看，并且把这些数字和过去做比较？"张志安抛出的问题让很多人深思。张志安直言，很多记者并没有耐心去看数据，看报表时更多的是看"三公"消费等几个公众普遍关心的数据，而不去看别的公共开支中的数据，挑数据过度追求眼球效应和社会化思维。此外，深度报道记者以《政府信息公开条例》作为法律依据，向

---

① 该文系 2013 年 10 月 12 日到 13 日由中国青年报社和清华大学新闻与传播学院主办的第四届全国深度报道研讨会上的专家发言的部分内容，由晋雅芬整理。

政府申请数据的意识整体上还不够强。

"网络挖掘的海量数据、公众爆料的众包数据、记者通过不同渠道爆料得出的数据，也都是深度报道的信息源。"张志安说道。对此，沈阳分析指出，记者在做深度报道时搜索到的相当多数据都来自移动媒体、自媒体、社交媒体，"随着人们把大量的时间消耗在这些媒体上，最原始的原生信源不断地出现在微博、微信、QQ空间、人人网等媒体上。但这些数据来源是离散的、孤立的，需要记者把人和文本打通。"沈阳说道。

透过数据能看到什么

在沈阳看来，大数据实际上就是一种电子印记。可是，记者透过这些电子印记究竟能够看到什么？毕竟技术化的数据搜集并不难实现，难的是对数据背后的意义的挖掘。

对此，张志安建议深度报道记者要看到庞大数据背后的简单特征、看到隐形数据背后潜藏的事实、看到复杂数据背后的意义关联。"今年上半年，我们和美国麻省理工开了一次国际研讨会，会上讨论了很多关于数据新闻的话题，我听到最多的是透析数据、洞察数据。对读者来说，你给他那么多数据没有用，他在乎的是，你是否帮助他洞察了数据背后他所不知道的新闻事实和客观事件"。

沈阳认为，记者在大数据中进行搜索，可以沿着搜索链进行信息真伪的辨别。他举例说，对于10月1日天安门广场上垃圾的问题，很多人都在讨论中国人的素质是提升了还是降低了。从数据分析的角度来看，首先要把历年来所有关于天安门广场上关于垃圾的深度报道梳理出来。结果发现，有的是谈到升旗仪式的垃圾量，有的是说黄金周的垃圾量，有的是说纪念中华人民共和国成立60周年仪式上的垃圾量，随后会发现垃圾问题还和天气有关，雨天和晴天不太一样。"不把这些数据全部整合出来，我们很难得出垃圾和人之间数字的关联性。我认为，记者在做这种涉及数据的深度报道时，其实都可以使用这种数据新闻的分析方法。"

对于张志安和沈阳提到的"关联性"，清华大学新闻与传播学院的陈昌凤表示，大数据时代建立在相关关系基础上，因此，相关关系就成为数据新闻的出发点。"我们要找到这种相关关系，如果节点找对了，你就可以做出很好的报道。"此外，陈昌凤分析认为，数据新闻还具有预测和寻找规律等特质。李米勒对此也表示，数据挖掘是分析数据，并从中寻找趋势、规律或者结果。"数据挖掘可以用来预测未来，发现过去的规律，可以把数据按照你的需要归纳成不同的组，可以展示活动和事件的先后顺序"。

数据新闻怎么去做

很多记者的长处是与文字打交道，并不擅长与数据、报表打交道。对此，李米勒建议，记者首先不要对数据感到恐惧，所有记者其实都能够很好地做数据发掘的工作。

那么，数据新闻究竟该如何去做？李米勒表示，数据挖掘的宗旨是以数据的形式呈现信息，让读者明白数据背后蕴含的意义是什么，因此更重要的是把数据进行简化。如果给读者呈现的数据非常复杂，让他们无法理解，那么记者的工作毫无意义。张志安表示，对数据进行采集之后要进行过滤、清理，然后通过讲故事等方式进行可视化呈现。沈阳表示，如果要做人物的深度报道，记者可以在谷歌趋势中搜索人物的全球关注度，可以在国外某个社交网站中进行分析，深度报道中还可以利用大量的人物关系进行分析和聚合。

"你总会在挖掘数据的过程中得到一些令你惊喜的结果。"但李米勒直言,记者在做深度报道时一定要时刻保持警醒,始终要对自己获得的数据持怀疑和批判的态度,因为无论是谁提供的数据,无论是政府部门、专家学者,还是公司首席执行官,他们都可能以自己习惯的方式来提供给你,而这些数据未必是正确的、对你有意义的。对于李米勒这种"怀着质疑之心"的观点,人民网舆情监测室秘书长祝华新也认为记者在面对数据时要谨慎,"在互联网信息真伪难辨的情况下,不能做鼠标记者,不能根据网络热点信息写新闻,而要对网络信息去伪存真,为网民情绪扶正抑偏"。

在沈阳看来,大数据时代给深度报道提出了3个要求——精准、精确、精巧,因此,对做深度报道的记者来讲,既要有理性思维,同时又要有深刻的人文关怀。这一要求,对大数据时代的记者来说的确值得认真思考。

参考文献

1. 罗以澄. 新闻采访学新论 [M]. 武汉：武汉大学出版社，2004.
2. 刘海贵. 当代新闻采访 [M]. 上海：复旦大学出版社，2007.
3. 詹新惠. 网络新闻写作与编辑实务 [M]. 北京：中国传媒大学出版社，2014.
4. 何志武. 新闻采访 [M]. 武汉：武汉大学出版社，2011.
5. 蓝鸿文. 新闻采访学 [M]. 北京：中国人民大学出版社，2011.
6. 刘海贵. 新闻采访写作新编 [M]. 上海：复旦大学出版社，2005.
7. 蔡雯. 新闻报道策划与资源开发 [M]. 北京：中国人民大学出版社，2010.
8. 艾丰. 新闻采访方法论 [M]. 北京：人民日报出版社，2010.
9. 张征. 新闻采访教程 [M]. 北京：中国人民大学出版社，2016.
10. 王中义，史梁. 当代新闻采访教程 [M]. 合肥：合肥工业大学出版社，2016.
11. 焦垣生，杨琳，黄蓉. 新闻采访与写作教程 [M]. 西安：西安交大出版社，2006.
12. 刘海贵. 中国新闻采访写作教程 [M]. 上海：复旦大学出版社，2008.

后 记

本书是在第一版的基础上修改完成的。目前进入了自媒体和媒体融合时期，传统媒体的新闻传播形式发生了变化，更多的新闻转移到了新媒体、自媒体、App 等平台上面，传统媒体走向衰落。伴随着媒体的开放，越来越多的网民自由采访、发布信息，或者传播新闻（点击量大的被认为是新闻），这一方面使人误以为新闻没有什么要学的，另一方面则是网民发布太多的不专业的随心所欲的碎片信息，致使新闻的质量下降（本专业学生无心写作、采访没有章法的问题较为普遍），令人担心。由此，新闻专业性还需要坚守，这主要体现在新闻采访中，业务能力是核心内容，因此，需要再行补充完善。但是说实话，自己对此还是有力不从心之感，因为新闻业务的实践性很强，现实变化太快，各种新事物层出不穷，难以把握，所以对采访内容表述的缺失遗漏在所难免；由于时间仓促，书中对于当前采访的各种技巧和方法也没有全部反映出来；在写作中还存在表达的欠缺、肤浅等问题。对此恳请读者提出宝贵意见，以利于改进提高。还有，在本次修改中，删除了很多描述性的内容，补充了怎么做的内容，以及大量鲜活的案例，尽量减少那些陈旧的例子。最后感谢中国传媒大学出版社编辑裴向敏的关心和帮助；本书还得到了我的同事刘行芳教授的指导，还有我的研究生刘宇晨、尤成、王慕晨、杜依涵提供了一些打字资料，进行了课件制作，在此一并致以深深的谢意。

贾广惠
2021 年 8 月

图书在版编目（CIP）数据

新闻采访教程 / 贾广惠著. -- 2版. -- 北京：中国传媒大学出版社，2022.6
ISBN 978-7-5657-3160-0

Ⅰ.①新… Ⅱ.①贾… Ⅲ.①新闻采访—高等学校—教材 Ⅳ.①G212.1

中国版本图书馆CIP数据核字(2022)第011232号

新闻采访教程（第二版）
XINWEN CAIFANG JIAOCHENG（DI-ER BAN）

著　者	贾广惠
责任编辑	裴向敏
封面设计	拓美设计
责任印制	李志鹏
出版发行	中国传媒大学出版社
社　址	北京市朝阳区定福庄东街1号　　邮　编　100024
电　话	86-10-65450532　65450528　　传　真　65779405
网　址	http://cucp.cuc.edu.cn
经　销	全国新华书店
印　刷	三河市东方印刷有限公司
开　本	787mm×1092mm　1/16
印　张	12.5
字　数	304千字
版　次	2022年6月第1版
印　次	2022年6月第1次印刷
书　号	ISBN 978-7-5657-3160-0／G·3160　　定　价　49.80元

本社法律顾问：北京嘉润律师事务所　郭建平
版权所有　翻印必究　印装错误　负责调换